C·H·Beck

PAPERBACK

Rüdiger Lohlker

Die Salafisten

Der Aufstand der Frommen,
Saudi-Arabien und der Islam

C.H.Beck

Originalausgabe

© Verlag C.H.Beck oHG, München 2017
Umschlagentwurf: Geviert, Grafik & Typografie,
Andrea Hollerieth
Umschlagabbildung: Moschee in Dubai bei Sonnenuntergang
© Harith Samarawickrama/GettyImages
Printed in Germany
ISBN 978 3 406 70609 7

www.chbeck.de

Inhalt

Begriffe, Irritationen, Ordnungsversuche

Auf den ersten Blick scheint der Salafismus ein Phänomen zu sein, das sich durch die gesamte Geschichte des Islams zieht, denn auch nicht-salafistische Muslime berufen sich auf die *as-salaf as-sālih*, die «frommen Altvorderen», das heißt die ersten drei Generationen der islamischen Gemeinschaft. Der Damaszener Gelehrte ʿAbdalghanī an-Nābulusī (gest. 1731)[1] schreibt über Vertreter einer dem Salafismus recht ähnlich anmutenden puristischen Strömung seiner Zeit:

> Sie nennen sich selber Asketen und Mahner und sehen andere weder als Muslime noch als tugendhaft. [...] Sie forschen Tag und Nacht nach Fehlern der Menschen. [...] Sie nennen Leute aus nichtigen Gründen Ungläubige. Sie erlegen den Menschen ohne ausreichenden Beweis Beschränkungen auf.[2]

Man könnte meinen, der Autor spreche über moderne Strömungen.

Wenden wir uns nach den historischen Erscheinungen den zeitgenössischen Vorgängen zu. Die Terroranschläge in Paris, Brüssel, Berlin, Orlando, aber auch in Beirut, Istanbul und Sousse, im Irak, in Jakarta und an vielen anderen Orten lassen nach der Gedankenwelt der Täter fragen, und in den Antworten kommt immer wieder der Salafismus zur Sprache. Wenn Netzwerke von potentiellen Attentätern entdeckt, «Gefährder» observiert und verhaftet, fromme Vereine verboten und Moscheen geschlossen werden, wird auf den Salafismus verwiesen. Der Islamische Staat gilt ebenso wie das Terrornetzwerk al-Qaida als salafistisch. Aber was genau ist der Salafismus? Auf welche Ideen stützt er sich? Woran erkennt man Salafisten? Politische

Hilflosigkeit führt zu gesetzgeberischen Notlösungen wie dem Verbot, einen Gesichtsschleier zu tragen. Aber wie kann man einer Bedrohung durch Salafisten wirkungsvoll begegnen? Antworten auf diese Fragen sind nicht leicht, es gibt kein Patentrezept, denn der Salafismus ist zunächst ein irritierendes Phänomen.

Im Dezember 2016 wurden in einem südostasiatischen Land die Teilnehmer einer internationalen Konferenz eingeladen, eine islamische Schule zu besuchen, die als Musterbeispiel für interreligiöse Toleranz gilt. Nach Abschluss der Vorträge und Darbietungen von Schülerinnen, Lehrerinnen und Lehrern der Schule machten sich alle zum Aufbruch bereit. Der Botschafter Saudi-Arabiens meldete sich aber noch zu Wort und verkündete, Saudi-Arabien wolle die Schule mit einer Schenkung in beträchtlicher Höhe bedenken.[3] Handelte es sich um die persönliche Begeisterung des Botschafters für diese Schule, die finanziell nicht auf Rosen gebettet ist? War es ein symbolischer diplomatischer Akt, der Saudi-Arabien als *den* Unterstützer *des* Islams weltweit ins rechte Licht setzen sollte? Oder handelte es sich um eine gezielte Einflussnahme, die die saudische Version des (wahhabitischen) Islams fördern sollte, da die Schulleitung einem großzügigen Spender schlecht etwas abschlagen kann? Es ist schwer, eine solche Geste ohne Weiteres richtig zu verstehen.

Die gleiche Schwierigkeit zeigt sich bei einem anderen Beispiel. Im November 2016 lehnte eine – offenkundig mit Teilnehmern aus dem salafistisch-wahhabitischen Spektrum besetzte – internationale Konferenz in Kuwait zu dem Thema «Das richtige Verständnis [des Glaubens] für die Anhänger der Sunna und der [wahren] Gemeinschaft» (*ahl al-sunna wa'l-dschamāʿa*)[4] in der Abschlusserklärung den «Extremismus» (*ghulūw, tatarruf*) zwar ab, erhob aber zugleich einen Absolutheitsanspruch: «Die Methode der *ahl al-sunna wa'l-dschamāʿa* ist eine einzige; es gibt in ihr keinen Pluralismus.» Diejenigen, die den ersten Generationen der Muslime (*salaf*) folgten, seien nicht irgendein Teil der sunnitischen Gemeinschaft, sondern sie seien die *ahl as-sunna wa'l-dschamāʿa* selbst und daher nicht verschiedenen Strömungen zuzuordnen – auch nicht einer salafistisch-dschihadistischen.

Folgende alternative Bezeichnungen für *ahl al-sunna wa'l-dschamā'a* werden genannt: «die Gefolgsleute der Überlieferung des Propheten» (*ahl al-hadīth*), «die Anhänger der Überlieferung» (*ahl al-athār*), «die gerettete Gruppe» (*al-firqa an-nadschīya*), «die siegreiche Gruppe» (*at-tā'ifa al-mansūra*),[5] «die Gemeinschaft der Mitte» (*al-umma al-wasat*) oder eben «Salafisten».[6]

Signalisiert die Schlusserklärung dieser Konferenz eine klare Grenzziehung zwischen Salafisten und gewalttätigem Dschihadismus? Steht der Exklusivismus der Erklärung nicht andererseits der dschihadistischen Verwerfung aller anderen Glaubensüberzeugungen nahe? Zeigen die terminologischen Überschneidungen der Erklärungen mit dschihadistischen Diskursen eine gedankliche Nähe an?

Eine gedankliche und praktische Nähe zwischen Salafismus und Dschihadismus bildet auch den Hintergrund der salafistischen Gruppe «Die wahre Religion», die in Deutschland durch die Koranverteilungskampagne «Lies!» bekannt geworden ist. Ihr wird vorgeworfen, antidemokratische Ideen zu verbreiten, Ausreisen nach Syrien und in den Irak zu organisieren und dadurch Gewalt zu unterstützen. Das Problem ist jedoch, solche Verbindungen auch zu beweisen.[7]

Bestehen aber gedankliche Verbindungen zwischen salafistischem und dschihadistischem (und wahhabitischem) Denken, die einen solchen Vorwurf rechtfertigen können? Ist der Salafismus eine Art «Durchlauferhitzer» für den Dschihadismus?

Die Dschabhat al-Nusra, die sich inzwischen aus taktischen Gründen umbenannt hat, war die wichtigste Organisation des al-Qaida-nahen dschihadistischen Spektrums in Syrien. In einem häufig angeklickten Video preist einer ihrer maßgeblichen Prediger die Paradiesjungfrauen, die den getöteten Kämpfer erwarten. 'Abdallāh ibn Muhammad ibn Sulaimān al-Muhaisinī, so der Name des Prediger-Stars, ist ein erfolgreicher Fundraiser und Rekrutierer; er ist auch Oberrichter der Dschabha Fath al-Schām, der jüngsten Verpuppung der Dschabhat al-Nusra. Er stammt aus Saudi-Arabien und hat dort auch seine Ausbildung erhalten. An der saudischen Umm al-Qurā-Universität schrieb er an einer

Dissertation zur Stellung der Kriegsflüchtlinge im islamischen Recht. Diese Arbeit brach er jedoch ab, um nach Syrien in den Krieg zu ziehen.[8]

Gibt es nun einen Zusammenhang zwischen der Ausbildung von al-Muhaisinī in Saudi-Arabien und seiner Hinwendung zum militärischen Dschihad? Besteht also eine Affinität zwischen wahhabitischem und dschihadistischem Denken jenseits personeller Überschneidungen?

Solche Fragen stellen sich auch im Hinblick auf den Islamischen Staat (IS). Einer der lange Zeit führenden Gelehrten des IS, Turkī Binʿalī[9] – inzwischen wird angenommen, dass er in internen Kämpfen unterlegen ist[10] –, hat ebenfalls seine Ausbildung bei wahhabitischen Gelehrten erhalten und empfiehlt wahhabitische Schriften zur Lektüre. Ist die Ideologie des IS also vom wahhabitischen Islam beeinflusst? Entspricht sie ihm gar?

All diesen Fragen wird im vorliegenden Buch nachzugehen sein. Die Hypothese, von der wir ausgehen, ist, dass es ein gedankliches Milieu gibt, in dem sich Salafismus, Wahhabismus und Dschihadismus mischen und berühren. Zu widersprechen ist dabei der auch von Islam-Kritikern gerne vorgetragenen Annahme, Salafismus, Wahhabismus und Dschihadismus drückten irgendeine Form des authentischen Islams aus. Wenn dies der Fall wäre, dann wäre eine kritische Auseinandersetzung mit dem Salafismus, wie von dessen Vertretern behauptet, tatsächlich ein «Angriff auf den Islam». Notwendige muslimische Kritik am Salafismus wäre dann unmöglich. Die Islam-Kritiker hätten Recht, die kritische Muslime als Heuchler denunzieren, welche den Islam verharmlosen wollen. Recht hätten dann auch diejenigen, die liberale Muslime als die Verbündeten der Feinde des Islams bekämpfen.

Eine ernsthafte Auseinandersetzung mit dem Salafismus, Wahhabismus und Dschihadismus ist nur dann möglich, wenn man die ganze Breite der islamischen Tradition in den Blick nimmt und sie nicht nur am koranischen Text und den Hadithen, den Überlieferungen vom Propheten, misst. Im Islam wird auf vielfältige Weise – in der Theologie, Philosophie, Mystik sowie in

den Künsten – nach dem rechten Verständnis des Offenbarungs-
textes gesucht.[11] Der Salafismus, um den es in diesem Buch geht,
ist ein möglicher Weg unter vielen.

Was wird hier aber unter den drei Begriffen Salafismus, Wahhabismus und Dschihadismus verstanden? Es gibt eine ausführ-
liche wissenschaftliche Diskussion dieser Begriffe, die hier nicht
nachgezeichnet werden kann, zumal sie für das Verständnis der
Phänomene nicht sehr hilfreich ist. Ich verwende hier stattdessen
eine pragmatische Unterscheidung:

Wahhabismus bezeichnet die dominante religiöse Strömung,
die sich in Saudi-Arabien entwickelt hat, aber seit längerer Zeit
weltweit ausgreift.

Salafismus bezeichnet eine breite religiöse Strömung mit unterschiedlichen Formen, die sich zum Teil vom saudischen Wahhabismus abgrenzen, zum großen Teil aber innig mit Saudi-
Arabien verbunden sind – und sei es nur finanziell.

Dschihadismus in seiner transnationalen Form[12] – das heißt
ohne Bezug auf ein bestimmtes Territorium, für das gekämpft
werden soll – ist eine vielgestaltige Subkultur in etlichen Ländern,
die vor allem durch die Ausübung von Gewalt bestimmt ist.

Zumeist distanziert sich der Salafismus von Gewalt nicht mit
klaren theologischen Gründen, zum Teil lehnt er sie nur aus tak-
tischer Opportunität ab. Inzwischen gibt es Belege dafür, dass
der Salafismus auch als eine Art Durchlauferhitzer zum Dschihadismus dienen kann.[13] Im Wahhabismus wird Gewalt zur Verteidigung muslimischer Gebiete dagegen anerkannt. Beispiele
dafür sind die Kriege in Afghanistan, im Irak und jetzt in Syrien.
Aus diesen Strömungen entsteht ein Milieu mit einer Grauzone,
in der Menschen zur Gewaltanwendung hin ausgerichtet werden.

Als salafistisch werden hier die historisch miteinander zusam-
menhängenden religiösen Bewegungen bezeichnet, die an die
Frühzeit der islamischen Gemeinschaft anknüpfen und diese zu
neuem Leben zuerst im persönlichen Bereich und dann in der
Gesellschaft erwecken wollen. Bezugspunkt sind die idealisier-
ten drei ersten Generationen der frühen Muslime, eben die *as-*

salaf as-sālih, was häufig mit «fromme Altvordere» übersetzt wird.[14] Die Salafisten der jüngeren Zeit beanspruchen für sich, ein Monopol auf das Wissen über diese ersten muslimischen Generationen zu haben. Hier liegt der entscheidende Unterschied zu anderen Muslimen und Musliminnen, die die ersten Generationen verehren, aber keinen alleinigen Anspruch auf sie erheben. Dieser Exklusivitätsanspruch ist das gemeinsame Merkmal der im Folgenden behandelten salafistischen Strömungen.

«Salafismus» ist in diesem Buch sowohl ein Oberbegriff für die drei Strömungen des Wahhabismus, Salafismus (im engeren Sinne) und Dschihadismus als auch die Bezeichnung für den Salafismus im engeren Sinne, um den es hier vor allem gehen soll. Daraus ergibt sich folgendes Schema:

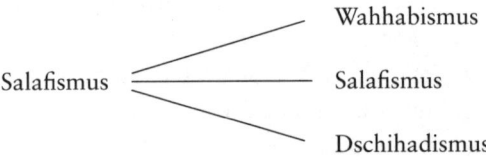

	Wahhabismus
Salafismus	Salafismus
	Dschihadismus

Die in den Medien gerne verwendeten Charakterisierungen des Salafismus als «islamistisch», «radikalislamistisch» oder «extremistisch» tragen nicht zum Verständnis bei und sollen hier vermieden werden.

Salafisten erzeugen nicht nur in Europa und in der Wissenschaft Irritationen. Das zunehmende öffentliche Auftreten der Salafisten in Ägypten beschreibt die Journalistin Julia Gerlach so:

> Viele Ägypter schauen sich in den ersten Wochen nach der Absetzung Mubāraks verstört um: Was sind das für Gestalten mit langen Bärten und Hochwasserhosen oder Gewändern, die nur bis zur halben Wade reichen, die mit einem Mal überall im Land für Probleme sorgen? Woher kommen sie so plötzlich?

> Die Salafisten, ihre Ideen, ihre Bewegung waren auch zuvor schon in Ägypten weit verbreitet, jedoch machten sie nur selten

von sich reden. Das liegt vor allen daran, dass sie – anders als die Muslimbrüder – keine einheitliche Organisation bilden. Es handelt sich vielmehr um eine Bewegung mit zahlreichen Führern und Richtungen. [...] Viele tragen [...] Gewänder, die den Knöchel frei lassen, und dazu ungestutzte Bärte ohne Schnurrbart. Viele Salafistinnen verschleiern sich vollständig und tragen Gesichtsschleier und Handschuhe. Salafisten lehnen Anpassungen des Islamverständnisses oder der Glaubenspraxis an die Anforderungen des modernen Lebens ab. In der Regel haben Salafisten eine klare Einteilung in gut und böse, in gläubig und ungläubig.[15]

Die ägyptischen Salafisten haben sich anders als die Muslimbrüder bis 2011 nicht an der Politik beteiligt, was dazu führte, dass sie sich durch Propaganda und Wohlfahrtsarbeit eine breite Verankerung in der Bevölkerung verschaffen konnten, ohne von der Regierung gestört zu werden. Vielmehr sah diese in ihnen ein unpolitisches Gegengewicht zu den politisch aktiven Muslimbrüdern. Erst nach dem Sturz des Präsidenten Mubārak 2011 – ohne wesentliche Beteiligung der salafistischen Strömung – kam es in Ägypten (und auch in Tunesien) zur Gründung salafistischer Parteien, die zum Teil 2013 die Absetzung des ägyptischen Präsidenten Mursī, der aus den Reihen der Muslimbrüder kam, befürworteten. Auch schon vor 2011 wurden die ägyptischen Salafisten von den arabischen Golfstaaten und insbesondere von Saudi-Arabien unterstützt.

Da sie politisch und religiös nicht einfach einzuordnen sind, hat es verschiedene Versuche gegeben, das unübersichtliche Feld zu kartographieren. In einer der genauesten Studien zum Salafismus in Jordanien werden verschiedene Strömungen voneinander unterschieden. Demnach gibt es zunächst

die Linie eines konservativen beziehungsweise akademischen Salafismus, der sich der Missionierung und der Lehre verschrieben hat und politische Mitwirkung ablehnt. Diese Strömung möchte lediglich dogmatische und lehrbezogene Aspekte «berichtigen» und gegen «Verirrungen» vorgehen.[16]

Diese Salafisten richten sich überwiegend gegen andere muslimische Konfessionen, etwa gegen die Schiiten oder gegen frühe
theologische Strömungen wie die Muʿtaziliten, die sich auf die
menschliche Vernunft beziehen, und die Charidschiten, die bereits im ersten Jahrhundert der islamischen Zeitrechnung exis-
tierten und erstmals andere Muslime zu Ungläubigen erklärten.
In der eigenen sunnitischen Konfession predigen sie außerdem
gegen den Sufismus, eine Form der islamischen Mystik, sowie
gegen die wichtigen sunnitischen Theologien der Aschʿariten
und Maturiditen.

Daneben gibt es eine zweite salafistische Hauptströmung. Sie
lehnt

> Parteien, auch islamische, noch entschiedener ab. Ihre politische
> Haltung besteht darin, sich mit bestehender Herrschaft abzufin-
> den und keinerlei Opposition in Wort oder Tat zu betreiben.
> Diese salafistische Strömung stellt sich daher klar auf die Seite
> der Regierung, auch wenn diese gegen andere islamische Bewe-
> gungen oder jede sonstige Opposition vorgeht. Man kann fast
> sagen, dass diese Salafisten es sich zur Aufgabe gemacht haben,
> gegen andere Islamisten zu agieren, und zwar insbesondere ge-
> gen solche Salafisten, die sich für den Weg der politischen Oppo-
> sition entschieden haben.[17]

Neben diesen unpolitischen Salafisten gibt es drittens die «dschihadistischen Salafisten». Sie erklären die säkularen arabischen Regime für gottlos und treten, zumindest zeitweise, für radikale
Veränderung durch bewaffneten Kampf ein.[18]

Schließlich gibt es eine vierte Strömung. Sie

> vereint das religiös-dogmatische Gedankengut des Salafismus mit
> aktionsbetonter, organisierter und zuweilen politischer Arbeit.
> Sie setzt auf Reformen und friedliche politische Veränderun-
> gen [...]. Alle sind jedoch politisch aktiv und halten eine opposi-
> tionelle Betätigung für zulässig, solange Konflikte nicht mit Waf-
> fen ausgetragen werden.[19]

Dieser auf Jordanien bezogene, aber auch darüber hinaus gültige Überblick erlaubt es uns, das oben gegebene Schema noch zu verfeinern.

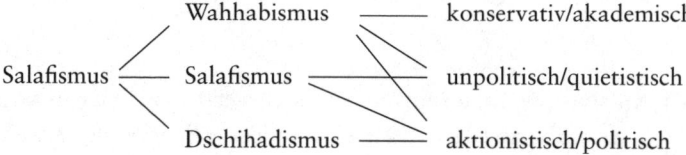

1. Ursprung und Geschichte des Salafismus

Wollen wir den Salafismus angemessen verstehen, müssen wir ihn zuerst als eine historisch entstandene religiöse Bewegung ansehen, die sich typologisch mit anderen modernen religiösen Bewegungen vergleichen lässt.[1] Eine erste Vergleichsebene lässt sich im christlichen Pietismus finden. Die Betonung der Gemeinschaft ist ein wichtiges gemeinsames Element. Von großer Bedeutung ist darüber hinaus die Schaffung eines neuen «moralischen Subjekts» in dieser Gemeinschaft.[2] Dieses neue Subjekt wird durch eine innere Umkehr hin zur als ursprünglich vorgestellten Gemeinschaft der Gläubigen hervorgebracht. Die Predigt, die diese Umkehr unterstützen soll, wird als «einfältig»[3] beschrieben, um sie von anderen, ausdifferenzierten religiösen Gedanken abzugrenzen und einen direkten, unverstellten Zugang zum religiösen Subjekt zu behaupten.

Alle diese Elemente finden wir in den im weitesten Sinne reformerischen islamischen Strömungen seit dem 16. Jahrhundert. Gerade die «einfältige»[4] Weise der Lehre ist eines der Erfolgsrezepte der heutigen salafistischen Strömung.

Reformbewegungen gegen den Mainstream-Islam

Mit der Stabilisierung einer islamischen Sphäre von Westafrika bis Südostasien und vom Balkan bis in den Süden Afrikas entwickelten sich islamische Großreiche wie das der Osmanen, das sich von Nordafrika über den syrisch-irakischen Raum und Teile der Arabischen Halbinsel bis nach Anatolien und auf den Balkan erstreckte, das Reich der Safawiden im Iran und das Moghulreich in Südasien. In diesem Großraum gefestigter muslimischer Herrschaften dominierten religiöse Vorstellungen, die von Gelehrtenkreisen und sufischen Gemeinschaften getragen wurden. Ihre Basis war eine Volkskultur mit einer vielgestaltigen Heiligen- und Prophetenverehrung.

In dieser religiösen Landschaft bildete sich in vielen Teilen der islamischen Welt[5] ein Netzwerk von Gelehrten und Studenten, die sich gegen den etablierten Islam der Gelehrten, die organisierte islamische Mystik, also den Sufismus, gegen die Heiligenverehrung und zum Beispiel das Feiern des Prophetengeburtstages wandten – zum Teil auch gewaltsam. Ihr Ziel war eine Erneuerung des Islams aus seinen Quellen heraus. Für sunnitische Muslime sind dies der Koran und die Überlieferungen vom Propheten, die Hadithe. Damit sollte ein neues moralisches Subjekt in einer neuen religiösen Gemeinschaft geschaffen werden, das die direkte, «einfältige» Verbindung zu Gott suchen konnte, die nicht mehr von den komplexen Gedanken der Theologen oder mystischen Lehrer gestört werden sollte.

Zu diesen frühen islamischen Reformbewegungen gehörten etwa die Qadizadeli[6] im Osmanischen Reich.[7] Ihr «Urvater», Mehmed Birgevi (gest. 1573),[8] sprach davon, dass eine «Untersuchung des Herzens» eine seelische Umkehr einleiten sollte. Das lief auf die Schaffung eines neuen moralischen Subjekts hinaus, das seinen Ausdruck in einer genau regulierten persönlichen Frömmigkeit findet, die sich in einer omnipotenten Kollektivität[9] erfüllt. Man kann diese Art von Frömmigkeitsbewegung pietistisch nennen, wenn man den Begriff typologisch versteht.[10]

In der ganzen islamischen Welt gab es Reformbewegungen,[11] die sich seit dem 17. Jahrhundert gegen den etablierten Islam wandten. Ein Kreuzungspunkt dieser Bewegungen waren die Städte Mekka und Medina, wo sich bedingt durch die Pilgerfahrt für mehr oder weniger lange Zeit islamische Gelehrte aufhielten. Obwohl die Konfigurationen sich dem jeweiligen gesellschaftlichen Umfeld gemäß unterscheiden, können wir gewisse gemeinsame Elemente erkennen: eine kritische Haltung insbesondere gegenüber den Rechtsgelehrten und Kritik an den Praktiken der Sufis, islamischer Mystiker, sowie die Rückkehr zu einer als ursprünglich verstandenen Glaubenspraxis.

Zu diesen pietistischen Reformbewegungen, zu denen auch die von Muhammad ibn 'Abdalwahhāb begründete zählt, kamen im 19. Jahrhundert Veränderungs- und Modernisierungsbestrebungen hinzu, die sich im 20. Jahrhundert mit dem saudischen Wahhabismus verbanden und in den heutigen Salafismus mündeten.

Dass heute häufig Gewalt mit Salafismus in Verbindung gebracht wird, hat ebenfalls historische Vorbilder. Das wird an der Padri-Bewegung[12] im heute indonesischen Sumatra deutlich. Sie entstand nach der Rückkehr dreier Pilger aus Mekka, die infolge der Eroberung der Stadt durch die Wahhabiten im Jahr 1803 dazu angeregt wurden, ihre Vorstellungen ebenfalls mit Gewalt durchzusetzen. Die Einfälle der Padris in das Land der Batak waren desaströs für Wirtschaft und Kultur des Landes.[13] Die Padri-Bewegung wandte sich gegen das Spielen, Hahnenkämpfe, verschiedene Aspekte der lokalen, matriarchalen Rechtsgewohnheit (besonders in Bezug auf das Erbrecht), den Gebrauch von Opium, starkes Trinken sowie den Gebrauch von Tabak und Betelnuss. Insbesondere trat sie gegen die von ihr als lax verstandene Pflege der rituellen islamischen Pflichten auf. Von den Wahhabiten unterschieden sich ihre Anhänger dadurch, dass sie die Verehrung von Heiligen und Heiligtümern nicht ablehnten. Die niederländische Kolonialmacht bereitete der Padri-Bewegung 1838 eine endgültige Niederlage.

Die beschriebenen Bewegungen imaginieren die Rückkehr zu einer Glaubenspraxis, von der sie annehmen, sie sei in den Grundschriften begründet. Sie halten sie darum für die einzig wahre Quelle der religiösen Wahrheit. Andere Vorstellungen und Wahrheitsansprüche werden zurückgewiesen. Jeder Kompromiss würde das Wahrheitsmonopol einschränken, jeder konkurrierende Anspruch auf die alleinige Wahrheit wird als «Missbrauch» der wahren Religion bekämpft. Auf diese Weise werden die salafistischen Bewegungen immun gegen Kritik. Wie dieser Kreis durchbrochen werden kann, soll Thema des letzten Kapitels zur islamischen Kritik am Salafismus sein.

Salafistische Strömungen sollten nicht als «extremistisch» marginalisiert werden, da sie innerlich mit dem Mainstream verbunden bleiben. Sie beziehen sich auf die Vergangenheit, wählen gezielt bestimmte Traditionsbestände aus und grenzen sich von anderen Wegen der eigenen religiösen Tradition ab. Die beiden mittelalterlichen Theologen Ibn Taimīya und Ibn Qayyim al-Dschauzīya spielen dabei eine exemplarische Rolle. Immer wieder beziehen sich Salafisten auf sie und grenzen sich damit von anderen islamischen Traditionen ab.

Ibn Taimīya und Ibn Qayyim al-Dschauzīya

Ibn Taimīya (gest. 1328) gilt seit vielen Jahren als Urvater des islamischen Fundamentalismus, ja als «Vater der islamischen Revolution».[14] Selbst wenn sich seine Popularität in salafistischen und wahhabitischen Kreisen auch irrigen (wenn nicht schlampigen) Lesarten verdankt,[15] sind er und sein Schüler Ibn Qayyim al-Dschauzīya (gest. 1350) mit ihren Werken feste Bestandteile der salafistischen und wahhabitischen Bibliotheken. Damit lohnt sich ein genauerer Blick auf diese beiden Autoren.

Warum sind beide für die hier behandelten Strömungen so interessant? Ibn Taimīya lebte zur Zeit der mongolischen Expansion und der blutigen Eroberung Bagdads durch die Mongolen. In dieser Situation formulierte er eine Theologie der Abgrenzung gegen islamische Minderheiten und besonders gegen Schiiten, denen er eine Kollaboration mit dem mongolischen Feind unterstellte. Eine besondere Feindschaft pflegte er gegen bestimmte sufische Richtungen. Zugleich bemühte er sich darum, nachzuweisen, dass die Vernunft das überlieferte Wissen von Koran und Sunna bestätige. Damit machte er seine Position unangreifbar, die er durch eine wortwörtliche Lesart des Korans und der Hadithe begründete.[16] Ibn Qayyim gehörte zur kleinen Gefolgschaft Ibn Taimīyas, er verbreitete diese Lehren und arbeitete sie teilweise weiter aus.

Auch wenn immer wieder behauptet wird, Ibn Taimīya und

Ibn Qayyim al-Dschauzīya seien bedeutende Gelehrte gewesen, ist der Befund aus der Zeit vor dem 19. Jahrhundert ernüchternd. In wichtigen biographischen und anderen Nachschlagewerken des 16. bis 18. Jahrhunderts lässt sich kein Eintrag zu ihnen finden. Gelegentlich wird Ibn Taimīya als Gegenstand der Kritik erwähnt. In geringem Maße wird im 17. und 18. Jahrhundert auch Zustimmung geäußert. Erst im 19. und 20. Jahrhundert wurde dieser «wenig gelesene Gelehrte mit problematischen und kontroversen Ansichten»[17] wieder bekannter, und man begann, ihn zu studieren. Insbesondere im Irak entwickelten im 19. Jahrhundert Gelehrte ein stärkeres Interesse an Ibn Taimīya, die später einen Einfluss auf prominente Salafisten wie Dschamāladdīn al-Qāsimī in Syrien oder Raschīd Ridā in Ägypten hatten. Im Irak wurde im frühen 19. Jahrhundert auch von einer Bewegung gesprochen, deren Mitglieder sich als *salaf* bezeichneten und Sympathien für die wahhabitische Bewegung im Nadschd, dem Gebiet um Mekka und Medina auf der Arabischen Halbinsel, zeigten.[18] Diese Linie lässt sich bis ans Ende des 19. Jahrhunderts verfolgen. Der Sohn eines der früheren Vertreter dieser Ideen, Nuʿmān Chairaddīn Ibn al-Ālūsī, nahm die Beschäftigung mit Ibn Taimīya in Bagdad wieder auf[19] und verteidigte ihn in einem wichtigen Werk gegen seine Kritiker. Unter anderem versuchte er, anhand der Kette der Schüler und Nachfolger Ibn Taimīyas – unter ihnen auch Ibn Qayyim – seinen hohen Rang zu belegen. Die Linie führt bis zu dem jemenitischen Reformer asch-Schaukānī (gest. 1839). Gleichzeitig werden die Kritiker Ibn Taimīyas mit negativ bewerteten islamischen Strömungen in Verbindung gebracht. So grenzt al-Ālūsī «richtige» islamische Traditionen von «falschen» ab. In seinem Werk heißt es etwa über den bedeutenden Hadith-Gelehrten Ibn Hadschar al-ʿAsqalānī (gest. 1449), er behaupte,

dass die menschlichen Seelen mit dem himmlischen Geist […], sei es wach oder im Schlaf in Verbindung stehen […] Dies erwähnten die Alten unter den Philosophen nicht. Es erwähnten aber Ibn Sīnā und die, die [es] von ihm übernahmen; dies wird auch

aus einigen Worten Abū Hāmid al-Ghazālīs (gest. 1111) abgelei-
tet, auch aus den Worten von Ibn ʿArabī (gest. 1240),[20] Ibn
Sabʿīn (gest. 1271)[21] und anderen, die über den Sufismus und die
Wahrheit auf der Basis [der Systeme] der Philosophen sprechen
und nicht basierend auf den Prinzipien [des Glaubens] der Muslime. Dadurch aber bewegen sie sich [aus dem islamischen Rah-
men] heraus hin zur Ketzerei (*ilhād*) wie die Ketzerei der [Zwöl-
fer-]Schiiten, der Ismaʿiliten[22] oder der esoterischen Qarmaten[23]
gegen die Verehrungspraxis der Leute der Sunna und des Hadith.[24]

Wir sehen deutlich eine Selektion der akzeptablen religiösen
Überzeugungen, die wesentliche Möglichkeiten der Auseinandersetzung mit der koranischen Offenbarung verwirft. Ein besonderer Gegensatz wird zu allem Denken konstruiert, das als
philosophisch beeinflusst gilt und sich nicht an den «Leuten der
Sunna und des Hadith» orientiert. Das verweist auf die bedeutende Rolle des Hadith im salafistischen Denken. Die gleiche
Aversion wie der Philosophie gilt der Theologie (*kalām*) und insbesondere allen sufischen Richtungen. Im Gegensatz dazu preist
Ibn al-Ālūsī Ibn Taimīya als jemanden, der sich nicht scheute,
selbst führende Prophetengefährten zu kritisieren.[25] Damit wird
er zum Vorbild für alle, die selbst angesehene Autoritäten im
Namen der vermeintlichen Wahrheit kritisieren.

Ibn al-Ālūsī orientierte sich nicht nur an Ibn Taimīya, sondern
auch an weiteren irakischen Denkern, unter anderem an seinem
Vater. Von Ibrāhīm al-Kūrānī (gest. 1690), einem medinensi-
schen Gelehrten, schreibt er, er sei salafistisch gestimmt gewesen. Er habe Ibn Taimīya verteidigt und zugleich die Theologie
der Einheit des Seins, der *wahdat al-wudschūd,* strikt abgelehnt.
Ibrāhīm al-Kūrānī gehörte zu einem Netzwerk von Gelehrten,
die für die islamischen Reformbewegungen seit dem 17. Jahrhundert bis nach Südostasien[26] bedeutsam waren.[27] In diesen
Netzwerken waren Gelehrte, bei denen Muhammad ibn ʿAbdalwahhāb studierte.

Ibn al-Ālūsī verweist abschließend auf seinen Zeitgenossen
Siddiq Hasan Khan (gest. 1890),[28] eine Führungsgestalt der süd-

asiatischen *Ahl-i hadīth*. Es fällt auf, dass er Muhammad ibn ʿAbdalwahhāb nicht erwähnt, vielleicht aus Angst vor der Feindseligkeit der osmanischen Behörden und anderer Gelehrter im Irak, die gegen die wahhabitische Bedrohung vorgehen wollten. Trotzdem bezeichneten irakische Gelehrte Ibn al-Ālūsī und seine Anhänger als Wahhabiten. Hier verschmelzen in der zeitgenössischen Wahrnehmung die Vorstellungen von Salafisten und Wahhabiten.

Bemerkenswert ist auch, dass Ibn al-Ālūsī nicht die traditionell üblichen Überliefererketten zwischen den genannten Personen angibt. Dies könnte ein Hinweis auf das aufkommende Druckwesen im Irak sein, das dem – gedruckten – Text zunehmend den Vorrang vor der mündlichen Überlieferung gab, von der man eine beglaubigende Überlieferungskette erwartete.

Ibn Taimīya nahm oft entschieden und innovativ Stellung zu Entwicklungen seiner Zeit, die nicht zuletzt durch die massiven Veränderungen nach den mongolischen Eroberungen und dem Zusammenbruch des abbasidischen Kalifats in Bagdad im Jahr 1256 geprägt waren. Seine rechtlichen Gutachten waren häufig sehr eigenständig, so dass von einem engstirnigen Fundamentalisten keine Rede sein kann.[29] Dieser Eindruck wurde erst durch die spätere bornierte Rezeption seiner Texte hervorgerufen. Die besondere Attraktivität Ibn Taimīyas für salafistische Strömungen lässt sich durch seine engagierte Verteidigung der rechten sunnitischen Lehre gegen Infragestellungen und Neuerungen während der mongolischen Herrschaft erklären. Die Mongolen nahmen zwar den Islam an, aber ihr Islam wurde von Ibn Taimīya als unislamisch und auf jeden Fall antisunnitisch wahrgenommen. So geriet der Gelehrte zu einem Musterbeispiel für die Verteidigung der wahren Lehre der ersten muslimischen Generationen gegen unstatthafte Neuerungen (*bidʿa*).[30] Durch eine sehr selektive Rezeption wurde er später zu einem Vordenker des Salafismus.

In der Tat ist es nicht leicht, das Werk Ibn Taimīyas adäquat zu erfassen. Er war ein Vielschreiber, der seine eigenen Werke unter wechselnden Titeln zitierte, so dass schon seine unmittelbaren Schüler den Überblick verloren.[31] Hinzu kommt, dass seine vielen juristischen Stellungnahmen eine Auseinandersetzung mit seinen Methoden der Auslegung und Rechtsfindung voraussetzt.[32] Ibn Taimīya kann also als ein großer unbekannter Gelehrter gelten, der zu Unrecht als Vater des Fundamentalismus verdammt wird und mehr bereithält, als die Ausbeutung durch das salafistisch-wahhabitisch-dschihadistische Lager (und darüber hinaus) vermuten lässt. Eine Kritik des Salafismus kann an einer solchen Fehlinterpretation und Verdrehung ansetzen. Zu dieser Fehleinschätzung trägt auch bei, dass auf ihn und seinen Schüler Ibn Qayyim je nach Situation in unterschiedlicher Weise Bezug genommen wird; das bloße Zitieren beider Autoren sagt also nur wenig darüber aus, ob eine Aussage salafistisch, wahhabitisch oder dschihadistisch ist. Eines ist auf jeden Fall gewiss: Angesichts der häufigen Auseinandersetzungen, die beide mit der Mainstreamgelehrsamkeit führten, ist es bei beiden völlig verfehlt, sie als «orthodox» oder gar «ultraorthodox» zu bezeichnen.

Ibn Qayyim al-Dschauzīya (gest. 1350) war der wichtigste und wohl engste Schüler Ibn Taimīyas.[33] Sein nicht minder umfangreiches Werk umfasst im Gegensatz zu dem Ibn Taimīyas nicht nur kürzere Schriften, gedruckt finden sich über hundert ein- oder mehrbändige Schriften. Das wirft die Frage auf, ob andere Personen, etwa Familienangehörige, daran mitgewirkt haben. Anders als häufig behauptet, ist Ibn Qayyim nicht einfach ein Abklatsch seines Lehrers, sondern ein eigenständiger Gelehrter.

In seinen Schriften fällt der exzessive Gebrauch von Hadithen auf, hinter denen nur bei genauem Hinschauen seine eigenen Auffassungen sichtbar werden. Er benutzt die Hadithe als Mosaiksteinchen, aus denen er sein eigenes Bild zu einem Thema zusammenfügt. Auffällig ist, wie wenig ihn eigentlich hadithkundliche Themen beschäftigen, was die Vermutung nahelegt, er sei vor allem ein virtuoser Belegstellensammler gewesen.

Was Ibn Qayyim eine besondere Bedeutung für den Salafismus verleiht, ist der Boom an Veröffentlichungen seiner Schrif-

ten in verschiedenen Sprachen in den letzten Jahren, und zwar
im Druck und online. Dies ist vor allem – aber nicht nur –
auf Initiativen der saudischen Religionspolitik zurückzuführen.
Gleiches gilt für Ibn Taimīyas Texte. Die Schriften Ibn al-Qayyims
werden dabei von den salafistischen Bearbeitern vor allem als
Steinbruch benutzt, um kleinste Teile separat zu veröffentlichen
oder neu zu Sammlungen, meist zu Themen der Lebensgestal-
tung, im Internet oder in Broschüren zusammenzustellen, oft angereichert mit anderem Material. Gelesen werden sie denn auch
weniger von Gelehrten als von einem breiten an religiöser Orientierung interessierten Publikum.[34] Die salafistischen Publikationen kommen meist auch äußerlich als Patchwork daher und
sind überwiegend auf den ersten Blick als salafistisch zu erkennen. «Über eine ziemlich ausgeprägte islamische Symbolik er-
folgt ein Branding als salafistisches Produkt», hat Birgit Krawietz dazu beobachtet und nennt als Beispiele

patchwork-artige Kompositionen aus Versatzstücken islamischer
Architektur (Moscheekuppeln, Minarette), aus geometrischen islamischen Mustern, aus Kalligrafie und anderweitig dekorativer
Ornamentik, auch aus Gefäßen, aus visuellen Repräsentationen
eines Koranexemplars […] bzw. von Ehrfurcht gebietenden arabischen Schrifttafeln, Schwertern, (Umwelt-)Phänomenen wie
Lichtstrahlen, Blitzen oder Wasserstrudeln, häufig auch von Pal-
men, anderen Bäumen, Blumen, heilsamen Erträgen aus Gottes
«Apotheke der Natur» oder von Schatztruhen. […] Im Zuge einer sich ausbreitenden, auch islamischen Konsumkultur werden
solche Bücher immer häufiger in schrille Pop-Farben getaucht
oder erhalten eine reliefartige Oberflächengestaltung, so dass die
Buchdeckel ergänzend auch haptische Reize bieten.[35]

Der salafistische Modernismus im
19. und 20. Jahrhundert

Es wird immer wieder diskutiert, wie sich eine – gute – reformistische Spielart des Salafismus im ausgehenden 19. und beginnenden 20. Jahrhundert von dem späteren – bösen – Salafismus oder Neo-Salafismus unterscheiden lässt.[36] Doch die Unterscheidung ist problematisch, da sie einen wichtigen Aspekt im Denken der «guten» reformislamischen Salafisten Muhammad ʿAbduh (gest. 1905) und Dschamāladdīn al-Afghānī (gest. 1897) übersieht.[37] Beiden sonst so unterschiedlichen Denkern ist gemeinsam, dass sie in Auseinandersetzung mit europäischen Kritikern «den Islam» verteidigten. In der gemeinsamen Abwehr verstärkte sich die Vorstellung von einem einheitlichen Islam mit einer unveränderlichen Essenz.[38] Auf diese Weise ergab sich auch eine Anschlussfähigkeit an das zur selben Zeit entstehende wahhabitische Denken.

Dschamāladdīn al-Afghānīs Ankunft in Ägypten 1871 gilt als Beginn des salafistischen Reformismus in Ägypten. Der als Schiit geborene Dschamāladdīn hatte den Beinamen «al-Afghānī», «der Afghane», angenommen, um sich im sunnitischen Umfeld besser bewegen zu können, da Afghanen eher als Sunniten angesehen wurden. Er hatte sich im Iran Kenntnisse der islamischen Philosophie angeeignet und die im schiitischen Islam verbreitete Methode der eigenständigen Rechtsformulierung, den *idschtihād*, kennengelernt. Auf Reisen nach Indien begegnete er weiteren reformistischen Gedanken und entwickelte eine lebenslange Abneigung gegen den britischen Kolonialismus. Über Afghanistan reiste er nach Istanbul, wo er den Kontakt mit osmanischen Reformern suchte. Er wollte sie davon überzeugen, dass es die richtige Strategie in der Auseinandersetzung mit dem Westen sei, diesen nachzuahmen und mit Hilfe der erworbenen Kenntnisse abzuwehren. Anfang der 1870er Jahre wurde er aus Istanbul ausgewiesen und kam so nach Ägypten, wo er 1879 ebenfalls des Landes verwiesen wurde.

Al-Afghānī gelang es, in Ägypten einen Kreis von Schülern um sich zu scharen. Häufig handelte es sich dabei um unzufriedene Studenten der al-Azhar-Universität, denen er die islamische Philosophie nahebrachte. Zu diesem Kreis gehörte auch Muhammad ʿAbduh, der ebenfalls an den traditionellen Lehrmethoden verzweifelte, sich aber durch die im Kreis von al-Afghānī vermittelten Ideen in eine reformistische Richtung entwickelte. Wegen seiner nationalistischen und antibritischen Haltung wurde er 1879/80 und erneut 1882 ins Exil geschickt und gelangte über Beirut nach Paris.

Dort traf er seinen Lehrer al-Afghānī wieder. Gemeinsam gaben sie eine kurzlebige, aber höchst einflussreiche Zeitschrift heraus, die sich besonders der antiimperialistischen Polemik gegen die britische Politik in Ägypten und im Sudan verschrieb. Hier sehen wir ein antikoloniales Element, das in die DNA des frühen Salafismus eingeschrieben ist. Al-Afghānī widmete sich auch später der panislamischen und antikolonialen Politik. ʿAbduh dagegen wandte sich der religiösen Reform zu.

1885 kehrte ʿAbduh nach Beirut zurück und verfasste dort 1885 und 1886 unter dem Einfluss von syrischen Salafis seine berühmteste Schrift *Risālat al-tauhīd*, «Abhandlung von der Einheit Gottes». Er wandte sich damit an gebildete Muslime, die den Islam der traditionellen Gelehrten und der Sufis für ignorant, rückständig und beschämend hielten. Anders als al-Afghānī, der sich auf die Philosophie konzentrierte, wandte sich ʿAbduh der Geschichte zu, um den vermeintlichen Verfall des Islams zu erklären. Dieser habe ursprünglich mit der Vernunft im Einklang gestanden, die Menschen von Irrationalität und Knechtschaft befreit und ihnen zur Unabhängigkeit des Willens und Denkens verholfen. Der Islam sei damit die ausgereifteste aller Religionen. Er fördere weder Gewalt noch Fatalismus, wie ihm viele Europäer unterstellten. Doch sei er mit der Zeit durch falschen Glauben und falsche Praktiken, etwa die Verehrung von Gräbern und Bäumen, von seinem Weg abgekommen. An die Stelle selbständigen Denkens sei Nachahmung *(taqlīd)* getreten. Der einzige Ausweg, um eines Tages doch noch eine vernünftige und moralische Zivilisation zu errichten, sei die Rückkehr zum wahren Islam der «Altvorderen», der *al-salaf al-sālih*.³⁹

Nach Ägypten zurückgekehrt, konnte ʿAbduh 1889 eine führende Rolle im religiösen Leben Ägyptens spielen, zunächst als Qadi, ab 1899 bis zu seinem Tod 1905 sogar als Großmufti von Ägypten. Allerdings hat er nur wenige Reformen durchgesetzt. Großen Einfluss hatten seine Vorlesungen über Koranexegese an der al-Azhar-Universität, die ein weites Themenspektrum abdeckten und später in der Zeitschrift *al-Manār* seines Schülers Raschīd Ridā abgedruckt wurden.

Neben Ägypten war Syrien ein Schwerpunkt des frühen Salafismus. Hier entwickelte sich die Strömung sogar noch früher. Das war dem Gelehrten ʿAbd al-Razzāq al-Bītār (1837–1916) zu verdanken, dessen Vater ein Schüler des reformistischen Sufi-Scheichs Chālid vom Naqschbandī-Orden war. Zunächst wandte sich auch Bītār mystischen Strömungen des Islams zu und wurde zu einem Anhänger des Emirs ʿAbd al-Qādir al-Dschazāʾirī (1808–1883), der 1855 nach Damaskus kam. Dieser hatte in Algerien den Widerstand gegen die französische Besetzung des Landes angeführt, suchte aber zugleich auf der Grundlage der mystischen Lehren Ibn ʿArabīs nach einem Ausgleich mit dem Westen. In den 1880er Jahren änderte al-Bītār seine Auffassungen und wandte sich nach einem Besuch Nuʿmān al-Alūsīs in Damaskus und einem Treffen mit Muhammad ʿAbduh in Beirut deren salafistischen Positionen zu. Von dieser Zeit an soll er sich ausschließlich auf den Koran und die Sunna gestützt und alle Sufi-Praktiken verdammt haben, die im Widerspruch zur Scharia standen.⁴⁰

Eine andere führende Gestalt des syrischen Salafismus, Tāhir al-Dschazāʾirī (gest. 1920), widmete sich in gut modernistischer Weise dem Ausbau der Bildung. In Damaszener Bibliotheken entwickelte er ein großes Interesse an Handschriften der Werke Ibn Taimīyas, die er im Druck herausgab und verbreitete.⁴¹ Dies ist ein gutes Beispiel dafür, wie die Ideen Ibn Taimīyas zur Grundlage eines Konsenses innerhalb des frühen Salafismus sowie zwischen Salafismus und Wahhabismus wurden.

Eine besondere Rolle im frühen Salafismus spielte Dscha-māladdīn al-Qāsimī (1866–1914), ein jüngerer Mitstreiter von al-Bītār und al-Dschazāʾirī, der deren Ideen verschriftlichte. Im Mittelpunkt von al-Qāsimīs Denken stehen die beiden Prinzipien Vernunft und Einheit. In seiner Schrift *Dalāʾil al-tauhīd* (Beweise für den Monotheismus), die er nur eine Woche nach der Jungtürkischen Revolution im Juli 1908 verfasste, erklärte er in modernistischer Manier die Vernunft zum Zentrum des muslimischen Glaubens. Materialismus und Atheismus gelten dagegen als eine Verzerrung der Wahrheit und als Gefahr für die Gesellschaft. Al-Qāsimī erkannte ähnlich wie seine irakischen Mitstreiter die Legitimität der Rechts- und Theologieschulen und des Sufismus prinzipiell an, wandte sich aber gegen die Bildung von Sekten sowie von unterschiedlichen Rechtsschulen und Traditionen, denen man von Geburt an verbindlich angehören sollte. Die Ausschmückung von Moscheen, die Verehrung von Heiligen und Gräbern oder ekstatische Rituale der Sufis waren ihm zuwider. Sein Ziel war es, alle Muslime auf der Grundlage der in Koran und Sunna niedergelegten islamischen Prinzipien zu vereinen. An die Stelle der «Nachahmung» von Vorbildern *(takfir)* sollte im islamischen Recht die eigene Urteilsbildung *(idschtihād)* treten.[42]

Bedeutsam für die weitere Entwicklung war das entstehende Interesse an «wissenschaftlichen» Beweisen für die eigene religiöse Position. Dabei wurde ein bestimmter Bestand an Koranstellen als objektive Tatsache verstanden, die mit wissenschaftlichen Methoden analysiert werden kann, so wie auch andere «objektive» Befunde wissenschaftlich untersucht werden können. Durch diesen Szientismus erwies sich der Salafismus – ohne den Inhalt natürlich – als ein Phänomen der Moderne.

Auch im Maghreb gab es einen salafistischen Modernismus, der auf Vortragsreisen von Muhammad ʿAbduh und seinen Anhängern verbreitet wurde, sich aber zu einer eigenständigen Form des Salafismus entwickelte. Einer der wichtigsten Vertreter dieses frühen Salafismus im arabischen Westen war ʿAbdalhamīd Ben Bādīs (gest. 1940), der ein breit gefächertes Reform-

programm entwickelte, das sich auf Bildungsinstitutionen, Dis-
kussionszirkel und Zeitschriften stützte. Eine herausragende
Rolle spielten Organisationen wie die *Dscham'īyat al-'ulamā'
al-muslimīn al-dschazā'iriyīn*, die «Gesellschaft der algerischen
muslimischen Gelehrten», durch die die neue modernistische
Lehre verbreitet wurde. Ben Bādīs äußerte sich zu sozialen und
politischen Fragen, verfolgte aber auch ein religiöses Programm,
das dem des östlichen Salafismus ähnelte: das Bekenntnis zur
Einheit Gottes (*tauhīd*) und damit auch zur Einheit der muslimischen Gemeinschaft, die Rückkehr zu Koran und Sunna als alleinigen Quellen des Glaubens, die Ablehnung von Neuerungen
(*bida'*), die Einbindung rational-wissenschaftlichen Denkens in
islamische Vorstellungen sowie die Ablehnung des Sufismus, der
häufig mit Aberglauben gleichgesetzt wurde.[43]

Ein entscheidender Wandel des frühen Salafismus ist mit dem
Namen Raschīd Ridā (1865–1935) verbunden. Der prominen-
teste Schüler von Muhammad 'Abduh berichtet in seiner Auto-
biographie von seinem Studium in Husain al-Dschisrs modernistischer Schule. Durch 'Abduhs Zeitschrift *al-'Urwa al-Wuthqā*
(Das festeste Band) lernte er Schriften von al-Afghānī kennen,
die ihn faszinierten. 1897 verließ er seinen osmanischen Ge-
burtsort Tripolis (im heutigen Libanon) und ging nach Kairo,
um sich den gelehrten Zirkeln um 'Abduh anzuschließen. Hier
gründete er die einflussreiche islamische Zeitschrift *al-Manār*
(Der Leuchtturm), die von 1898 bis zu seinem Tod 1935 ohne
Unterbrechung erschien. Die Zeitschrift und mit ihr das salafistische Gedankengut Ridās wurden über Eisenbahn- und Schiffs-
verbindungen weltweit verbreitet. Hier liegen die Ursprünge der
«salafistischen Internationale».

Zunächst bewegte sich Ridā jedoch noch im Denken des frühen Salafismus. Erst durch den Ersten Weltkrieg wurde er radi-
kalisiert. Abgestoßen vom Krieg der europäischen Mächte, die
sich selbst für so zivilisiert hielten, und von deren Interessenpo-
litik im Nahen und Mittleren Osten, entwickelte er sich zu einem glühenden Anhänger der Wahhabiten unter König 'Abd
al-'Azīz Ibn Sa'ūd. Der Orientierung der frühen Salafisten am

westlichen Denken, etwa am Szientismus, setzte er nun strikte Grenzen.[44]

Mit der stärkeren Ablehnung westlichen Denkens, der Annäherung an den Wahhabismus und an Saudi-Arabien sowie durch die internationalen Verbreitungswege schuf Raschīd Ridā eine neue Form des Salafismus, die bis heute aktuell ist. Zugleich lässt sich an ihm zeigen, dass der frühe und der neue Salafismus zusammenhängen.

Eine weitere Person, die ein Scharnier zwischen dem frühen und dem neueren Salafismus bildet, ist der aus Albanien stammende syrische Hadith-Gelehrte Muhammad Nāsir ad-Dīn al-Albānī (gest. 1999). Der Autodidakt, der sich durch Lektüre ein großes Wissen in religiösen islamischen Disziplinen aneignete, kam durch die Zeitschrift *al-Manār* in Kontakt mit der salafistischen Bewegung und beteiligte sich an den Diskussionszirkeln um Muhammad Bahdschat al-Bītār, einen Schüler von Dschamāladdīn al-Qāsimī, der für den modernistischen Salafismus in Syrien repräsentativ ist.[45]

Al-Albānī hielt Vorträge zu verschiedensten Fragen, die in thematischen Sammlungen publiziert wurden.[46] Bekannt wurde er vor allem durch seine neue Methode der Hadithkritik, mit der er die Zahl der verlässlichen Hadithe, auf die von salafistischer Seite Aussagen gestützt werden können, erweiterte.[47] Die Erweiterung des Repertoires an verlässlichen Hadithen, das heißt Aussprüchen des Propheten Muhammad, die nach seinem Tod von seinen Anhängern gesammelt wurden, ist für Salafisten von besonderer Bedeutung, da bei vielen der überlieferten Hadithe nicht sicher ist, ob sie wirklich auf den Propheten zurückgehen. Damit ist eine wichtige Quelle salafistischen Wissens nicht mit «wissenschaftlichem» Anspruch ausschöpfbar, eine Lage, die durch neue hadithkundliche Methoden verbessert werden konnte.

Ein weiterer wichtiger salafistischer Denker aus dem Libanon war Sālim asch-Schahhāl (gest. 2008), der als «Rufer zum Islam», *dāʿī al-islām,* bekannt wurde. Er gilt vielen als Begründer des Salafismus im Libanon. Ende der 1940er Jahre wurde er zunächst durch Raschīd Ridā und die Zeitschrift *al-Manār* beeinflusst und schloss sich dann dem Netzwerk um den salafistischen Gelehrten Nāsir ad-Dīn al-Albānī an. Über diesen wiederum stellte er Kontakte zu Gelehrten in Saudi-Arabien her, die ihm neue Geldquellen für seine Aktivitäten erschlossen. Asch-Schahhāl verstand sich selbst nicht als Salafist im neueren Sinne, sondern vielmehr als eine Art islamischer Intellektueller, der mit verschiedenen Gruppierungen in Kontakt war. Er gründete eine kleine Gruppe frommer junger Leute mit dem Namen *al-Muslimūn* (die Muslime), aus der etliche der führenden Köpfe der libanesichen salafistischen Mission *(daʿwa)* hervorgingen.[48]

Obwohl Sālim asch-Schahhāl 2008 verstorben ist, führen seine Anhänger einen Twitter-Account unter seinem Namen. Am 19. Oktober 2016 verzeichnete der Account 18 900 Follower. Viele Tweets an diesem Tag waren offen antisemitisch. Im Grunde werden alle Gegner als Juden identifiziert. Dafür ein paar Beispiele:

Baschschār [al-Assad], seine Vorfahren sind Juden aus Isfahan; diejenigen, die die Regierung von Israel kontrollieren, sind Juden aus Isfahan; im Iran gibt es 30 000 Juden.

Diejenigen, die dem Daddschāl[49] folgen, sind Juden aus Isfahan; die Zwölferschiiten *(rāfida)*, der Gründer ihres [Glaubens-]Systems *(manhadsch)*,[50] war ein Jude aus dem Jemen; Atatürk, der das Osmanische Reich stürzte, war ein jüdischer Dönme.[51]

Der Gründer des [schiitischen] Reiches der Fatimiden,[52] Maimūn al-Qaddāh, war Jude.

Die Schauspielerei in Ägypten ist zuerst durch die Hand der Juden ans Licht gekommen. So ist auch die Mehrzahl der Schauspielerinnen und Schauspieler jüdischen Glaubens.

Diejenigen, die über Russland herrschen und das Zarenreich gestürzt haben, sind Juden. Sie sind diejenigen, die den Glauben des Marxismus begründet haben.

Mit Antisemitismus und Antischiismus verknüpftes Verschwö-
rungsdenken kursiert in den salafistischen Milieus in hohem
Maße. Dass eine derart von Verschwörungsphantasien be-
herrschte Weltsicht in eine religiös kodierte Aktion umschlägt,
verwundert nicht. In dem Hashtag «#die Schlacht gegen die
Sunniten» *(#maʿrakat_ahl_as-sunna)* heißt es:

> In der Einheit der Reihen[53] und im Konsens des Wortes liegen die
> wichtigsten Schritte und die größten Aufgaben, um Beistand ge-
> gen den Feind zu leisten (den Kreuzfahrer *(salībī)* und Schiiten
> *(rāfidī)*), um Zufriedenheit zu verbreiten und Gnadengaben her-
> beizubringen.

Damit sind wir schon mitten in den Erscheinungsformen der
neueren salafistischen Bewegungen weltweit. Zuvor jedoch müssen wir die Ausgangsbedingungen in Saudi-Arabien verstehen.

2. Salafismus, Wahhabismus und Saudi-Arabien

Dass Saudi-Arabien nicht mit dem Wahhabismus in eins zu setzen ist, liegt auf der Hand. Und die häufige Gleichsetzung von Salafismus als Wahhabismus *plus* Saudi-Arabien ist ein Kurzschluss, der in die Irre führen kann, zumal die Annäherung zwischen Salafismus und Wahhabitentum erst relativ späten Datums ist.[1] Im 19. Jahrhundert wurde in einem Traktat vom «Aufruf im Nadschd» (*ad-daʿwa an-nadschdīya*) im Inneren der Arabischen Halbinsel gesprochen; die moderne Edition des Werkes spricht von dem «salafistischen Aufruf im Nadschd» (*ad-daʿwa as-salafīya fiʾn-nadschd*).[2] Das wahhabitische Establishment hat sich also den Begriff «salafistisch» bewusst angeeignet.

«Leute des Islam»

Der Salafismus stellt wie auch der Wahhabismus kein homogenes Phänomen dar. Dies zu betonen ist wichtig, da es eine Tendenz gibt, Wahhabiten als Vertreter des Bösen darzustellen, ohne präzise zu prüfen, welche Erscheinungen unter einem einheitlichen Etikett zusammenzufassen sind.[3]

«Wahhabitisch» ist ein Label, das in der neueren Geschichte für alle als extremistisch oder negativ eingestuften islamischen Strömungen benutzt wird, von welcher Seite auch immer.[4] Die Bezeichnung allein hat jedoch recht wenig Aussagekraft. Grundsätzlich wird hier unter Wahhabismus die in Saudi-Arabien herrschende Spielart des Salafismus verstanden, gewissermaßen die Mutter aller heute als salafistisch bekannten Strömungen.

Schon die Bezeichnung «wahhabitisch» ist problematisch. Sie geht letztlich zurück auf den Namen des Begründers Muhammad ibn ʿAbdalwahhāb, genauer: auf den darin enthaltenen Namensteil, der einen der Beinamen Gottes enthält. Es ist also eine Fehlbezeichnung, die dazu dienen sollte, die Wahhabiten als außerhalb der muslimischen Gemeinschaft stehend abzuqualifizieren. Die Wahhabiten selbst bezeichneten sich einfach als Muslime, «Leute des Islam» oder mit anderen Begriffen, die ihren Anspruch, den einzig wahren Islam zu vertreten, ausdrückten. Ihre Gegner wurden als «Anhänger der Lüge», «Vertreter der Vielgötterei», «Irregehende» etc. betrachtet.[5]

Zeittafel zur neueren Geschichte Saudi-Arabiens

1744	Muhammad ibn ʿAbdalwahhāb kommt nach Dirʿīya im Nadschd in Zentralarabien.
1744	Bündnis mit Muhammad bin Saʿūd
ca. 1744–1800	Kampf um die Kontrolle des Nadschd
1773	Saudisch-wahhabitische Allianz kontrolliert Riad.
1792	Tod Muhammad ibn ʿAbdalwahhābs
1801–1802	Saudisch-wahhabitische Allianz attackiert Kerbela, den schiitischen Wallfahrtsort im Irak.
1804–1805	Anerkennung der saudischen Oberhoheit in Medina
1813–1814	Ägyptisches Expeditionskorps schlägt die saudisch-wahhabitische Allianz im Hidschas.
1818	Eroberung Dirʿīyas; Ende des ersten saudischen Staates
1824	Turkī ibn ʿAbdallāh erneuert die saudische Herrschaft in Riad.
1864–1865	Innere Streitigkeiten in der Herrscherfamilie bis hin zum Bürgerkrieg
1891	Niederlage der Saudis in Riad; Ende des zweiten saudischen Staates
1902	Eroberung Riads durch Ibn Saʿūd

1912	Gründung der Ichwān und erste Ansiedlungen
1924	Eroberung Mekkas
1926	Ibn Saʿūd wird zum König des Hidschas, Sultan des Nadschd und anderer Gebiete erklärt.
1927–1930	Auseinandersetzung mit den Ichwān bis zu deren Niederlage
1932	Ausrufung des Königreiches Saudi-Arabien
1938	Beginn der kommerziellen Ölproduktion
1962	Beginn des Bürgerkriegs im Jemen, Saudi-Arabien unterstützt die eine, Ägypten die andere Bürgerkriegspartei.
1973	Vierter arabisch-israelischer Krieg, sog. Ölembargo, Anstieg der Erdölpreise
1979	Besetzung der großen Moschee von Mekka durch proto-dschihadistische Kräfte.
1990er Jahre	Innere Proteste, erste dschihadistische Anschläge
2003–2008	Dschihadistische Attentatskampagne in Saudi-Arabien
2015	Beginn eines erneuten Krieges im Jemen, militärisches Eingreifen einer Allianz unter saudischer Führung, Vorwurf von Angriffen gegen Zivilisten

Aus pragmatischen Gründen wird in diesem Buch die Bezeichnung «wahhabitisch» verwendet, die inzwischen eine hinreichend klare Vorstellung hervorruft. Die Verbindung zum Salafismus ergibt sich im Folgenden inhaltlich wie auch formal. In der *Amman Message*, die 2004 auf Initiative des jordanischen Königs formuliert wurde und einen islamischen Standpunkt gegen gewalttätige islamische Gruppen darstellen soll, wird erwähnt, dass zu den Gruppen, die nicht als unislamisch bezeichnet werden können, auch diejenigen gehören, die das «wahre salafistische Denken» vertreten.[6] Damit wird der Exklusivitätsanspruch der wahhabitischen Gelehrten, die auch an anderer Stelle den «wahren Salafismus» beanspruchen, berücksichtigt, zugleich werden sie aber als islamisch qualifiziert. Dies kann als taktisches Zugeständnis der wahhabitischen Seite gelesen werden, um Verbündete gegen die Bedrohung Saudi-Arabiens durch gewalttätige salafistisch-dschihadistische Gruppen zu gewinnen. Prominente zeitgenössische wahhabitische Gelehrte wie Sālih al-Fauzān haben aber deutlich formuliert, dass alle nicht-wahhabitisch-salafistischen Muslime in die Irre gehen.[7]

Der Urvater Muhammad ibn ʿAbdalwahhāb

Zuerst muss an dieser Stelle ein kurzer Blick auf die Person und Lehre des Begründers des Wahhabitentums geworfen werden.[8] Muhammad ibn ʿAbdalwahhāb wurde wohl 1703 in einer Familie hanbalitischer Rechtsgelehrter im zentralarabischen Nadschd geboren; gestorben ist er 1792. Zu welchem Zeitpunkt er begann, extreme Ansichten zu predigen, ist unklar. Unter Druck geraten, ging er nach Medina und studierte bei zwei führenden Hadith-Gelehrten,[9] beide Bewunderer des hanbalitischen Gelehrten Ibn Taimīya (siehe S. 19 ff.), dessen Schriften sie im Unterricht verwendeten. Hier dürfte die intensive Beschäftigung Muhammad ibn ʿAbdalwahhābs mit dem Denken Ibn Taimīyas ihren Ursprung haben. Von Medina wandte er sich für weitere Studien nach Basra, wo er auch fortfuhr, öffentlich zu predigen. Seine Unduldsamkeit brachte ihm allerdings die Verbannung aus Basra ein. Nach einigen Umwegen gelangte er schließlich nach Dirʿīyya, heute ein Vorort von Riad, wo er auf Muhammad bin Saʿūd traf, mit dem er 1744 den berühmten Pakt schloss, der später zur Gründung Saudi-Arabiens führte. Diese Allianz wurde durch einen gegenseitigen Loyalitätseid (*baiʿa*) bekräftigt. Grob gesagt wurden Muhammad bin Saʿūd die herrscherlichen und besonders die militärischen Angelegenheiten übertragen, Muhammad ibn ʿAbdalwahhāb die religiösen. In der Folgezeit kam es zu Spannungen zwischen den Partnern, als Muhammad bin Saʿūd nicht die von ihm erwartete Legitimation seiner Kriegszüge als Dschihad erhielt. Muhammad ibn ʿAbdalwahhāb bestimmte schließlich die Parameter, innerhalb derer eine militärische Aktion als Dschihad definiert und damit legitimiert wurde. Ein weiterer Konfliktpunkt scheint Ibn ʿAbdalwahhābs Anliegen einer religiösen Reform gewesen zu sein, stand doch für die Familie der Saʿūd die Ausweitung der Herrschaft im Vordergrund. Die Nachkommen Muhammad ibn ʿAbdalwahhābs spielen bis heute eine wichtige Rolle in der saudischen Gelehrtenschaft.

Ihr Urvater beschrieb ein bestimmtes Verhalten, durch das sich eine Person als wirklicher Muslim definieren lässt.[10] Daraus leitete er die Kriterien ab, an denen sich ablesen lässt, ob eine Person ein falscher Muslim ist.[11] Damit ist ein Verfahren des *takfīr*, das heißt einen anderen Muslim zum Ungläubigen zu erklären, beschrieben.

Für Muhammad ibn ʿAbdalwahhāb macht – im Gegensatz zum Konsens der sunnitischen Gelehrtenmeinung – allein der *schirk*, die Beigesellung einer anderen Instanz (Götzen, Personen u.a.m.) zu Gott, den falschen Gläubigen aus.[12] Die meisten Gedanken kreisen bei ihm um die Unterscheidung zwischen den wahren Gläubigen, die seiner Version des Eingottglaubens folgen, und den falschen, arab. *muschrikūn*, die eben Beigesellung (*schirk*) betreiben.

Auch wer alle Glaubenspflichten erfüllt und das islamische Glaubensbekenntnis spricht, muss nicht automatisch Muslim sein. Wenn er bestimmte Handlungen begeht, wird er trotzdem zum Ungläubigen. Solche Handlungen sind laut Muhammad ibn ʿAbdalwahhāb: bei Bäumen oder anderen Objekten Segen zu suchen, bei anderen als Gott Zuflucht zu nehmen, einen anderen als Gott um Beistand zu bitten, das Übermaß der Verehrung von Frommen[13] oder die Verehrung der Gräber der Frommen, die diese zu Götzenbildern mache.[14]

Ein weiteres Element dieser Definition des Islams ist das *ak-*

tive Eintreten für den nach Muhammad ibn ʿAbdalwahhāb wahren Glauben; das bloße Wort reicht also nicht aus. Als letztes Kriterium sei noch die «Kontaktschuld» genannt, durch die ebenfalls Unglauben auftreten kann. Dies betrifft eigentlich wahre Muslime, die sich ungenügend von *muschrikūn* distanzieren oder diese unterstützen. Schließlich findet sich eine deutliche Distanzierung von den Gelehrten der Rechtsschulen, auch denen der hanbalitischen Rechtsschule, der Muhammad ibn ʿAbdalwahhāb angehörte,[15] da sie die Grundlagen ihrer Religion nicht verstünden.[16]

Welche Qualität haben die Schriften Muhammad ibn ʿAbdalwahhābs? In einem dezidiert anti-wahhabitischen Essay kritisiert der US-amerikanische Islamwissenschaftler Hamid Algar das *Kitāb at-tauhīd*, das «Sendschreiben über den Eingottglauben». Trotz des im Titel enthaltenen Versprechens, die fundamentalste islamische Doktrin zu erläutern, bestehe dieses Büchlein nur aus unkommentierten Hadithen, in 67 Kapiteln angeordnet. Ismail Raji al-Faruqi, der Übersetzer des *Kitāb* und einer der Hauptförderer des Wahhabismus in Nordamerika, habe nur beinahe recht, wenn er schreibt, das *Kitāb at-tauhīd* mache «den Eindruck studentischer Notizen». Denn eigentlich seien diese und viele andere Schriften von Muhammad ibn ʿAbdalwahhāb tatsächlich nicht mehr als die Notizen eines Studenten: «dünn – sowohl an Inhalt als auch an Umfang».[17]

Auch andere seiner Werke sind ähnlich schmale Bände, die zum Teil von Bearbeitern angereichert wurden.[18] Ist dies nun die Aussage eines Polemikers, die über das Ziel hinausschießt? Schauen wir zur Klärung in das *Kitāb at-tauhīd* hinein. Wir lesen im Kapitel über die «Furcht vor dem *schirk*»:

«Das Wort Gottes, mächtig und erhaben ist Er: Allah vergibt nicht, daß man ihm (andere Götter) beigesellt. Was darunter liegt, vergibt er, wem er (es vergeben) will. (Sure 4, *an-Nisāʾ*, 48 und 116)[19]

Es sagte der Freund [Gottes],[20] über ihm sei Heil: Und laß mich und meine Söhne es vermeiden, den Götzen zu dienen! (Sure 14, *Ibrāhīm*, 35)[21]

Und im Hadith [heißt es]: Was ich am meisten für euch fürchte, ist der kleine *širk*. Er [der Prophet] wurde danach gefragt. Er antwortete: Die Heuchelei.[22]

Nach Ibn Masʿūd [ein Prophetengefährte]: Der Gesandte Gottes, Gott segne ihn und spende ihm Heil, hat gesagt: Wer stirbt und jemand anderes als Gott anruft, geht ins Höllenfeuer ein.[23]

In Muslim[24] [findet sich] nach Dschābir:[25] Der Gesandte Gottes, Gott segne ihn und spende ihm Heil, sagte: Wer Gott trifft und ihm nichts beigesellt, geht ins Paradies ein; wer Gott trifft und ihm etwas beigesellt, geht ins Höllenfeuer ein.[26]

Die Diagnose Algars erweist sich also als richtig: kurze Notate aus einer Koran- und Hadithlektüre. Wir finden bei Muhammad ibn ʿAbdalwahhāb lediglich eine Kompilation von gerade einmal vier Belegstellen zu einem höchst zentralen Thema, nämlich der Scheidung von Gläubigen und Ungläubigen. Insgesamt dokumentieren seine Schriften ein wichtiges Moment der Reduzierung des islamischen Wissens auf ein Ensemble von beliebig interpretierbaren Belegstellen.

Elemente des Wahhabitentums

Ohne auf Details der wahhabitischen Geschichte eingehen zu können, seien im Folgenden einige für unser Thema wichtige Punkte erwähnt. Der erste Punkt betrifft die Lehre. Das Dogma von *al-walāʾ waʾl-barāʾ* – die alleinige Loyalität und Freundschaft (Assoziation) mit Muslimen und die Trennung und Meidung (Dissoziation) von Nichtmuslimen – ist einer der wichtigsten Glaubenssätze der salafistischen (und dschihadistischen) Strömung, er gilt auch für den wahhabitischen Zusammenhang.

Die Idee von *al-walā' wa'l-barā'* reicht weit zurück. Greifbar wird sie eigentlich bei Ibn Taimīya (gest. 1328),[27] der den Begriff selbst nicht verwendet, aber mit dem Konzept offenkundig vertraut war. Er spricht über die Abwege, auf die Muslime geraten könnten, wenn sie zu große Nähe und Zuneigung zu Juden und Christen entwickeln würden. Dies führte die Muslime vom «geraden Weg» (*al-sirāt al-mustaqīm*)[28] ab. Damit wird das Konzept für Ibn Taimīya zu einem Instrument, Muslime von Nichtmuslimen zu trennen und dadurch ihre religiöse Integrität zu wahren.[29]

Aufgegriffen wurde diese Idee von Sulaimān ibn ʿAbdallāh Āl asch-Schaich (gest. 1818), einem Enkel des Begründers des Wahhabitentums. Sulaimān radikalisierte die *al-walā' wa'l-barā'*-Doktrin zu einem Kampfmittel gegen den Unglauben (*kufr*). Das Konzept wird zu einer Art Lackmus-Test, mit dem sich wahre Muslime von falschen scheiden lassen. Er sagt:

> Der Mensch, wenn er denen, die Gott etwas beigesellen (*muschrikīn*),[30] eine Zustimmung zu ihrem Glauben zeigt aus Furcht vor ihnen [...], dann ist er ein Ungläubiger wie sie, und wenn er ihren Glauben ablehnt [...], dann liebt er den Islam und die Muslime.[31]

Später spricht Sulaimān an dieser Stelle davon, dass die Person, die den Ungläubigen bzw. Beigesellern Freundschaft zeigt, «die Freundschaftsbande (*muwālāt*) zwischen ihm und den Muslimen zerschneidet».[32] Er macht *al-walā' wa'l-barā'* zu einem Teil des Glaubenskerns. Diese Doktrin wird von Hamd ʿAlī ibn ʿAtīq (gest. 1883) weiterentwickelt, der *al-walā' wa'l-barā'* mit dem zentralen Glaubenssatz der Einheit Gottes (*tauhīd*) verbindet, da nur der ein wahrer Muslim sein könne, der Nichtmuslimen gegenüber Feindschaft zeige. Außerdem betont er weit mehr als frühere Autoren den Aspekt der Abwendung (*barā' a*) von Nichtmuslimen, nicht nur die Ablehnung einer irregeleiteten Freundschaft mit ihnen.

Trotz aller Kritik und Auseinandersetzungen nach dem Fall

des ersten saudischen Reiches 1818 blieb die strikte wahhabitische Lehre weiterhin wirksam. Besonders die Praxis der Exkom-
munizierung nicht-wahhabitischer Muslime wurde aufrechter-
halten.[33] Im 19. Jahrhundert wandelte sich aber die Position der
wahhabitischen Gelehrten insbesondere zu politischen Fragen.
Der 1865 ausbrechende Bürgerkrieg[34] zwischen zwei saudischen
Thronprätendenten erzeugte diesen Wandel und blieb lange prä-
gend für die Haltung der Gelehrten. Das Konzept des Staates bei
Muhammad ibn ʻAbdalwahhāb beruhte laut Steinberg (2002)
auf der Einigkeit aller Muslime unter einem starken Herrscher,
der im Konfliktfall die göttlichen Gebote durchsetzte. Folglich
markierten die anhaltenden Streitigkeiten unter den Söhnen des
saudischen Herrschers Faisal das Ende des wahhabitischen Ide-
alstaates.[35] In den Vordergrund traten nun die Wahrung der Gemeinschaft und der Gehorsam gegenüber dem Herrscher, auch
wenn dies teilweise einen Einflussverlust der Gelehrten bedeuten
konnte.

Dies zeigt sich auch in der Haltung der wahhabitischen Gelehrten gegenüber der Revolte der Ichwān («Bruderschaft») [36]
Ende der 1920er Jahre. Die Ichwān-Bewegung bildete sich in einem immer noch nicht vollkommen verstandenen Prozess heraus:[37] Beduinen, deren Gläubigkeit wiederholt als zweifelhaft
betrachtet wurde, wurden näher an dauerhaft bewohnten Orten
und Städten angesiedelt und den Predigten und der Mission
wahhabitischer Gelehrter unterzogen. Aus diesen Beduinen bildete sich eine religiös hoch motivierte Stammesmiliz, die sogar
anderen Wahhabiten gegenüber kritisch eingestellt war. Dem
saudischen König warfen sie sogar vor, die Grenze zwischen
Glauben und Unglauben nicht in genügender Schärfe zu markie-
ren. Die Ichwān spielten eine wichtige Rolle in den Kämpfen,
die zur Errichtung des dritten saudischen Reiches führten, er-
wiesen sich aber als schwer kontrollier- und regierbar. Ab 1927
kam es immer wieder zu Kämpfen, bis eine Revolte der Ichwān
1929/30 niedergeschlagen wurde.[38]

In dieser Zeit stellten sich die wahhabitischen Gelehrten auf
die Seite des Herrschers und riefen zum Gehorsam ihm gegen-

über auf. Gleichzeitig formulierten sie explizit ihren Anspruch auf das Interpretationsmonopol in religiösen Fragen, eine Reaktion auch auf die Kritik der Ichwān und vieler anderer Prediger. Dieses Monopol infrage zu stellen sei schlimmer als Beigesellung (*schirk*).[39]

Die wahhabitische Gelehrtenschaft des Nadschd, so stellt Steinberg heraus, war in religiöser und intellektueller Hinsicht so verschieden geprägt, dass man von ihr kaum als einer einheitlichen Gruppe sprechen kann. Offensichtlich habe im Nadschd eine größere Pluralität der Auffassungen geherrscht, als in der Forschung allgemein angenommen werde, und in geringerem Maße bestehe sie bis heute. «Gemeinsam war allen diesen Gelehrten jedoch eine puritanische Ausrichtung, [...] die sie von den meisten ihrer Kollegen in den benachbarten Staaten und osmanischen Provinzen unterschied.»[40]

Westafrikanische und südasiatische Einflüsse

Es wäre allerdings verfehlt, das Wahhabitentum lediglich als rein arabisches Phänomen zu fassen. Bereits im 19. Jahrhundert[41] finden sich westafrikanische Gelehrte im wahhabitischen Raum, die vor dem französischen und britischen Kolonialismus geflohen und auf die Arabische Halbinsel ausgewandert waren. In der ersten Hälfte des 20. Jahrhunderts übernahmen westafrikanische Gelehrte im dritten saudischen Königreich Lehrfunktionen in den neu entstehenden islamischen Universitäten und Lehranstalten. Bezeichnenderweise waren einige von ihnen auch führend am *Dār al-hadīth* («Haus des Hadith») tätig, der in Medina von Anhängern der südasiatischen Reformbewegung *Ahl-i hadīth* («Anhänger des Hadith») gegründeten Lehranstalt, die sich hauptsächlich dem Studium der Hadithe widmete. Zu den südasiatischen und westafrikanischen kamen noch Vertreter der ägyptischen salafistischen Organisation *Ansār as-sunna al-muhammadīya*, der «Verteidiger der Sunna Muhammads».[42]

Einige aus Familien westafrikanischen Ursprungs stammende

Gelehrte gingen in den 1930ern nach Südasien, um bei Gelehrten der *Ahl-i hadīth* zu studieren.[43] Andere kehrten Mitte des 20. Jahrhunderts nach Westafrika zurück, um dort die wahhabitischen Lehren zu verbreiten.[44] So werden bereits recht früh die Umrisse eines Netzwerks in der islamischen Welt sichtbar.

Arabische wahhabitische Gelehrte studierten ebenfalls in Südasien bei den *Ahl-i hadīth*, um ihre Ausbildung zu vervollkommnen.[45] Durch solche Aufenthalte und Kontakte wurde auch die Erfahrung der Südasiaten mit dem britischen Kolonialismus Teil des wahhabitischen Erbes. Bis in die Gegenwart finden wir bei wahhabitischen Gelehrten die Vorstellung, der Islam sei so etwas wie eine antikoloniale, antiwestliche Widerstandslehre.[46]

Die *Ahl-i hadīth*-Bewegung und wahhabitische Gelehrte teilten etliche Lehrmeinungen:[47] die Ablehnung von Pilgerfahrten zu Sufischreinen; die Auffassung, Sufis und Schiiten seien keine Muslime; eine kritische Haltung gegenüber den Richtungen des islamischen Rechts; die Ansicht, dass allein Koran und Hadithe Quellen des islamischen Rechts sein können.[48] All dies verweist auf ihre Herkunft aus den frühneuzeitlichen Reformbewegungen.

Im nordindischen Bhopal konnten durch die Förderung des lokalen Herrschers in der zweiten Hälfte des 19. Jahrhunderts *Ahl-i hadīth*-Gelehrte wichtige Positionen im religiösen Betrieb einnehmen. Wahhabitische Gelehrte reisten deshalb aufgrund der unsicheren Lage des zweiten saudischen Königreichs für ihre Studien nach Bhopal. Hamd ibn al-ʿAtīq beklagte sich in einem Schreiben an den Herrscher von Bhopal über den Mangel an klassischen Schriften im Nadschd, worauf der Herrscher ihm Kopien dreier klassischer Werke übersandte. Der älteste Sohn Hamds, Saʿd al-ʿAtīq, begab sich in den 1880er Jahren für ein Studium bei den *Ahl-i hadīth*-Gelehrten nach Bhopal (und Delhi); andere wahhabitische Gelehrte folgten.[49]

Im Zusammenhang mit den *Ahl-i hadīth* begegneten wir bereits dem *Dār al-hadīth*, dem «Haus des Hadith», das 1964 der Islamischen Universität in Medina zugeordnet wurde. Gegründet wurde es 1931 von einem in Medina ansässigen *Ahl-i hadīth*-Gelehrten, der das Studium des Hadith im Hidschas und die

Lehre seiner Strömung fördern wollte. Der aus Albanien stammende Nāsir ad-dīn al-Albānī lehrte immer wieder an diesem Institut, das eine Keimzelle der sich auf ihn berufenden *Ahl al-hadīth*-Strömung wurde.[50] Daran wird sichtbar, in welcher Weise dieser Einfluss fortwirkt. Allerdings sind die *Ahl-i hadīth* nicht mit Salafisten oder Wahhabiten gleichzusetzen.

Das dritte saudische Königreich

Für unser Thema von besonderer Bedeutung ist nun, wie sich die Rolle der wahhabitischen Gelehrten im jetzigen dritten saudischen Königreich weiterentwickelt hat. Durch ihre Verankerung in der breiten Bevölkerung im Nadschd konnten sie lange Zeit ihren Einfluss bewahren. Allerdings ist seit den 1930er Jahren ein Schwinden ihres Einflusses auf die Person des Herrschers und die herrschende Familie festzustellen.[51]

Über die Anwerbung nicht-wahhabitischer Gelehrter aus arabischen Staaten mit entwickeltem Bildungswesen wurde versucht, die saudischen Institutionen im Bereich der Bildung und Justiz zu modernisieren. Mit diesem Ziel holte man zahlreiche Gelehrte aus dem arabischen Ausland nach Saudi-Arabien, die zum Großteil vom Gedankengut des frühen Salafismus geprägt waren. Sie kamen gerne in das neue Königreich, da sie in Ländern wie Ägypten, Syrien oder dem Irak staatlichen Repressionen ausgesetzt waren. Zu diesem Kreis zählte auch der schon erwähnte Hadith-Gelehrte Muhammad Nāsir ad-dīn al-Albānī.[52]

Auch ʿAbdarrazzāq ʿAfīfī (gest. 1995), Mitbegründer und späterer Vorsitzender der salafistischen *Dschamāʿat Ansār as-Sunna al-Muhammadīya* in Ägypten, gehörte dazu. In Saudi-Arabien lehrte er an zahlreichen Einrichtungen, wurde in den Rat der Großen Gelehrten aufgenommen und saudischer Staatsangehöriger.

Der Ägypter Muhammad Chalīl Harrās (gest. 1975),[53] der seine traditionelle Ausbildung an der Azhar in Kairo mit einer Arbeit zum Thema «Ibn Taimīya, der Salafī» abgeschlossen hatte, unterrichtete in Saudi-Arabien an der Universität von Riad und später an der Scharia-Fakultät der Umm al-Qurā-Universität in Mekka, wo er Vorsitzender der Abteilung für Glaubenslehre wurde. Zum Ende seines Lebens kehrte er nach Ägypten zurück. Muhammad Surūr Zain al-ʿĀbidīn (geb. 1938)[54] hatte sich in Syrien der militanten Qutb-Fraktion innerhalb der Muslimbrüder angeschlossen und wurde deshalb vom Regime in Damaskus verfolgt. 1965 ging er nach Saudi-Arabien, wo er in Hāʾil und in Buraida unterrichtete, bis er 1974 auch Saudi-Arabien verlassen musste.

Institutionen und Fatwas

Ein wichtiger Einschnitt in der Geschichte der wahhabitischen Gelehrten war die Errichtung des Fatwa-Amtes (*Dār al-Iftāʾ*), die auf das Jahr 1953 zurückgeht. Das Amt und andere Institutionen wurden bis 1969 von einem Nachkommen Muhammad ibn ʿAbdalwahhābs geleitet. Die Institutionalisierung des Fatwawesens schmälerte den Einfluss der Gelehrten nicht, die durch verschiedene Maßnahmen die Kontrolle über den religiösen Bereich der Erziehung und Justiz erhalten konnten. Die wahhabitischen Gelehrten profitierten dabei von der Stärke eines Nachkommen Muhammad ibn ʿAbdalwahhābs und von Konflikten innerhalb des Königshauses.[55]

1971 kam es dann zu einer Reform des Fatwa-Amtes. Eine größere Zahl von Gelehrten wurde berufen und in zwei Subinstitutionen organisiert: dem Ausschuss der großen Gelehrten (*haiʾa kibār al-ʿulamāʾ*) und der Ständigen Kommission für wissenschaftliche Forschung und Fatwawesen (*al-ladschna al-dāʾima liʾl-buhūth al-ʿilmīya waʾl-iftāʾ*) unter dem Vorsitz des saudischen Großmuftis. Diese weitergeführte Institutionalisierung lässt sich leicht als Versuch einer Verstärkung der staatlichen Kontrolle über die Schicht der Religionsgelehrten verstehen. Dieser Versuch hatte allerdings Grenzen. Als weiteres Element kamen die nicht-wahhabitischen Gelehrten hinzu, die auch in den internationalen Organisationen Positionen einnehmen konnten. Insgesamt trifft Al Rasheeds Charakterisierung des saudischen Regimes zu:

> Das saudische Regime ist ein Hybrid, der die Religion dem politischen Willen unterwirft.[56] Es ist weder im vollen Sinne säkular noch religiös. Es ist eine pragmatische Entität, die durch die Stärke der Macht des Öls und der Täuschung – intern wie extern – überlebt hat.[57]

Dieser Hybridität kann hier nicht nachgegangen werden. Festhalten wollen wir aber mit diesem Zitat, dass bei aller analytischen Trennung zwischen Saudi-Arabien und Wahhabitentum beide eng verbunden sind, beide einen «religiös-industriellen Komplex» bilden, einen Komplex, so der algerische Autor Kamel Daoud, dessen integraler Bestandteil «Fatwa-Valley» ist.[58]

Um die Fatwapraxis zu illustrieren, sei ein Beispiel des saudischen Fatwa-Amtes angeführt, das den Konflikt zwischen modernem Leben und dem Ringen um Kohärenz des wahhabitischen Denkens spiegelt:

> Frage: Wie ist die Beurteilung des Fernsehens und Radiohörens? Wie ist die Beurteilung des Betens hinter einer Person, die fernsieht und Radio hört?

> Antwort: Die Beurteilung des Fernsehens und Radiohörens hängt davon ab, was gesendet wird. Diese Sendungen mögen gut oder schlecht sein – genau so wie gesendete Bilder erlaubt oder verboten sein mögen. Radio ist allerdings weniger schädlich als Fernsehen, denn es gibt keine Bilder... Was nun Gebete betrifft, die von einer Person geleitet werden, die [dies] tut [Fernsehschauen und Radiohören], dann hängt es wiederum davon ab, was sie hört oder sieht, ob es rechtlich erlaubt ist oder nicht. Jedenfalls ist das Gebet erlaubt.[59]

Eine pragmatische Beurteilung von technischen Möglichkeiten verbindet sich mit einer moralischen Beurteilung (Ist der Inhalt gut oder schlecht?) und führt zu einer ritualrechtlichen Beurteilung. Solch eine Fatwa lässt sich als Rechtfertigung etwa von salafistischen Fernsehsendungen lesen. Allerdings kann die Beurteilung auch negativer ausfallen – je nach Gelehrtem.

Ein Beispiel für den religiösen Machtanspruch wahhabitischer Gelehrter und für intellektuelle Taschenspielerei, um das gewünschte Ergebnis zu erhalten, finden wir bei Bin Bāz, einem der führenden wahhabitischen Gelehrten des 20. Jahrhunderts.[60] In einer Fatwa über die Gewandung von Frauen legt er etliche Zeilen lang dar, dass das Freilassen von Gesicht und beiden Händen nach Meinung der Mehrheit der Gelehrten zulässig sei, um dann doch noch einen Weg zu finden, die Vollverschleierung inklusive Handschuhen obligatorisch zu machen.

Nehmen wir ein weiteres Beispiel von Bin Bāz:

Frage: Wir haben in einigen islamischen Ländern beobachtet, dass es dort Leute gibt, die aus Unwissenheit Gräber umkreisen. Wie ist die Beurteilung dieser [Leute]? Kann auf einen von ihnen die [Klassifizierung als] Polytheist (*muschrik*) angewendet werden?

Antwort: Die Beurteilung dessen, der Götzen anruft und bei ihnen um Hilfe bittet u. ä., ist gottlob offensichtlich. Es ist die schlimmste Form des Unglaubens (*kufr*), es sei denn, dass er behauptet, er mache die Umkreisung der Gräber um der Verehrung Gottes willen, als ob er die Kaaba[61] umkreisen würde; er denke dann eben, dass es erlaubt sei, Gräber zu umkreisen ohne die Absicht, den darin Begrabenen näher zu kommen, vielmehr mit der Intention, Gott allein näher zu kommen. So jemanden würde man als Neuerer (*mubtadiʿ*) ansehen, nicht als Ungläubigen (*kāfir*), weil die Umkreisung von Gräbern wie auch das Gebet an ihnen eine ablehnenswerte Neuerung (*bidʿa*) ist. All dies sind Mittel[62] des Unglaubens.

Meistens ist es aber bei den Gräberverehrern so, dass sie sich durch deren Umkreisen den darin Begrabenen annähern wollen, wie sie es auch durch Opfer oder Gelöbnisse für sie wollen. All dies ist ärgster Polytheismus (*schirk*). Wer in diesem Zustand stirbt, stirbt als Ungläubiger. Er erhält keine Totenwaschung, es wird kein Totengebet über ihn gesprochen und er wird nicht unter den Gräbern der Muslime bestattet.[63]

Auch wenn Bin Bāz einen halben Schritt zurück macht für den Fall, dass jemand eine falsche Analogie zur Umkreisung der Kaaba gezogen hat, schreitet er umso kräftiger aus, wenn es darum geht, diejenigen zu verurteilen, die Gräber von Heiligen u. a. umkreisen. Diese seien schlicht und einfach Ungläubige. Letztlich bleiben somit die Wahhabiten und ihnen geistig Verwandte als gläubige Muslime übrig; beschränktere Personen, denen eine solche Verwechslung mit der Kaaba unterläuft, stehen am oberen Ende des abschüssigen Weges in den Unglauben.

Kritik am Wahhabismus

Auch wenn wir die Wahhabiten in den größeren Rahmen der islamischen Reformbewegungen des 17. bis 19. Jahrhunderts einordnen können, gibt es doch Unterschiede in der Qualität. Wie oben dargestellt, zählen die Schriften von Muhammad ibn ʿAbdalwahhāb sicherlich nicht zu den qualitätvollsten.

Bereits recht früh sah sich die Predigt Muhammad ibn ʿAbdalwahhābs scharfer Kritik ausgesetzt. Sie kam aus einem hanbalitischen Milieu auf der Arabischen Halbinsel und war teilweise so scharf, dass Muhammad ibn ʿAbdalwahhāb die Kritiker des offenen Unglauben bezichtigte. Eine hervorstechende Kritik wurde von seinem eigenen Bruder Sulaimān ibn ʿAbdalwahhāb formuliert.[64] Andere Kritiken wurden als Antwort auf Schreiben Muhammad ibn ʿAbdalwahhābs – oder Schreiben in seinem Namen – verfasst. Diese Schreiben sind ein deutlicher Hinweis auf einen pan-islamischen oder zumindest pan-arabischen Anspruch der Wahhabiten bereits zu jener Zeit. Der Bey von Tunis beauftragte zwei Gelehrte damit, Antworten darauf zu formulieren, woraufhin diese «zwei der schönsten Zurückweisungen des

Wahhabismus (1803/1805)»[65] verfassten. Auch marokkanische
Zurückweisungen sind bekannt.[66] Selbst Gelehrte, die den Vorstellungen Muhammad ibn ʿAbdalwahhābs eher positiv gegen-
überstanden wie Muhammad ibn ʿAlī asch-Schaukānī (gest.
1834),[67] der ein Gedicht auf den Tod des Begründers des Wahhabismus schrieb, kritisierten einzelne Aspekte seiner Lehre und
Praxis.

Diese Beispiele zeigen, wie schwankend das Gefüge der wahhabitischen Strömungen von Beginn an war. Auch im 19. Jahrhundert gab es scharfe Kritik am Wahhabitentum. Verschiedene
Gelehrte wandten sich in der einen oder anderen Weise gegen
Aspekte dieser Lehre. Ein führender Gelehrter jener Zeit, der
aus Marokko stammende Sufi und Theologe Ahmad ibn Idrīs
(gest. 1837), bezeichnete in einem Streitgespräch Muhammad
ibn ʿAbdalwahhāb als einen fehlbaren Gelehrten – ohne ihm
dabei seine Verdienste abzusprechen – und verwarf kategorisch
dessen Lehre und Praxis des *takfīr*, bei dem ein Muslim zum Ungläubigen erklärt wird.[68]

Im Gegensatz zu Versuchen, ihn heute als unbezweifelbare
Autorität seiner Zeit darzustellen, war Muhammad ibn ʿAbdalwahhāb also mit seinen Lehren nicht nur zu Lebzeiten, sondern
auch nach seinem Tode sehr umstritten.

Islamisches Erwachen

Eine der wichtigsten kritischen Stimmen gegen das wahhabitische Establishment war die Bewegung des «islamischen Erwa-
chens» (*as-sahwa al-islāmīya*). Die *Sahwa* wird häufig als eine
Strömung begriffen, die eine Art politischen Islam saudischer
Art darstellt, beeinflusst von Muslimbrüdern in Saudi-Arabien.
Sie wird sogar als Hybrid aus wahhabitischen Vorstellungen
und denen der Muslimbrüder definiert.[69]

Das neue theologische Konzept wurde von Muhammad Qutb
(gest. 2014) eingeführt. Es handelt sich um eine Erweiterung der
drei Formen des *tauhīd*, der Einheit Gottes, von Muhammad

ibn ʿAbdalwahhāb. Das Prinzip nennt Qutb «Einheit der Souve-
ränität» (*tauhīd al-hākimīya*), d. h. Gott allein kann als Souverän
bezeichnet werden, so dass auch die Scharia[70] ohne Einschrän-
kungen angewandt werden muss. Qutb sieht dieses Prinzip im
älteren wahhabitischen Prinzip des *tauhīd al-ulūhīya* (siehe
S. 116 f.) angelegt.[71] Im Denken der *Sahwa* können also Einflüsse der Muslimbrüder festgestellt werden, aber nicht so stark
wie manchmal angenommen.

Aus der *Sahwa* entstand eine Nachfolgeströmung, passender-
weise «neue *Sahwa*» genannt. Die Gelehrten der alten *Sahwa*
waren in ihr dominant vertreten. Die neue trat quietistisch auf
und enthielt sich konsequenterweise auch kritischer Stellungnahmen zu innenpolitischen Fragen. Ausnahmen waren Punkte,
in denen sie eine Reform des Status der Frauen oder auch des
Bildungssystems sahen. Die neue *Sahwa* kehrte zur Praxis der
alten zurück und verstand sich als sozialen Aktivismus gemäß
dem Prinzip der *tarbīya*, der (persönlichen) Bildung.[72] Daneben
entstanden auch andere Strömungen aus der alten *Ṣahwa*, etwa
die modernistische oder die neo-dschihadistische.[73]

Das neuere wahhabitische Establishment hat sich gegenüber
der Generation von Bin Bāz zunehmend bürokratisiert.[74] Als
Gesamtzahl der wahhabitischen Gelehrten werden in Untersuchungen, die sich auf die 1980er und 1990er Jahre beziehen,
7000 bis 10 000 Personen genannt, von denen vierzig wesentlichen Einfluss ausübten und den Ausschuss der Großen Gelehrten
bildeten.[75] Ein Beispiel mag diese Bürokratisierung illustrieren:
Sālih ibn Fauzān al-Fauzān (geb. 1935)[76] hat zwar bei der älteren Generation saudisch-wahhabitischer Gelehrter studiert, ist
selbst aber das Produkt einer bürokratischen Karriere. Sein Dip-
lom erhielt er von der Scharia-Fakultät in Riad. Danach war er
an zwei Instituten in Riad tätig, an einem als Direktor. Er ist ein
führendes Mitglied des permanenten Komitees für Fatwa und
Forschung. In seinem Werk bewegt er sich nicht aus dem Rahmen, der von seinen Vorgängern vorgegeben wurde, heraus;
seinen Rang in der globalen salafistischen Welt verdankt er im
Wesentlichen seiner institutionellen Verankerung. Wenn er auch

den Lehren seines Meisters Bin Bāz folgt, fehlt ihm doch dessen Charisma.[77] Ein Einblick in sein Denken mag folgendes Zitat geben:

> Von ihnen [den Frauen] wird erwartet, dass sie im Rahmen ihrer natürlichen[78] Disposition demgemäß handeln, was für sie besonders bestimmt[79] und angemessen ist:

> [Es geht] um das Schneiden der Nägel und ihre Pflege, weil das Beschneiden der Nägel nach dem Konsens der Gelehrten empfohlen ist, weil es zu den natürlichen Dispositionen, die in den Hadithen erwähnt werden, zählt. [Dies gilt um so mehr] bei dem, was bei dem Verzichten darauf an Sauberkeit und Schönheit schwindet, und was sich beim Langwachsen der Nägel an Deformationen zeigt, an Ähnlichkeiten mit [den Krallen von] Raubtieren, am Ansammeln von Schmutz unter ihnen und am Verhindern, dass Wasser an das, was unter ihnen ist, gelangt. Einige Musliminnen probieren [sogar] die Verlängerung der Fingernägel in Nachahmung der ungläubigen Frauen und in Unwissenheit über das, was empfohlen wird.[80]

Hier zeigt sich eine Fokussierung auf jeden Lebensbereich der Gläubigen und die Schaffung von Verhaltenslehren, die Betonung von Reinheitsvorstellungen und die Abgrenzung von Ungläubigen.

Rabīʿ ibn al-Hādī al-Madchalī (geb. 1934)[81] hat im Gegensatz zu al-Fauzān keine bürokratische Karriere im System der saudisch-wahhabitischen *daʿwa* durchlaufen. Auch wenn er ebenfalls die Scharia-Fakultät in Riad absolviert und dann an der Islamischen Universität in Medina (IUM) studiert hat, wo einer seiner Lehrer Bin Bāz war, ist er doch nicht Teil des wahhabitischen Apparates geworden. Er hatte jedoch mehrere einflussreiche Positionen an der Islamischen Universität von Medina inne: Dort unterrichtete er insbesondere Hadith, edierte Werke aus der Geschichte der Hadithliteratur, verfasste eine Vielzahl von Artikeln (weniger Fatwas) und wurde Direktor eines einschlägigen Institutes und dann permanenter Professor an der IUM. Als Folge des Ausbaus und der Öffnung der religiösen Lehre über Saudi-Arabien hinaus konnte er seine Positionen international verbreiten.[82]

Wahhabiten und Salafisten

Saudische Religionsgelehrte haben sich trotz aller Nähe nicht immer gut mit Exponenten der salafistischen Strömung verstanden. Ein gutes Beispiel ist die Auseinandersetzung mit al-Albānī (siehe S. 30) während seiner Zeit in Saudi-Arabien. Er war unter anderem deswegen an die neu gegründete Islamische Universität von Medina berufen worden, weil er von Bin Bāz, damals Vizerektor dieser Universität, empfohlen worden war, selbst ein Schüler des oben erwähnten wahhabitischen Gelehrten Saʿd ibn ʿAtīq. Hier verbindet sich die Linie des syrisch-albanischen Hadithkundlers al-Albānī mit der des wahhabitischen Hadithgelehrten Bin Bāz. Über al-Albānī können wir auch die Verbindungen zurück zur Zeitschrift *al-Manār* und zu den frühen syrischen Salafisten verfolgen.

Es ging bei den Kontroversen zum Beispiel um die Orientierung der wahhabitischen Gelehrten an den Lehren der hanbalitischen Rechtsschule, die al-Albānī als im Widerspruch stehend zum Anspruch auf tatsächlich neuen *idschtihād* ansah, auf die eigenständige, auf religiösen Quellen basierende Meinungsbildung; es ging um seine Kritik an Muhammad ibn ʿAbdalwahhāb und dessen mangelhafter Kenntnis des Hadith. So enthalte eine seiner Schriften einen notorischen schwachen Hadith, der nicht als Begründung in der Glaubenslehre dienen könne. Zudem spielte auch sein mangelndes Wissen im Bereich des islamischen Rechts (*fiqh*) und seine Ablehnung des Gesichtsschleiers für Frauen eine Rolle.[83] All dies führte schließlich zu al-Albānīs Ausweisung aus Saudi-Arabien.[84] Erst 1975 wurde er wieder rehabilitiert. Wenn wir al-Albānīs Verhältnis zur wahhabitischen Strömung definieren wollen, können wir festhalten, dass er den

Geist des Wahhabitentums gegen die daraus entstandenen Institutionen verteidigen wollte. Auf persönlicher Ebene hinderte ihn diese Kritik nicht, ein herzliches Verhältnis zum führenden saudischen Gelehrten Bin Bāz zu unterhalten.

Al-Albānī hat zwar relativ kurze Zeit in Saudi-Arabien unterrichtet, seine Wirkung war aber sehr viel nachhaltiger. Das gilt besonders für die herausragende Rolle, die nach ihm in allen religiösen Kreisen dem Hadith zugeschrieben wurde. Lacroix zitiert einen altgedienten Aktivisten:

Daraus wurde eine Quasi-Diktatur des Hadith. Wenn in einer Ansprache oder in einem Vortrag ein Scheich einen Hadith zitierte, konnte er jeden Moment von einem seiner Studenten unterbrochen werden, der ihn fragte: Ist dieser Hadith für authentisch[85] erklärt worden? Hat ihn al-Albānī für authentisch erklärt? Das konnte nur das Misstrauen der Gelehrten des religiösen Apparates al-Albānī gegenüber verstärken.[86]

Die Schüler und Anhänger al-Albānīs nahmen den Namen *Ahl al-hadīth* («Anhänger des Hadith») an und stellten somit eine symbolische Verbindung zu einer islamischen Strömung des zweiten Jahrhunderts islamischer Zeitrechnung her, die sich der Sammlung der Überlieferungen vom Propheten gewidmet hatte. Zugleich wurde damit auch der Bezug zu den südasiatischen *Ahl-i hadīth* betont. Daneben vollzogen sie einen doppelten Bruch: mit dem wahhabitischen Establishment und mit der *Sahwa*, dem «Islamischen Erwachen» (siehe S. 49 f.).[87] Zwar befolgten die *Ahl al-hadīth* die Vorschriften des wahhabitischen Establishments – etwa das Verbot von Fotografien, Musik oder Tabak –, unterstützten aber die ablehnende Haltung al-Albānīs gegen den *niqāb*, den Gesichtsschleier. Seit Beginn der 1970er Jahre wandten sie sich verstärkt gegen die *Sahwa*, die sie im Wesentlichen mit den Muslimbrüdern gleichsetzten. Auch dabei stützten sie sich auf al-Albānī, der die Muslimbrüder scharf kritisierte, indem er ihnen etwa eine Nähe zum Sufismus vorwarf. Überdies prangerte er ihr zu starkes Interesse an der Politik gegenüber der

Glaubenslehre und der Werbung für diese Glaubenslehre an. Diese Positionen wurden von den *Ahl al-hadīth* zu einer Art Dogma erklärt, was sie in direkten Konflikt mit den Muslimbrüdern brachte, die zu dieser Zeit (bis in die 1980er Jahre) in der arabisch-muslimischen Welt eine herausragende Rolle spielten.[88]

Aber auch in rituellen Fragen nahmen die *Ahl al-hadīth* einen eigenen Standpunkt ein, wobei sie wieder al-Albānī folgten. Sie zeigten Besonderheiten beim Gebet, etwa in der Art, während des Betens die Hände zu halten, bis hin zur Erlaubnis, Schuhe in der Moschee zu tragen. Auch das Tragen spezieller Kleidung wurde gepflegt. Einige ließen zudem ihre Haare lang wachsen, um dem Vorbild des Propheten zu folgen, etwas, das die Vertreter der *Sahwa* in ihrem Bestreben nach Respektabilität nie getan hätten.[89]

Trotz ihres wachsenden Einflusses konnten die *Ahl al-hadīth* sich nie auf breiter Ebene in den saudischen religiösen Institutionen verankern – anders als die Bewegung Islamisches Erwachen oder die Muslimbrüder.

Das komplexe Verhältnis zwischen wahhabitischen Gelehrten wie Bin Bāz oder Ibn ʿUthaimīn und salafistischen Autoritäten erklärt zudem, warum saudische Gelehrte – auch ältere bis hin zum «Urvater» Muhammad ibn ʿAbdalwahhāb[90] – immer wieder Bezugspunkte der salafistischen Diskurse waren, während das wahhabitische Establishment ansonsten scharf kritisiert wurde.

3. Bewegungen und Netzwerke in der islamischen Welt

Es gibt eine Vielzahl neuerer salafistischer Bewegungen, die hier nicht alle aufgeführt werden können, aber einige Beispiele sollen zeigen, wie sich die Bewegungen von Land zu Land unterscheiden.

Parteien und Fernsehprediger in Ägypten

Ägypten ist zu einem wichtigen Land für den globalen Salafismus geworden, aber auch schon recht früh spielten ägyptische Salafisten eine bedeutende Rolle,[1] wie an Muhammad ʿAbduh gezeigt wurde. 1926 wurde die Organisation *Ansār as-sunna al-muhammadīya* (ASM, dt. «Anhänger der Sunna Muhammads») unter Führung von Muhammad Hāmid al-Fiqqī (gest. 1969) gegründet. Dieser war zwar ebenso wie Hasan al-Bannā (gest. 1949), der Gründer der Muslimbruderschaft, ein Schüler von Raschīd Ridā, aber beide entwickelten sich schnell auseinander. Al-Fiqqī warf al-Bannā vor, in der Glaubenslehre nicht salafistisch genug zu sein, das heißt, sich nicht streng genug auf die eigentlichen Quellen des Glaubens zu konzentrieren. Er akzeptiere Meinungsverschiedenheiten in Glaubensfragen und integriere sufische Einflüsse in sein Denken. Die 1928 gegründeten Muslimbrüder waren für ihn politische Opportunisten. An al-Fiqqī lässt sich erneut ablesen, dass es eine Verbindungslinie von Raschīd Ridā zum neueren Salafismus gibt, wobei der ägyptische Salafismus sich jedoch früh vom politischen Islam distanzierte, so dass von einem Salafismus der Muslimbrüder keine Rede sein kann. Überdies steht al-Fiqqī für eine frühe Verbindung des Salafismus zu Saudi-Arabien, wo er sich einige Zeit aufhielt, und zum Wahhabismus.

Zeittafel zur neueren Geschichte Ägyptens

1882–1922	Britische Herrschaft
15. März 1922	Formelle Unabhängigkeit als Monarchie mit starkem britischem Einfluss
1952	Putsch der «Freien Offiziere»
1954–1970	Präsidentschaft Nassers (Arabischer Sozialismus)
1970–1981	Präsidentschaft Sadats, Wiedererstarken islamischer Kräfte, zugelassen von staatlicher Seite
1981	Ermordung Sadats durch dschihadistische Attentäter
1981–2011	Präsidentschaft Mubaraks
25.1.2011	Sturz Mubaraks (Arabischer Frühling)
2011–2012	Wahlen zum ägyptischen Parlament mit Mehrheit für die Muslimbrüder und eine salafistische Wahlpartei
Juni 2012	Wahl von Mursī, Kandidat der Muslimbrüder, zum Präsidenten
Juli 2013	Sturz Mursīs, Beginn der Herrschaft von al-Sīsī

Dass sich die ASM die Bekämpfung des Polytheismus (*schirk*) und der unerlaubten Neuerungen (*bidaʿ*) auf ihre Fahnen schrieb und sich gegen den Sufismus, das Schiitentum und generell den Westen wandte, zeigt, dass diese Konfiguration von Ideen nicht eine Erscheinung des (Neo-)Salafismus ist, sondern bereits auf den frühen modernistischen Salafismus zurückgeht. Allerdings war die ASM – anders als der neuere Salafismus – der al-Azhar gegenüber nicht feindlich gesinnt, sondern pflegte Kontakte zum traditionellen etablierten Islam.

Unter Nasser unterdrückt, konnte die ASM während der Präsidentschaft von Sadat dank finanziellen Drucks aus Saudi-Arabien ihren Einfluss ausbauen und ein breites Netz von karitativen Organisationen aufbauen, das sie zur größten salafistischen Organisation in Ägypten machte. Dabei profitierte sie auch von der in Ägypten seit den 1970er Jahren aufblühenden Frömmigkeitsbewegung,[2] die weit über salafistische Kreise hinausreichte. So gab es in der Betonung der persönlichen Frömmigkeit Schnittmengen zwischen salafistischen Strömungen und ägyptischem Mainstreamislam.

Eine andere wichtige salafistische Organisation in Ägypten ist *ad-Daʿwa as-salafīya* (DS, «Der salafistische Aufruf»), deren Wurzeln in Alexandria liegen. Sie entstand in den 1970er Jahren in studentischen Kreisen als Alternative zu den Muslimbrüdern. Eine Führungspersönlichkeit dieser Organisation, die früher in der ASM aktiv war, stand in Kontakt mit den saudischen Gelehrten Bin Bāz und Ibn ʿUthaimīn sowie mit al-Albānī. Die DS war jedoch weniger an theologischen Erörterungen interessiert, wie es sie in der ASM gab, als an den praktischen Problemen der Menschen und führte, wiederum anders als die ASM, auch politische Debatten. Allerdings verzichtete sie unter der Präsidentschaft Mubāraks auf parteipolitische Aktivitäten. Die Gründe dafür waren jedoch keine prinzipiellen wie im frühen Salafismus. Vielmehr ließ die staatliche Unterdrückung aller Opposition eine politische Aktivität nicht als opportun erscheinen.

So verwundert es nicht, dass nach der Revolution von 2011, dem sogenannten Arabischen Frühling, aus der DS heraus eine salafistische Wahlpartei gegründet wurde, die *Hizb an-Nūr*, «Partei des Lichts». Da es daneben auch andere salafistische Parteien gibt, die dieser Konkurrenz machen, wird der grundlegende salafistische Gedanke der Einheit der islamischen Gemeinschaft (*umma*) durch die parteipolitische Zersplitterung der eigenen Strömung auf eine harte Probe gestellt. Außerdem wurden von ehemaligen dschihadistischen Aktivisten Parteien gegründet, die dem Salafismus nahestehen und das Bild noch komplexer machen. Zumindest zeigt die Beteiligung an Wahlen einen strategischen Wandel innerhalb des ägyptischen Salafismus an.[3]

Der Sturz von Präsident Mursī durch das Militär 2013, der den Muslimbrüdern in Ägypten zur Macht verholfen hatte, brachte die salafistische Bewegung im Land in eine schwierige Lage: Sie musste den Putsch gegen einen islamischen Präsidenten akzeptieren und durfte nicht gegen die neue Regierung opponieren, die von Saudi-Arabien gestützt wurde. Es bleibt abzuwarten, in welcher Weise diese Lage den Salafismus in Ägypten (und darüber hinaus) verändert.

Ein weiteres wichtiges Element der Szene waren und sind die «Satelliten-Scheichs», Fernsehprediger, die einen eher unpolitischen Salafismus predigen, häufig über Satelliten-TV-Kanäle, die aus Saudi-Arabien finanziert werden. Wegen ihrer unpolitischen Haltung lässt die ägyptische Regierung sie bisher gewähren. Seit 2013 treten einzelne salafistische Scheichs nur noch im Satelliten-TV bzw. Internet auf und nicht mehr bei anderen öffentlichen Anlässen.

Das Beispiel Ägypten zeigt, dass salafistische Organisationen einen bedeutsamen Einfluss auf Politik und Gesellschaft haben, der zur Gründung salafistischer Wahlparteien geführt hat. Kennzeichnend für Ägypten und darüber hinaus sind außerdem die von Saudi-Arabien unterstützten Fernsehprediger. Sie machen den Einfluss des saudischen Wahhabismus auf den Salafismus deutlich, aber auch die Einbindung der Bewegung in die Region, die seit der Zeit des frühen modernistischen Salafismus besteht.

Aktionismus und Dschihadismus in Jordanien

Ein Blick auf den jordanischen Salafismus lässt einige weitere Besonderheiten dieser Bewegung erkennen, die auch über Jordanien hinaus wichtig sind.[4] Von besonderer Bedeutung ist hier der Drang nach religiösem Wissen. Den Anhängern der verschiedenen Spielarten des Salafismus geht es darum, möglichst viel Wissen über den Islam und seine Regeln zu erwerben. Ja, es gibt geradezu eine Konkurrenz darum, wer am meisten Wissen erlangt hat. Religiöses Wissen wird so zu einem symbolischen

Kapital, das auch mit anderem Kapital konkurrieren und in dieses eingewechselt werden kann, sei dies ökonomischer, sozialer oder politischer Natur. Salafisten in Jordanien verstehen sich als eine gesellschaftliche Elite, die in besonderem Maße über Wissenskapital verfügt.[5] Für palästinensische Flüchtlinge eröffnet sich damit die Möglichkeit, mithilfe des Salafismus und salafistischen Wissens ihre gesellschaftliche Benachteiligung teilweise zu kompensieren.[6]

Zeittafel zur neueren Geschichte Jordaniens

1923	Gründung des Emirats Transjordanien (britisches Protektorat)
1946	Unabhängigkeit als Königreich Jordanien
1949	Waffenstillstandsabkommen mit Israel
1950	Eingliederung der palästinensischen Gebiete (Westjordanland) in das Königreich
1967	Sechstagekrieg mit Israel, Verlust der Gebiete westlich des Jordans, weitere palästinensische Flüchtlinge
1994	Friedensvertrag mit Israel

Diese gesellschaftliche Rolle kann der Salafismus in Jordanien spielen, weil er sich hier auf die Religion konzentriert und für unverfälschte individuelle und kollektive Frömmigkeit steht. Aus der Politik hält er sich heraus, so dass keine Konfrontation mit dem Staat zu befürchten ist, was den Salafismus für breitere Schichten attraktiv macht.

Salafistische Kreise rekrutieren ihre Anhänger meist in Moscheen, in denen bekanntere Repräsentanten des jordanischen Salafismus – unter ihnen auch al-Albānī – lehrten und lehren. Dadurch haben die Scheichs der *salafiya* innerhalb der salafistischen Gruppierungen eine besondere Macht. Das führt allerdings auch zu Spannungen. Jüngere, oft gut ausgebildete Anhänger beklagen, dass die moralische Macht dieser Anführer schlimmer sei als in jeder Partei. Spannungen und Streit sind in den letzten Jahren auch aufgrund von finanziellen Fragen und behaupteten Plagiaten entstanden. So zeigt sich der jordanische Salafismus nach außen hin zwar als homogen, innen indes ist er von verschiedenen Streitigkeiten zerrissen. Der Attraktivität der «reinen Frömmigkeit» hat das bisher allerdings nicht geschadet. Die klare Orientierung an der Scharia, wie sie nach salafistischen Kriterien konstituiert wird, die Teilnahme am Gemeinschaftsgebet und das prophetische Vorbild für die eigene Lebensweise bis hin zur Kleidung vermitteln Identität und soziale Werte.[7]

Es gibt in Jordanien jedoch auch aktionistisch-politische salafistische Kräfte und eine nicht unbeträchtliche dschihadistische Strömung, die teils al-Qaida-nahe Positionen mit einer Kritik am Islamischen Staat (IS) vertritt, teils aber auch Anhänger des IS in ihren Reihen hat.

Transnationale Netzwerke im Sudan

Der Salafismus im Sudan hat eine längere Vorgeschichte. 1939 wurde hier die erste salafistische Organisation unter dem Namen der ägyptischen Mutterorganisation *Ansār as-sunna al-muhammadīya* gegründet,[8] aber bereits seit 1935 gab es im Sudan eine Gruppe von salafistischen Predigern, deren führende Vertreter zuvor in Saudi-Arabien tätig gewesen waren.[9] Als 1946 westafrikanische islamische Gelehrte auf der Flucht vor der französischen Kolonialpolitik nach Osten zogen, kamen sie auf ihrer *hidschra* – wie sie die Auswanderung in Anlehnung an Muhammads *hidschra* von Mekka nach Medina nannten – im Sudan in Kontakt mit einer salafistischen Organisation, die ihnen half. Mit Unterstützung der ägyptischen Mutterorganisation konnte die Gruppe schließlich von Mali über Ägypten nach Mekka weiterreisen, wo sie sich niederließ. Diese Episode zeigt, wie auch unabhängig von Saudi-Arabien ein salafistisches Netzwerk wuchs und wahhabitisch-salafistische Lehren verbreitete.[10]

Seit der Regierungsbeteiligung der politisch-islamischen Partei der Nationalen Islamischen Front im Jahr 1989 verändert sich der Salafismus im Sudan. Die *Ansār al-sunna* setzt auf die Ausweitung der salafistischen Lehre durch Predigt und Mission (*daʿwa*) und ist zunehmend im öffentlichen Raum präsent. Ihre Scheichs vertreten die Auffassung, dass es erlaubt ist, alle zur Verfügung stehenden Mittel anzuwenden, um die *daʿwa* zu fördern, seien es politische Parteien oder Studentenvereinigungen. Die *Ansār al-sunna* befürwortet auch einen islamischen Staat, aber oberstes Ziel bleiben Predigt und Mission. Dies unterscheidet sie von politisch-islamischen Organisationen, die eine Kontrolle des Staates anstreben oder zumindest eine Einflussnahme auf ihn.

Zeittafel zur neueren Geschichte des Sudan

1956	Ausrufung der Republik Sudan, Auflösung des britisch-ägyptischen Kondominiums (faktisch war der Sudan britische Kolonie)
1969	Militärputsch unter an-Numairī (bis 1985)
1983	Einführung der Scharia
1989	Militärputsch unter al-Baschīr
2011	Unabhängigkeit des Südsudan nach langem Bürgerkrieg

Dieser Unterschied zeigt sich auch in der sozialen Basis. Während sich die Salafisten mit ihrer Predigt intensiv den benachteiligten Gruppen der Gesellschaft zuwenden, stützen sich politisch-islamische Organisationen eher auf die städtische Elite. Von salafistischer Seite werden die politisch-islamischen Kräfte scharf kritisiert, ebenso die im Sudan einflussreichen sufischen Organisationen.

Der *Ansār al-sunna* vertritt nicht die Auffassung, dass ein islamischer Idealstaat nur auf der Basis einer wahrhaft islamischen Gesellschaft errichtet werden kann, einer Gesellschaft, die nicht nur auf moralischer Rechtschaffenheit beruht, sondern auch auf doktrinärer Reinheit.[11] Vielmehr ist für die sudanesischen Salafisten auch eine Islamisierung der Gesellschaft von oben denkbar. Damit unterscheiden sie sich von den Salafisten in anderen Ländern.

Das Beispiel Sudan zeigt, wie der Salafismus von Westafrika bis Saudi-Arabien in überregionale Netzwerke eingebunden ist. Ein Zentrum bildet dabei Ägypten. Zugleich weist er je nach Land Besonderheiten auf, die sich vor allem in den politischen Zielen und Aktivitäten bemerkbar machen.

Mauretanien: Prediger im Internet

Mauretanien, ein eher peripheres Land der arabischen Welt[12] von geringer Bevölkerungsdichte und mit wenig ökonomischer Leistungsfähigkeit, lässt eigentlich nicht erwarten, dass nennenswerte salafistische Impulse von dort ausgehen. Ein salafistischer Prediger aus Mauretanien konnte es trotzdem zu einer gewissen (Online-)Bedeutung bringen. Zum Teil wird er inzwischen als «Großgelehrter» bezeichnet. Sein Name ist Mohamed al-Hasan Ould Dedew (geb. 1963). Während seines Studienaufenthaltes in Saudi-Arabien in den 1990er Jahren erwarb er bereits den Ruf eines jungen aufgehenden Sterns, was ihm Vortragseinladungen nicht nur in arabische Länder, sondern auch in die USA einbrachte.

Zeittafel zur neueren Geschichte Mauretaniens

1960	Unabhängigkeit Mauretaniens
1976–1978	Krieg um die Kontrolle der ehemaligen spanischen Kolonie Westsahara
1979	Aufgabe der territorialen Ansprüche durch Mauretanien
2008	Militärputsch unter anderem gegen die zunehmende Hinwendung zu islamistisch genannten Kreisen

Medienbewusst ließ Dedew seine Ansprachen schon früh auf Kassetten aufnehmen und vertreiben. Bereits 2009 eröffnete er einen YouTube-Kanal, der sich großer und schnell wachsender Beliebtheit erfreut. Die Videos zeigen Dedew als Redner, Interviewten oder in Diskussionen. Zumeist spricht er Hocharabisch, also nicht in der lokalen Variante des Arabischen, sondern in der klassischen Gelehrtensprache, um seine Bildung zu unterstreichen. Einige seiner Videos gibt es inzwischen mit deutschen Untertiteln.

Dedew ist ein gutes Beispiel dafür, wie die intensive Nutzung des Internets kombiniert mit den traditionellen Offline-Netzwerken des Salafismus einen salafistischen Prediger über seine nationale Rolle hinaus global sichtbar machen kann.[13] Damit gehört er zu den transnationalen Schlüsselfiguren des Salafismus. Periphere Regionen wie Mauretanien können auf diese Weise auch Einfluss auf den internationalen Salafismus gewinnen.

Salafisten im politischen System Kuwaits

Eine besondere Form des Salafismus finden wir in Kuwait, wo sich eine «traditionell» genannte salafistische Strömung bildete, die sich dann politisiert hat, obwohl zunächst eine konservativ-akademische bzw. unpolitische Haltung zu erwarten gewesen wäre. Die Politisierung resultierte aus der Notwendigkeit, den Muslimbrüdern das politische Feld nicht völlig zu überlassen.[14] Anfang der 1980er Jahre wurde der Salafismus vom Regime gebraucht, um gegen linke Kräfte zu kämpfen und das islamische Lager zu spalten. Inzwischen ist die politische Strömung – organisiert in der «Gemeinschaft zur Erneuerung des islamischen Erbes» (*Dschamʿīya Ihyāʾ at-turāth al-islāmīya*), meist nach der englischen Bezeichnung RIHS abgekürzt – vielleicht die stärkste islamische Kraft im Lande. Dadurch ist sie von der unruhigen politischen Lage direkt betroffen, was auch dazu führte, dass auf Druck der Regierung Führungspersonal ausgewechselt werden musste.[15]

1997 spaltete sich die salafistische Bewegung in Kuwait. Eine der Ursachen dafür waren Meinungsverschiedenheiten über die fortdauernde Präsenz der US-Truppen in der Region. Während sich für die eher an der Pflege und Gestaltung des salafistischen Lebensstils orientierte Strömung jede Kritik am Herrscher verbietet und auch die traditionalistische Strömung, die sich an den führenden wahhabitischen Gelehrten Saudi-Arabiens orientiert, die Unterwerfung unter den Herrscher predigt, entwickelte sich eine aktionistische Strömung, die auf Distanz zum Herrscherhaus ging. Sie löste sich vom Vorbild der saudischen Gelehrten und begann sich eigenständig mit dem Korpus religiöser Schriften des Wahhabismus/Salafismus auseinanderzusetzen. Aus diesem oppositionellen Flügel, der sich gegen die regierende Elite positionierte, ging die neue politische Partei *Umma*, «[islamische] Gemeinschaft», hervor. Sie hat sich für andere religiöse Gruppen geöffnet und lässt auch Schiiten und Frauen als Mitglieder zu.

Die «Gemeinschaft zur Erneuerung des islamischen Erbes» (*Dscham'īya ihyā' at-turāth al-islāmīya*, RIHS) ist über Kuwait hinaus als wohltätige Stiftung weltweit von Bedeutung. Ein großer Teil ihrer Finanzierung kommt aus dem gut ausgebauten islamischen Finanzsektor Kuwaits.[16]

Zeittafel zur neueren Geschichte Kuwaits

seit 1919	Emirat unter britischer Schutzherrschaft, mehrere saudisch-wahhabitische Feldzüge gegen Kuwait
1938	Erste Erdölfunde
1961	Unabhängigkeit (nicht anerkannt durch den Irak)
1990	Irakische Besetzung Kuwaits, Zweiter Golfkrieg (bis 1991)
2003	Kuwait dient den USA als Basis für den Krieg gegen den Irak.

Die RIHS geriet einige Zeit in den Verdacht, dschihadistische Aktivitäten zu finanzieren, distanziert sich inzwischen aber vehement davon. Die Stiftung argumentiert, militärischer Dschihad sei nur bei Ausrufung durch den Herrscher erlaubt und auch nur als defensiver Dschihad. Das Argument des defensiven Dschihad ist allerdings nur bedingt vertrauenerweckend, da von Dschihadisten eigentlich immer ein Verteidigungsfall behauptet wird.[17] Es berühren sich in Kuwait also salafistische und dschihadistische Strömungen.

Das Beispiel Kuwait zeigt die von den politischen Eliten geförderte Einbindung salafistischer Strömungen in das politische System, wo sie ähnlich wie in Ägypten ein Gegengewicht zu den Muslimbrüdern bilden sollen.

Kampf gegen den falschen Islam in der Türkei

Salafistische Strömungen in der Türkei können bis 1980 zurückverfolgt werden. Als nach einem Militärputsch die Beziehungen zu Saudi-Arabien vertieft wurden, wurden damit auch wahhabitischem Einfluss die Türen geöffnet.[18] Auch außerhalb der Türkei findet der türkische Salafismus ein gewisses Interesse. So heißt es 2010 auf einer salafistischen Internetseite als Antwort auf die Frage nach Kontakten in der Türkei und der Nennung einer Internetseite:

> Ja, mein Bruder, diese Seite ist gerade von unseren edlen salafistischen Brüdern in Istanbul, Türkei, eingerichet worden. Bei Gott, die Brüder haben ein kleines Zentrum in Istanbul gegründet, wo es Stunden mit unserem Bruder Ilyas gibt, der Dogmatik (*'aqīda*), *manhadsch* & Arabisch unterrichtet. Im Moment studieren sie das *Kitāb at-tauhīd* [von Muhammad ibn 'Abdalwahhāb] mit den Kommentaren der [saudisch-wahhabitischen] Gelehrten.[19]

Salafistische Prediger in der Türkei haben häufig ihre Ausbildung in Saudi-Arabien erhalten. Enge Beziehungen bestehen auch zu Deutschland. Türkische Prediger halten zum Beispiel Kontakt zu einem deutsch-türkischen salafistischen Prediger, der seit 2009 *da'wa* in der Türkei betreibt und dort salafistische Islamseminare organisiert. Türkische Prediger werden über diese Kontakte nach Deutschland eingeladen. Generell ist die türkische salafistische Präsenz im Internet gut ausgebaut.[20]

Zeittafel zur Geschichte der Türkei

1923	Ausrufung der Republik Türkei
1950	Ende der Einparteienherrschaft der Republikanischen Volkspartei
1980	Militärputsch
2002	Seit den Parlamentswahlen dominierende Rolle der politisch-islamischen AKP unter Erdoğan, wachsende Islamisierung
2003	Erste dschihadistische Anschläge
2016	Zunehmende Entwicklung autoritärer Herrschaft

Die salafistischen Prediger bezeichnen den Islam in der Türkei – auch den der Religonsbehörde Diyanet – als falschen Islam, wobei insbesondere auch die hanafitische Rechtsschule angegriffen wird. Entwicklungen in den letzten Jahren zeigen, dass auch dschihadistische Strömungen Anklang in der Türkei finden und sich dschihadistische Netzwerke bilden, die Kämpfer nach Syrien schicken.[21] Die aktive Rolle der Türkei im Krieg in Syrien und im Irak dürfte diese Entwicklung verschärfen.

Das Beispiel Türkei zeigt, in welcher Weise regionalpolitische Entscheidungen die Entstehung wahhabitsch-salafistischer und dschihadistischer Strömungen begünstigen.

Salafistische Imam-Ausbildung im Senegal

Der eher offene, sufische Islam[22] im Senegal, der sich nach den Verwerfungen der Kolonialzeit weiter entfaltet hat, wird inzwischen von anderen Strömungen unter Druck gesetzt. Entwicklungen wie die in Mali, wo 2012 salafistische Rebellen den Norden des Landes unter ihre Kontrolle brachten, werden trotzdem für eher unwahrscheinlich gehalten, da die sufischen Bruderschaften einen Schutzwall gegen den Salafismus bilden. Doch das könnte Wunschdenken sein. Tatsächlich sind die Muslimbrüder einerseits und wahhabitisch-salafistische Strömungen andererseits seit Mitte der 1980er Jahre im Senegal auf dem Vormarsch. Beide lehnen die traditionellen Sufi-Bruderschaften als Verfälschung des reinen Islams ab. Auch dschihadistische Strömungen sind in dieser Zeit entstanden. Sie rufen zum Krieg gegen die vermeintlich gottlose Mehrheitsgesellschaft auf.

Zeittafel zur neueren Geschichte des Senegal

1960	Unabhängigkeit von der französischen Kolonialherrschaft
1980	Abdankung des ersten Präsidenten Senghor
1980er-1990er	Innenpolitische Spannungen, scharfe Sparmaßnahmen, außenpolitische Militäreinsätze
2000	Friedlicher Machtwechsel durch Wahlen, unveränderte Spannungen

Besonders der säkulare Staat ist ein wichtiges Angriffsziel dieser Strömungen, da er für angeblich «westliche» Veränderungen im Senegal verantwortlich gemacht wird.

Die seit den 1970er Jahren bei den arabischsprachigen Eliten des Landes verbreitete Idee eines «islamischen Bewusstseins», die sich zunächst gegen die Hegemonie der Franzosen richtete und alle Strömungen des Islams umfasste, ist inzwischen zu einer politischen Bewegung geworden, die sich vor allem auf den Salafismus, den Wahhabismus und manchmal den Dschihadismus stützt. Gegenüber dem traditionellen Islam der Bruderschaften gilt der Salafismus als «modern und rationalisiert» und findet so auch in der intellektuellen Elite Anhänger.[23]

Viele westafrikanische Imame haben sich inzwischen dem Salafismus verschrieben. Die Regierung sucht noch nach Strategien gegen diese Entwicklung. Beispielsweise stellt sie Mittel für eine Ausbildung von Imamen zur Verfügung, bei der ein antiextremistisches Verständnis des Islams vermittelt werden soll. Mehr Investitionen in ein islamisches Bildungssystem, das Werte wie Toleranz gegenüber anderen islamischen Strömungen vermittelt, werden gefordert.[24]

Salafistische Stiftungen in Kambodscha

Wie der Salafismus sich auch in einem ganz anderen politischen, gesellschaftlichen und religiösen Umfeld entwickeln kann, zeigt der kambodschanische Fall beziehungsweise die Entwicklung der dortigen muslimischen Minderheit der Cham. Für längere Zeit waren in Kambodscha die durch malayisch-indonesische Einflüsse bestimmten Formen des kambodschanischen Islams dominant. Erst um 1993 gelangte der Salafismus nach Kambodscha. Treibende Kraft waren NGOs in Verbindung mit der Islamischen Weltliga, die Bauprogramme für Moscheen und Schulen betrieben sowie Stipendien für das Studium an arabischen Universitäten (besonders an der Islamischen Universität von Medina) und für die Pilgerfahrt nach Mekka bereitstellten. Seit den frühen 1990er Jahren betrieben auch zwei Geschäftsleute aus Dubai den Bau von Moscheen und gewährten Stipendien für die Pilgerfahrt, die auf den ersten Blick weniger salafistisch beeinflusst waren. Die zuvor eher international geprägte muslimische Lehrerschaft wurde in den letzten Jahren im Zuge des Kampfes gegen den Terror durch einheimische Lehrer ersetzt, die zumeist Absolventen der Islamischen Universität von Medina sind.

Der Bruch mit der malayisch-indonesischen Tradition und dem in ihr verankerten Kanon an Schriften zeigt sich sprachlich an den von arabischer Seite geförderten Schulen, in denen Arabisch und Khmer die allein bestimmenden Sprachen sind, wobei das Arabische dominiert.

Zwei Schul-Netzwerke stehen hinter der Ausbreitung des Salafismus und der Arabisierung des islamischen Schulwesens – sichtbar auch in den Schulbibliotheken – in Kambodscha, die beide aus Kuweit finanziert werden. Das eine stützt sich auf die Stiftung «Gemeinschaft zur Erneuerung des islamischen Erbes» (RIHS), die seit 1996 in Kambodscha tätig ist. Der Name eines Internats «Institut Scheich al-Albānī» (*maʿhad asch-Schaich al-Albānī*) signalisiert die starke Rolle der an al-Albānī orientierten *Ahl al-hadīth* (siehe S. 53 f.) im kambodschanischen Salafismus. Das andere Netzwerk unterhält die «Gesellschaft zur Sozialen Reform» (*Dschamʿīyat al-islāh al-idschtimāʿī*). Sie steht historisch eigentlich eher den Muslimbrüdern nahe, hat sich aber in eine salafistische Richtung entwickelt und wird jetzt auch als salafistisch wahrgenommen. Sie ist seit 2007 mit einer kambodschanischen Partnerorganisation tätig und hat die RIHS inzwischen an Bedeutung überflügelt.

Zeittafel zur neueren Geschichte Kambodschas

1953	Unabhängigkeit von der Kolonialmacht Frankreich. Das Land war seit den 1950er Jahren in die Kriege in Indochina hineingezogen worden.
1970	Militärputsch mithilfe der USA
1975–1979	Herrschaft der Roten Khmer
1979–1989	Von Vietnam unterstützte Regierung
1993	Restauration der (konstitutionellen) Monarchie

Eine einflussreiche Person in diesen Netzwerken hat zum Beispiel an einem Lehrerseminar der RIHS sowie anschließend an der Scharia-Fakultät der Islamischen Universität von Medina (IUM) studiert und wurde durch ein Stipendium der RIHS gefördert. Sie gründete eine islamische Schule in der kambodschanischen Hauptstadt Phnom Penh, an der Arabisch sowie ein salafistischer beziehungsweise wahhabitischer Islam gelehrt werden.

Die Lehrer sind Absolventen der Islamischen Universität von Medina, unterrichten auch am «Institut Scheich al-Albānī» und sind zugleich Angestellte der kuwaitischen Botschaft.[25]

Das Beispiel Kambodscha zeigt den starken Einfluss transnationaler Stiftungen und Institutionen bei der Etablierung des globalen Salafismus.

Die Konkurrenz salafistischer Organisationen in Indonesien

Ein Blick auf Indonesien, das größte muslimische Land weltweit, soll die Betrachtung der salafistischen Bewegungen in ausgewählten muslimischen Ländern abschließen. Die Niederschlagung der wahhabitischen Padri-Bewegung durch die niederländische Kolonialmacht zu Beginn des 19. Jahrhunderts (siehe S. 18) war nicht das Ende salafistischer Strömungen im indonesischen Archipel. Im Anschluss an die neu entstandene arabische salafistische Öffentlichkeit, zum Beispiel durch Lesekreise der Zeitschrift *al-Manār* oder die Korankommentare von 'Abduh und Ridā, kamen auch in Südostasien salafistisch beeinflusste modernistische Strömungen auf, aus denen diverse indonesische Zeitschriften hervorgingen.[26]

Am 9. November 1911 – nach anderen Historikern auch schon am 16. Oktober 1905 – gründeten javanesische Batikhändler den Interessenverband *Sarekat Dagang Islam* («Islamische Handelsvereinigung»), der sich gegen die Übermacht chinesischer Händler auf Java richtete. Dieser Wirtschaftsclub stand mit der salafistischen Vereinigung *Muhammadiya*,[27] die im November 1912 gegründet wurde, in Verbindung. Der Gelehrte und Hofbeamte Ahmad Dahlān (1868–1923), der sich lange in Saudi-Arabien aufgehalten hatte, wollte mit dieser Organisation die Macht der indonesischen Sufi-Orden, vor allem im Schulwesen, überwinden.[28]

Daneben entstanden weitere salafistische Gruppierungen. Die modernistische *salafīya* wandte sich ebenfalls gegen die sufischen Strömungen. Mit eigenen Presseorganen, Druckereien, Parteien, Bildungsstätten und Clubs nutzte sie neue Formen der Öffentlichkeit, um Einfluss auf Staat und Gesellschaft zu gewinnen.[29] Die traditionellen sufischen Milieus standen dem aber nicht nach und bildeten auf der Grundlage ihrer Ordenskultur ihrerseits einflussreiche öffentliche Organisationen. 1926 etwa gründeten zwei entschiedene Gegner der Wahhābiten und Kritiker der *salafīya,* Hasyim Asy'ari (1871–1947) und Abdul Wahab Hasbullah (1888–1971), auf Java eine Gesellschaft mit dem programmatischen Namen «Renaissance der Gelehrten» (*Nahdatul Ulama*).[30]

Zeittafel zur Geschichte Indonesiens

seit ca. 1600	Niederländischer Kolonialismus
1942–1945	Japanische Herrschaft
1945	Ausrufung der Unabhängigkeit (1949 von den Niederlanden anerkannt)
1965/66	Massaker an Kommunisten und der chinesischen Minderheit
1967–1998	Diktatur von Suharto
1998/99	Übergangsperiode (Reformasi)
1999	Erster frei gewählter indonesischer Präsident

Neuere salafistische Organisationen in Indonesien entstanden auch aus dem Milieu der Muslimbrüder und der aus ihr hervorgegangenen Hizb at-tahrīr, der «Partei der Befreiung». Dabei spielten Satelliten-TV-Stationen eine Rolle, die von Saudi-Arabien aus gesponsert werden. Dschihadistische Organisationen sind mittlerweile ebenfalls in Indonesien vertreten. Sie haben teils internationale Verbindungen, teils sind sie national verankert; auch der IS hat inzwischen eine «Provinz» in Südostasien ausgerufen.

Innerhalb der indonesischen Salafisten gibt es einen harten, teils gewaltsam ausgetragenen Konflikt zwischen dem «saudiarabischen» Flügel der Surūrīya und dem «jemenitischen Flügel», der wegen seiner Verbindungen zum Institut al-Wādiʿīs im Jemen (siehe S. 73) so genannt wird.[31] Zahlreiche Internetseiten propagieren salafistische Ideen, ein Feld, das bisher nur wenig erforscht ist.[32] Seit einigen Jahren steigt die Zahl der dschihadistischen Internetseiten. Gegen all diese Seiten organisiert die Jugendorganisation der Nahdlatul Ulama, der größten muslimischen Organisation weltweit, mithilfe eigener Gruppen von Cyberaktivisten eine Gegenwehr.

Auch in den meisten anderen Ländern in Süd-, Zentral- und Ostasien, in Mittel- und Südamerika, in der Karibik und im subsaharischen Afrika, auf die hier nicht eingegangen werden kann, gibt es starke salafistische Bewegungen. Am Beispiel Marokkos ließe sich zeigen, dass dschihadistische Vertreter sich wieder in eine salafistische Richtung entwickeln können. Hier wird inzwischen die Gründung einer salafistischen Wahlpartei erwogen.[33] Die einzelnen Bewegungen sind auf vielfältige Weise und mal mehr, mal weniger global miteinander vernetzt. Einige sind politisch aktiv, andere konzentrieren sich auf Fragen der Religion und Lebensweise. Zentral in allen Ländern ist allerdings der Einfluss Saudi-Arabiens beziehungsweise des Wahhabismus, auf den wir später näher eingehen werden.

Drei salafistische Gelehrte

Immer wieder werden die Namen von Gelehrten genannt, die für den Salafismus von Bedeutung sind. Auf drei von ihnen soll hier ausführlicher eingegangen werden:

Muhammad Amān al-Dschāmī (gest. 1994) wird als unpolitisch oder gar quietistisch eingestuft. Der aus Äthiopien stammende religiöse Gelehrte war in Saudi-Arabien lange eine Randfigur. Als die Strömung *as-Sahwa al-islāmīya* (Islamisches Erwachen), kurz *Sahwa* genannt, in den 1990er Jahren gegen die Stationierung amerikanischer Truppen auf saudischem Boden protestierte, baute sie ihn und andere Gelehrte (u. a. al-Madchalī)

als Gegenpol auf. Dafür bot er sich an, weil er, der Position al-
Albānīs folgend, jegliches politisches Engagement ablehnte und
den saudischen Herrscher unterstützte. Nach al-Dschāmī ist die
Bewegung *Dschāmīya* benannt, die mit saudisch-wahhabitischer
Hilfe international präsent ist.[34]

Auch Muqbil ibn al-Hādī al-Wādiʿī (gest. 2001) war ein eher
unpolitisch-quietistischer Salafist. Der im Jemen geborene Gelehrte studierte in Saudi-Arabien. Als 1979 rund fünfhundert
militante Muslime die Große Moschee in Mekka besetzten und
zahlreiche Geiseln nahmen, wurde er gezwungen, das Land zu
verlassen, nachdem der Aufstand blutig niedergeschlagen worden war. Er kehrte in den Jemen zurück und gründete dort die
Lehranstalt *Dār al-hadīth* («Haus des Hadith»), die bald eine
multinationale Schülerschaft aus verschiedenen arabischen Ländern, aus Somalia, Belgien oder auch Indonesien anzog. Obwohl
er lange Zeit eine Antipathie gegen Saudi-Arabien hegte, mä-
ßigte sich seine Haltung in späteren Jahren, möglicherweise
vermittelt durch seinen Lehrer Bin Bāz, den vielleicht einflussreichsten wahhabitischen Gelehrten der zweiten Hälfte des
20. Jahrhunderts. Obwohl sich al-Wādiʿī an keiner Stelle positiv
zur Ausübung von Gewalt äußerte, findet sich bei ihm auch
keine klare Absage an Gewalt.[35] Recht deutlich ist dagegen seine
Ablehnung politischer Organisationen von Salafisten, etwa als
Wahlparteien, was ihn aber nicht hinderte, Geld von saudischen
Stiftungen anzunehmen.[36]

Muhammad Surūr ibn Nāyif Zain al-ʿĀbidīn (geb. 1938) war
zunächst ein Mitglied der syrischen Muslimbruderschaft. Nachdem er aus politischen Gründen nach Saudi-Arabien hatte flie-
hen müssen, war er dort als Lehrer an verschiedenen Institutionen tätig. Als Surūrs besondere Leistung gilt, dass er die
politisch-aktionistische Weltsicht der Muslimbrüder mit salafistischen theologischen Vorstellungen verbunden hat. Auch in der
sahwa, dem «Islamischen Erwachen», gilt er als einflussreicher
Denker. Obwohl er für politische Aktivitäten eintritt, lehnt er
den Sturz von Herrschern in der muslimischen Welt als mögliche
Quelle von Spannungen ab. Eines seiner bekannteren Werke ist

ein anti-schiitischer Traktat, der auch vom Begründer der Vorläuferorganisation des IS im Irak ausführlich zitiert wurde. Zu
seinen Bewunderern zählt zudem der dschihadistische Theoretiker Abū Muhammad al-Maqdisī.

Surūrs Ideen werden als «Surūrīya» bezeichnet und besonders
von Vertretern eher anti- oder unpolitischer salafistischer Auffassungen scharf kritisiert. Bei ihm berührt sich die politisch-
islamische mit der salafistisch-wahhabitischen und der dschihadistischen Orientierung.

4. Salafismus in Europa

Im Inneren des Feindes

Seit den 1980er Jahren entwickelt sich in der muslimischen Bevölkerung Europas eine neue Art der Religiosität, die sich von der aus den Ursprungsländern mitgebrachten – und ebenfalls zugleich veränderten – Religiosität der Elterngeneration unterscheidet. Viele junge Musliminnen und Muslime suchen nach einer neuen, nicht mehr ethnisch gespaltenen Form von Religion. Bis zum Beginn der 1990er Jahre dominierten die Muslimbrüder und die Tablīgh-i Dschamāʿat[1] diese Suchbewegung.

In der darauf folgenden, neuen salafistisch geprägten religiösen Suchbewegung dominierte die eher auf Frömmigkeit und Erforschung der Schriften orientierte Strömung, die stark von saudisch-wahhabitischen Institutionen und Personen beeinflusst wurde.[2] So wird berichtet, dass in Frankreich während der großen Mobilisierung gegen das Gesetz zum Verbot religiöser Symbole an Schulen im Dezember 2003 und Januar 2004 kaum offenkundig salafistische Personen zu sehen waren.[3] Das war ein klares Indiz für die Ablehnung, an politischen Prozessen welcher Art auch immer teilzunehmen – insbesondere nichtislamischen oder gar laizistischen. Diese Haltung findet ihre religiöse Grundlegung in Fatwas saudischer Gelehrter, die die Auswanderung (*hidschra*) zur Pflicht machen.[4] Zentrale Bedeutung kam außerdem der Predigt, dem Aufruf (*daʿwa*) zum salafistischen Islam, zu. Auch wenn diese Strömung sich einer wie auch immer gearteten Integration verweigerte, zielte sie doch nicht in erster Linie auf eine Herausforderung der Staatsmacht.

Der Salafismus in den Niederlanden und Belgien speist sich in erster Linie aus der Migration aus Marokko, während in Frankreich eher die Bekehrung von Individuen algerischer Herkunft von Bedeutung ist.

Eine weitere salafistische Strömung, die sich seit den 1990er Jahren in Europa abzeichnete, war aktionistisch und akzeptierte auch politische Aktivität. Sie wurde von Personen aus dem Spektrum der Liga der Islamischen Welt und der Weltversammlung der Muslimischen Jugend (WAMY) beeinflusst, womit sich eine zusätzliche saudisch beeinflusste Richtung etablieren konnte. Diese nahm überdies Ideen der Muslimbrüder auf und war in mehreren Fraktionen präsent, zum Teil auch von Algerien ausgehend. Sie lehnte Gewalt auf europäischem Boden ab.[5]

Die Haltung dieser salafistischen Strömungen gegenüber den europäischen Mehrheitsgesellschaften lässt sich in zweifacher Weise charakterisieren. Die Salafisten gehen – wie die Muslimbrüder übrigens auch – davon aus, dass der Islam nicht nur Religion mit den dazu gehörenden Riten ist. Er betreffe alle Dimensionen des Lebens, gewissermaßen als eine umfassende Verhaltenslehre. Außerdem sehen sie die europäischen Gesellschaften in einer kulturellen, sozialen und wirtschaftlichen Krise befindlich, aus der sie nur der Islam herausführen könne.[6]

Die salafistischen Strömungen in Europa bewegen sich quasi «im Inneren des Feindes»: Die westliche Hegemonie sei schuld am Zerfall und der Degeneration der muslimischen Gesellschaften weltweit, aber auch der muslimischen Gemeinschaften im Westen. Millenaristische und apokalyptische Vorstellungen, die den baldigen Sieg «des Islams» über den Westen vorhersehen, gehören zum Inventar salafistischen Denkens. Dazu treten verschwörungstheoretische Vorstellungen, die die Schwäche «des Islams» als Ergebnis einer Konspiration des Westens und der Juden bzw. Israels sehen.[7]

Der Erfolg des Salafismus beruht auf dem Scheitern des politischen Islams – sprich: der Muslimbrüder – in Europa.[8] Den aus diesen entstandenen Strömungen werfen die Salafisten in Europa vor, einen islamischen Staat von oben errichten zu wollen, nicht von unten durch Predigt und Mission. Weitere Vorwürfe sind der Gebrauch westlicher politischer Kategorien und Systeme bis hin zur Wahlbeteiligung oder dem Bestreben, den Islam in Katego-rien der Moderne zu erneuern. Überhaupt in Verhandlungen mit dem politischen System einzutreten, bedeute eine parteiliche Vor-gehensweise (*hizbīya*), die die muslimische Gemeinschaft spalte.

Was bei der Entwicklung des europäischen politischen Islams verlorenging, ist seine mobilisatorische Funktion, die die Mehr-heitsgesellschaft herausfordert. Diese Lücke besetzt der Sala-fismus in Europa als Protest gegen eine dominante Kultur, Gesellschaft und Politik, die Muslime benachteilige und den moralischen Verfall europäischer Gesellschaften fördere. «Der Salafismus drückt eine Revolte aus, in der die Religion eine Selbstaffirmation symbolisiert, die mit den herrschenden Werten der Gesellschaft bricht», meint Samir Amghar. Durch diese Selbstaffirmation steige auch der eigene Rang, denn durch die Zugehörigkeit zum Salafismus werde eine Zugehörigkeit zu einer Elite gezeigt, die von Gott gesegnet sei.[9]

Auswanderung: Die salafistische *hidschra*

Die Auswanderung des Propheten Muhammad von Mekka nach Medina ist für zahlreiche islamische Bewegungen ein Vorbild ge-wesen. An dieser Stelle werfen wir aber nur einen Blick auf die salafistische *hidschra* aus Europa. Wir konzentrieren uns auf den französischen Fall, der gut erforscht ist.

Verschiedenen Berichten ist zu entnehmen, dass zum Beispiel die Teilnahme an salafistischen Vorträgen und Seminaren dazu animiert, sich innerlich von der umgebenden Gesellschaft zu dis-tanzieren, also eine Art psychischer *hidschra* zu unternehmen. Dies wird noch verstärkt, wenn transnationale Schlüsselfiguren in einer Moschee auftreten oder deren Auftreten angekündigt wird. Die folgende Passage zeigt Elemente einer Art Fankultur in salafistischen (und dschihadistischen) Kreisen:

Bei der Bekanntgabe des Besuchs von Scheich Faisal al-Kuwaitī zeigten alle ein Lächeln und priesen den Herrn der Welt, dass er es ihnen erlaube, von den «erleuchteten Aussagen» eines Gelehrten bedacht zu werden, dessen religiöse Erziehung bei einem der Übergelehrten des «unverdorbenen» Islams stattgefunden hatte.[10]

Als Hauptziele der salafistischen *hidschra* aus Frankreich werden Ägypten und Algerien genannt. Nach Ägypten reist man in erster Linie, um die Sprache wie auch die religiösen Grundlagen (im salafistischen Sinne) an einschlägigen Lehrinstituten zu lernen. Im Falle Algeriens geht es eher um die «Rückkehr» in das Land der Vorväter. Die Ausreise in die beiden Länder bedeutet einen Bruch mit der als bedrohlich empfundenen nichtmuslimischen Mehrheitsgesellschaft und eine Reinigung von Unreinheiten, die dem Frommen aus diesen Gesellschaften anhaften. Das macht bestimmte Orte, die den Ruf haben, fast vollständig salafistisch zu sein, zu bevorzugten Zielen. Auch in Südmarokko liegt ein solcher Zielort. Malaysia oder die Vereinigten Arabischen Emirate sind wegen ihres ökonomischen Erfolgs und ihres islamischen Charakters ebenfalls Ziele für die *hidschra*.[11]

Auch die dschihadistischen Ausreisen zum Beispiel aus Deutschland wurden als eine Art *hidschra* verstanden, was vom Islamischen Staat dann als Verpflichtung, speziell in das Gebiet des IS-Kalifats auszureisen, systematisiert wurde.[12] Dabei entstehen allerdings Fragen, etwa ob es religiös erlaubt sei, dass minderjährige Jugendliche ohne Erlaubnis ihrer Eltern in IS-Gebiet reisen, was in konservativeren Familien nie der Fall wäre. Personen, die die *hidschra* unternehmen, sammeln auf diese Weise symbolisches Kapital an, das ihnen einen Vorrang gegenüber den Daheimgebliebenen verschafft, weil sie dadurch ein zusätzliches Maß an Reinheit erreichen. In welcher Weise die von dschihadistischer Seite geführte Propaganda und Diskussion um *Lone-wolf*-Terrorismus (siehe S. 148 f.) auch im theologischen Sinne eine Veränderung bedeutet, lässt sich im Moment nicht absehen.

2015 wurde in englischer Sprache eine sehr detaillierte Anleitung, wie man in IS-Gebiet gelangen könne, veröffentlicht.[13]

Großbritannien: Enge Verbindungen nach Medina

Der Einfluss wahhabitischen und auch salafistischen Gedankenguts aus der Islamischen Universität von Medina (IUM) hat eine lange Tradition in Großbritannien. Die ersten britischen Absolventen der IUM kehrten in den 1980er Jahren heim.[14] Heute gibt es insgesamt einige hundert Geistliche, die zumeist an der *da'wa*-Fakultät religiöse Grundlagen (*usūl ad-dīn*) studierten, also eher eine Ausbildung zum Prediger als zum Imam erhielten.[15] Die ersten Rückkehrer arbeiteten in Verbindung mit der britischen *Ahl-i hadīth*-Bewegung, einem damals eher kleineren Verband mit 31 Moscheen, der in den 1970er Jahren von einem IUM-Absolventen mit südasiatischem Hintergrund gegründet wurde.

Als diese Absolventen einige problematische Entwicklungen in den britischen islamischen Gemeinschaften wahrzunehmen glaubten, darunter die mangelnde Akzeptanz des Englischen gegenüber dem Urdu, gründeten sie 1984 eine eigene «Gesellschaft zur Wiederbelebung der Methode der Sunna», die *Dscham'īya Ihyā' Minhādsch as-Sunna* (Abkürzung JIMAS). Angesichts der Spannungen durch das Auftreten der *sahwa* in Saudi-Arabien spaltete sich 1995 eine Gruppe unter Führung eines britischen Konvertiten und Absolventen der IUM ab; diese blieb loyal zur saudischen Mainstreamhaltung (nämlich dass die Korrektur falschen Glaubens und falscher Praktiken unter Muslimen den Vorrang haben sollte). Die Hauptströmung von JIMAS orientierte sich an der Kritik am wahhabitischen Establishment, zum Teil auch an den dschihadistischen Tendenzen der 1990er Jahre.

Auch ethnische Spaltungen zeigen sich in den muslimischen Communities in Großbritannien. Die Saudi-Arabien gegenüber loyalere Strömung fand großen Anklang unter jüngeren Somalis und Konvertiten afrokaribischen Ursprungs; die zum gewaltsamen Dschihad neigende Strömung fand eher Anhänger unter radikalen Arabern, JIMAS und andere dagegen unter jungen Leuten südasiatischen Ursprungs. In die Zeit zwischen 1989 und

1995 fiel die Blütezeit der wahhabitischen Mission (*da'wa*) in Großbritannien. Nach 2001 gerieten insbesondere extremistische Prediger in Schwierigkeiten, da man ihnen die Unterstützung terroristischer Aktivitäten vorwarf.

Bleibend ist die durch den Druck der wahhabitischen Kritik ausgelöste Veränderung inbesondere in den südasiatischen Gemeinden Großbritanniens. Diese wurden dazu gedrängt, ihre Aussagen in salafistischer Art durch literalistisch gelesene Textbelege aus dem Koran und der Hadithliteratur zu belegen.

Insgesamt kennzeichnend ist eine Überflutung des britischen Buchmarktes für religiöse Literatur mit Übersetzungen saudisch produzierter wahhabitischer Schriften.[16] Leicht als mit Saudi-Arabien affiliiert erkennbar sind zudem zwei bedeutende islamische Institutionen: die Regent's Park-Moschee samt islamischem Kulturzentrum und das Islamische Forum (al-Muntadā al-islāmī), das unter anderem als Veranstaltungsort genutzt wird. Die Publikationen und auch die aufliegenden, in Saudi-Arabien gedruckten Koranexemplare zeigen deutlich eine Anbindung an das wahhabitische/salafistische Denken.

Britische muslimische Gemeinschaften sind eher zurückhaltend, wenn es darum geht, saudische Unterstützung offenzulegen; sie wird eher heruntergespielt. Dass erhebliche Mittel fließen, zum Beispiel auch in den Bau von Moscheen, ist allerdings belegbar (siehe S. 107).

Frankreich: Ausgehandelte Identitäten

Anfang der 1990er Jahre gab es in Frankreich lediglich einige Dutzend Anhänger der salafistischen Strömung, für 2008 wurden bereits 5000 Sympathisierende und 500 Aktivisten angegeben.[17] Die heutige Zahl ist schwer zu schätzen, dürfte aber höher liegen.

Das Spektrum reicht von missionsorientierten (*da'wa*) bis zu dschihadistischen Personen und Gruppen. Beeinflusst waren alle in erster Linie von der salafistischen Tradition in Algerien, besonders von Aktivisten des salafistischen Flügels der Islamischen Heilsfront (FIS),[18] in der es auch viele Absolventen der saudischen islamischen Universitäten gab. Dazu kamen noch die alten Kämpfer aus dem Afghanistankrieg. Diese algerische Mischung wurde nach Frankreich exportiert und bildete die erste Generation des Salafismus in Frankreich. Die zweite Generation entstand aus dem Konflikt um die Orientierung der FIS an der Übernahme der Staatsmacht. Diese Orientierung wurde zunehmend von saudischen Gelehrten kritisiert, eine Entwicklung, die von salafistischen Gelehrten, die dem algerischen Regime nahestanden, befördert wurde.

Wichtige Faktoren in der salafistischen Szene Frankreichs waren der saudische Einfluss, also die Islamische Weltliga (siehe S. 106 ff.) sowie die Absolventen saudischer islamischer Universitäten (besonders der Internationalen Universität von Medina, IUM), aber auch andere arabische Impulse, etwa durch den *dār al-hadīth*, das «Haus des Hadith», in Damādsch im Jemen unter Leitung von Muqbil ibn al-Hādī al-Wādiʿī, das Zentrum al-Albānī in Amman in Jordanien oder die Scharia-Fakultät in Damaskus. Transnationale Schlüsselfiguren aus Saudi-Arabien, Ägypten oder Jordanien kamen zu Vorträgen nach Frankreich (aber auch nach Belgien, Großbritannien oder in die USA). Große salafistische Konferenzen wurden abgehalten, so im Jahr 2001 mit ungefähr 1000 Teilnehmern (auch aus Deutschland).

Nach dem 11. September 2001 führte die zunehmende Überwachung zu einer Schwächung dieses Aufschwungs. Saudische Prediger, die zu einem salafistischen Kongress einreisen wollten, wurden zurückgeschickt, der Kongress selbst abgesagt. Andere Prediger wurden ausgewiesen oder ihres Amtes enthoben.

In den Folgejahren verstärkte sich der Einfluss des saudischen Wahhabismus wieder deutlich: Über Stipendien für Studien in Saudi-Arabien gewann er neue Aktivisten in seinem Sinne, und durch großzügige Spenden präsentiert er sich als *die* islamische Macht. Daneben wird aber immer noch Algerien als wichtiger Bezugspunkt für französische Salafisten angesehen.

In Frankreich wurde zudem bis 2008 eine gewisse Faszination

für den Handel als Einkommensquelle registriert, gewissermaßen ein neoliberaler Einfluss im Salafismus, der sich dadurch als
Teil der Mehrheitsgesellschaft zeigte.[19] Empirische Studien haben gezeigt, dass auch eine Salafisierung über das Internet ohne
direkten Kontakt zu Salafisten stattgefunden hat.[20] In den letzten Jahren strukturieren zunehmend gewaltorientierte Vorstellungen das salafistische Feld in Frankreich neu – in welcher
Form, bleibt abzuwarten.

Soziostrukurell ergibt sich für den Salafismus in Frankreich
folgendes Bild: Die Anführer der ersten Generation sind (Daten
bis ca. 2010/11) in der Mehrzahl 35 bis 50 Jahre alt, häufig algerischer oder anderer arabischer Herkunft und haben Abschlüsse
arabischer islamischer Universitäten. In der zweiten Generation
finden sich hauptsächlich Personen, die in Frankreich aufgewachsen und zur Schule gegangen sind, dann aber ihre Studien
an Lehrinstituten auf der Arabischen Halbinsel fortgeführt haben (saudische Universitäten, insbesondere IUM, oder der oben
erwähnte *dār al-hadīth* im Jemen).

Die Mehrzahl der Anhängerinnen und Anhänger des Salafismus sind junge Erwachsene oder mittleren Alters. Männer sind
eindeutig in der Überzahl. Sie haben überwiegend Sekundar-
schulen besucht und stammen aus eher niedrigeren sozialen
Schichten. Eine Minderheit hat weiterführende Schulen und ein
Studium absolviert, manchmal bis zur Promotion. Häufig finden
sie jedoch keine Beschäftigung, die ihrem Bildungsgrad entspricht. Es überwiegen kleinbürgerliche Existenzen als Hand-
werker, Händler u. a. m. Jüngere Salafisten haben oft *halāl*-
Imbisse, Funktaxis, islamische Buchläden oder Kleidergeschäfte.
Manche betreiben auch Export-Import-Handel mit der Golfre-
gion, andere sind Markthändler o. ä.

Der ethnische Hintergrund der französischen Salafisten ist
sehr unterschiedlich: Viele entstammen Familien, die aus dem
Maghreb, dem arabischen Osten oder Südasien nach Frankreich
gekommen sind. Der Anteil der Konvertiten beträgt (2011) ca.
ein Viertel bis ein Drittel, meist sind sie in katholischen oder
protestantischen Familien aufgewachsen.[21] Bei den Konvertier-

ten lassen sich ebenfalls mehrere Gruppen unterscheiden: ‹Weiße› (aus Europa oder Nordamerika), Antillaner (aus Martinique, Guadeloupe, Haiti u. a.) und Schwarzafrikaner.[22]

Adraoui konstatiert am Beispiel des Salafismus in Frankreich ein Paradox. Auch wenn Salafisten «den Westen» schematisch als Symbol ablehnen (siehe S. 135), begreifen sie auf ihrem angenommenen Weg zu Gott und bei ihren Versuchen, sich vom gesellschaftlichen Leben zu isolieren, nicht, wie viel sie aus der französischen Gesellschaft angenommen haben. Je mehr sie behaupten, sich von dieser Gesellschaft zu unterscheiden, desto mehr befinden sie sich in einer Konkurrenz auf vielen Ebenen (ökonomisch, symbolisch, intellektuell usw.) mit eben dieser Gesellschaft. Die französischen salafistischen Identitäten sind also «ausgehandelte Identitäten». Sie sind angepasst und entstanden aus der Krise der *banlieues* und der französischen Laizität und Nation – auch wenn diese Sicht den Salafisten nicht gefallen mag.[23]

Selbst die jüngsten dschihadistischen Anschläge in Frankreich zeigen diese Verschlungenheit, wenn sie propagandistisch mit der französischen Kolonialgeschichte oder den Luftangriffen in Syrien verknüpft werden. So verbindet sich die historische Erfahrung der gewaltsamen Begegnung mit der arabischen Welt mit den aktuellen gewaltsamen Beziehungen der Nachkommen aus dieser Begegnung.

Norwegen: Aktionistisch-politische Orientierung

In einer empirischen Untersuchung, die sich dem norwegischen Islamischen Netzwerk (*Det Islamske Nettverket*)[24] widmet, einer 2008 gegründeten salafistischen Jugendorganisation, zeigt sich, dass diese seit einigen Jahren u. a. an Hochschulen tätige[25] Gruppierung versucht, sich in der islamischen Szene Norwegens zu etablieren. Dabei entwickelte sie eine spezifisch norwegische Form des Agierens. Sie beansprucht, jungen norwegischen Muslimen und Musliminnen eine klare Lehre, ethnische Neutralität und eine starke religiöse Identität zu verschaffen. Getragen wird dies von einer defensiven Haltung angesichts der angeblichen globalen Bedrohung der muslimischen Gemeinschaft und der lokalen Bedrohung durch anti-muslimische Kräfte.

Das Netzwerk erfährt starke Unterstützung von saudisch-wahhabitischer Seite, die auch als religiöse Quelle der Inspiration dient. Die Mission (*da'wa*) des Netzwerkes ist einerseits von Methoden beeinflusst, die von arabischen und südasiatischen Organisationen nach Norwegen gebracht wurden, andererseits durch die Verwendung moderner Technik geprägt, etwa die Nutzung elektronischer Medien. Es handelt sich um ein eher innermuslimisch ausgerichtetes Netzwerk mit geringen Kontakten zur norwegischen Mehrheitsgesellschaft. Zugleich – und damit wird wieder die Schwierigkeit deutlich, Salafismus strikt zu kategorisieren – versucht die eher nicht politische Organisation, staatliche Anerkennung zu erlangen. Dies deutet auf eine Kombination von Elementen der Lifestyle-Politik, der Distinktionspolitik und des Versuchs, sich durch Anerkennung zu etablieren – letztlich eine aktionistisch-politische Orientierung.

5. Salafismus in Deutschland

Entwicklungsphasen

Für Deutschland lassen sich bisher vier Phasen in der Entwicklung des Salafismus[1] unterscheiden.

Die 1990er Jahre bis 2001 bildeten eine Vorbereitungsphase, in der einzelne Imame lokal – besonders in Leipzig und Bonn – in Moscheen salafistische Vorstellungen verbreiteten. Diese Imame waren wiederum mit Netzwerken auf europäischer und internationaler Ebene verbunden, etwa durch den Kontakt mit Schülern des syrisch-albanischen Hadithkundlers al-Albānī.

In der Aufbauphase von 2001 bis 2005 dehnte eine Gruppe von Predigern, Imamen und Aktiven von den bestehenden lokalen Zentren aus ihre Aktivitäten deutschlandweit aus. Erste deutschsprachige Internetpräsenzen wurden etabliert, die ersten Islamseminare abgehalten und öffentliche Vorträge organisiert.

Die Jahre 2005 bis 2014 bilden die eigentlich «deutsche» Phase, in der die salafistische Mission (*daʿwa*) mehr und mehr von einer Gruppe in Deutschland geborener und aufgewachsener Prediger unterstützt wurde. Es entstanden Netzwerke, in denen auch in Saudi-Arabien – u. a. an der Islamischen Universität Medina – ausgebildete Prediger eine wichtige Rolle spielten, die einen besseren Zugang zu einheimischen Adressaten hatten als die erste Generation. Weitere nationale Schlüsselfiguren bildeten sich heraus, die das von den transnationalen Protagonisten akquirierte religiöse Wissen ins Deutsche übersetzten, vereinfachten und in leicht verdauliche Häppchen zugeschnitten weitergaben. Als Zielgruppe traten immer mehr Konvertiten in den Vordergrund.

In dieser Phase wurde das Internet als Medium der *da'wa* immer wichtiger. So erfolgte die Produktion von Videos, die jeden möglichen Aspekt islamischen Wissens in leicht verständlicher Sprache vermitteln. Auch Videos von Bekehrungen oder «Erweckungen» werden seitdem gerne online gestellt, darunter solche per Telefon, bei denen nur der salafistische Zuhörer zu sehen ist. Als Texte wurden zumeist Transkripte von Vorträgen angeboten, Übersetzungen arabischer salafistischer und wahhabitischer Schriften kamen hinzu; auch DVDs wurden produziert.

Die Straßen-*da'wa* entwickelte sich zu einem weiteren wichtigen Vermittlungsmedium, dessen bekannteste Verpuppungsform unter dem Label «Lies!» die Verteilung deutscher Koranübersetzungen – nicht unbedingt guter Qualität – ist. Nach dem Verbot der Trägervereinigung «Die Wahre Religion» ist jetzt noch die Aktion «We love Muhammad», die kostenlose Muhammad-Biografien verteilt, in geringerem Maße präsent.[2]

In dieser Phase finden sich bereits Entwicklungstendenzen in Richtung Dschihadismus, noch aber wurde versucht, die Grenze zur Strafbarkeit nicht zu überschreiten.

Nach 2014 ist die aktuelle Phase anzusetzen, in der sich durch das Aufkommen des IS und die größere Ausreisewelle nach Syrien (nicht nur zum IS) die dschihadistische Tendenz verstärkt hat.[3] Zugleich müssen die salafistischen Gemeinden, die sich diesem Trend nicht anschließen wollen, eine Haltung entwickeln, die Distanz zur Gewalt beinhaltet.[4]

Propaganda

Eine der wichtigsten salafistischen Aktivitäten auch in Deutschland ist das öffentliche Werben für den Islam (*da'wa*).[5] Es erscheint als eine Mischung aus missionarischer Aktivität und öffentlichem Bekenntnis, das sich bei Männern in Gebeten coram publico, bei Frauen im vollständig, bis hin zum Gesichtsschleier bedeckten Auftreten zeigt. Man provoziert gezielt, um negative Reaktionen zu erzeugen, die als Bestätigung des eigenen wahren

Glaubens gewertet werden. Dies ist eine implizite Referenz auf die islamische Aussage – gemeint ist für Salafisten natürlich nur der eigene salafistische Islam –, dass der Mensch auf Erden zu Beginn fremd gewesen sei und wieder fremd werde: das *ghurabāʾ*-Motiv (siehe S. 126 f.). Inzwischen gibt es auch Belege für eine Werbetätigkeit von Salafisten unter Flüchtlingen in Deutschland.[6]

Die folgende Einschätzung zweier salafistischer Prediger durch einen ehemaligen Gefolgsmann erlaubt einen Blick in die Mentalität solcher *daʿwa*-Propagandatätigkeit.[7] Der Autor berichtet davon, dass führende salafistische Figuren unterschiedliche Strategien verfolgten: der eine aggressiv und einpeitschend, der andere einfühlsam gegenüber Kandidaten, die sich noch unsicher zeigten. Das Ziel dieser sich ergänzenden Strategien bestand darin, ihren Anhängern einzuimpfen, dass die Straßenmission, die *daʿwa*, Sinn und Zweck ihres Lebens sei. Diese Tätigkeit habe ihm, so der Autor, eine «Aufgabe» gegeben, die ihn mit großer Zufriedenheit erfüllte.[8]

Im Jahr 2007 fing Vogel an, uns die Missionsarbeit strukturiert nahezubringen. Es war quasi eine Art Einführungskurs für Islam-Anwerber. Eine Drücker-Kolonne, die auf die Straßen ging oder Klinken putzen sollte, um die *Kuffar* zur Umkehr zu bewegen.

Vogel vermittelte uns entsprechende Taktiken, um ins Gespräch zu kommen: Wie redet man etwa mit einem Atheisten, wie mit einem Christen oder Agnostiker? Die Argumentationslinien fielen unterschiedlich aus. Dem Atheisten brauchte man gar nicht erst mit theologischen Widersprüchen zu kommen, weil er sich nicht für Unterschiede zwischen dem Christentum und anderen Religionen interessierte. Mit ihm sprach der Rekrutierer dann besser über wissenschaftliche Erkenntnisse aus dem Koran. [...]

Vogel besaß kein sonderliches wissenschaftliches Know-how. Er hatte sich jedoch ein stimmiges Gerüst aus Glaubenslehre, Definitionen und Ableitungen für die *Daʾwa* zusammengebaut. Ich habe alles auswendig gelernt. [...] Und zwar vor dem Hintergrund, mich fit zu machen für jedwede theologische Diskussion auf der Straße. Vielleicht kam da ja mal jemand, der im Christentum oder im Islam bewandert war. [...][9]

Salafistische Frauen agieren in anderer Weise. Einerseits sind sie in die salafistische Infrastruktur in vielfacher Weise eingebunden, andererseits treten sie aber auch offensiv nach außen hin auf:

> In Interviews mit der *Rheinischen Post*, RTL oder anderen Medien regten sich die Leute über die Kopftücher und die vollverschleierten Frauen mit ihrem *Niqab* auf. Sie konnten ja nicht ahnen, dass dies gar nicht durch unsere Gemeinde aufoktroyiert worden war, sondern dass fünfzehn Schwestern sich in Eigenregie gegenseitig dazu aufgestachelt hatten, nur noch mit Sehschlitz in der Öffentlichkeit aufzutreten. Diese Super-Musliminnen waren ganz stolz auf ihren Auftritt.[10]

Die Modernität des Auftretens dieser Salafistinnen zeigt sich in den Argumenten, mit denen sie das Tragen des Gesichtsschleiers begründen. In entsprechenden Interviews findet sich der gängige Diskurs der persönlichen Selbstverwirklichung wieder.[11] Ein immer wieder zu findendes Argument ist aber auch, dass durch den *niqāb* die muslimische Identität gegen den westlichen Angriff gewahrt werden könne.

> Ihre [der nichtmuslimischen Gegner der Vollverschleierung, RL] Arroganz, mit der sie die muslimischen Quellen verleugnen und den muslimischen Frauen ihre eigene Leitkultur oktroyieren wollen, ist immens. Sie sind davon überzeugt, dass der westliche der einzige Weg zu Modernisierung, Freiheit und wirtschaftlicher Prosperität ist. Dem entgegnen selbstbewusste Muslime mit dem Erhalt der islamischen Religiosität, gepaart mit der Assimilation der technischen Moderne und einem Verständnis von freier Marktwirtschaft nach islamischen Regeln (zum Beispiel kein Zins). Allerdings spielen nicht nur «Westler» eine wichtige Rolle in diesem Streit, sondern vor allem «modernistische Muslime»,

die die westliche Kultur als universell gültige Kultur wahrneh-
men, akzeptieren und als nachahmenswert empfinden.

Da die Kleidung als ein offensichtliches Merkmal der muslimischen Frau heraussticht, verursacht sie bei den «modernistischen
Muslimas» Bauchschmerzen. Durch die Aufgabe des Schleiers
als Teil ihrer islamischen Identität werden sie zu «Musterbeispie-
len an Integration». Obwohl sie sich nur dem universalistischen
Prinzip der westlichen Kultur beugen und sich assimilieren.

Bereits in den 50er Jahren schloss sich ein junger Franzose Na-
mens Frantz Fanon der algerischen Widerstandsbewegung FLN
an. In seinem Buch «Aspekte der Algerischen Revolution» beschreibt Fanon, wie die Französische Republik in ihrem Kolonial-
krieg gegen die algerischen Muslime den Schleier, die Rolle der
Frau in der Gesellschaft und die islamische Identität untergraben
und eliminieren wollte. [...]

Als Muslime müssen wir die Strategien und Taktiken der «West-
ler» und ihrer «modernistischen Knechte» verstehen und entlarven.
Ihre Politik zielt auf die Vernichtung und Aushöhlung des Islam.[12]

Diese Weiterführung der antikolonialen Kritik durch einen in einem westlichen Land lebenden Muslim, der über Musliminnen
schreibt, erinnert etwas an einen Konkurrenzkampf darüber,
wer bestimmt, wie Musliminnen sich zu kleiden haben. Es ergibt
sich ein identitärer Diskurs, an den auch gewalttätige Strömungen wie der IS anschließen können, die ebenfalls argumentieren,
der *niqāb* sei das ultimative Instrument, mit dem sich Frauen gegen westliche ‹Zumutungen› schützen könnten.[13]
   Es kommt aber noch ein weiteres Element salafistischer Überzeugungen zum Vorschein: Das Tragen des *niqāb* wird als Steigerung der Frömmigkeit definiert:

Umm N fragt: Assalamu alaikum. Ich habe Schwierigkeiten mit
der Entscheidung, ob ich *niqāb* tragen soll oder nicht. Für mein

Gefühl ist er im Islam nicht verpflichtend. Ich habe es früher versucht und es ging immer so aus, dass ich den *niqāb* nicht getragen habe wegen der Herabsetzung, die ich nicht nur von Nichtmuslimen erfahren habe, sondern auch von der sehr gemäßigten [muslimischen] Gemeinschaft, in der ich lebe. Ich habe gemerkt, dass ich mit *niqāb* [Gott]ergebener bin, und dies ist mein größtes Ziel. Im *hidschāb* bin ich ein freier Geist, was für eine Muslima nicht gut ist, es zu sein.[14]

Ziel ist also die Steigerung der Frömmigkeit durch Kleidung und die implizite Abwertung von Frauen mit *hidschāb*. Auch hier geht es um einen innermuslimischen Deutungskampf über das, was der ‹wahre› Islam ist.

Salafistische Lektüren

Salafistische Schriften spielen nicht nur für die theologische Formierung der salafistischen Milieus eine Rolle, sie sind auch ein Wirtschaftsfaktor, der zur Aufrechterhaltung dieser Milieus beiträgt. Erhellend ist daher ein Blick darauf, was Salafisten und Salafistinnen lesen. Die Bibliothek der salafistischen Moschee al-Nur in Berlin etwa ist zweigeteilt: Der eine Teil bietet arabischsprachige, der andere deutschsprachige Literatur. Die arabischsprachige Abteilung enthält die Standardwerke der islamischen Theologie, also klassische Koranauslegungen, Hadith-Sammlungen, einige Werke des großen Al-Ghazālī, die Fatwa-Sammlung des hanbalitischen Rechtsgelehrten Ibn Taimīya und einige Arbeiten seines berühmten Schülers Ibn Qayyim sowie darüber hinaus die Standardwerke des modernen Salafismus: die Fatwa-Sammlungen von Ibn al-ʿUthaymīn und Bin Bāz, einige Werke des frühen Mystikers al-Qarnī, die Christentum-Kritik von Ahmad Deedat, einem global aktiven Prediger, und selbstverständlich die Hadith-Sammlungen von al-Albānī (siehe S. 30 f.). Theoretiker des dschihadistischen Diskurses, etwa al-Awlaki oder ʿAbdallāh ʿAzzām wie auch andere bekannte radikale Autoren, fehlen. Dies kennzeichnet die ideologische Tendenz der Moschee, deren Bibliothek mit denen in anderen arabischen sunnitischen Moscheen vergleichbar ist.[15]

Die deutsche Abteilung der Bücherei gliedert sich in drei Sektionen: (1) Die Kinderabteilung enthält in Deutschland geschriebene, aber auch übersetzte türkische Werke. Wenige Bücher sind von Frauen verfasst, auch die Lektüre für Salafistinnen ist meist von Männern geschrieben. (2) Bei den vom Arabischen ins Deutsche übersetzten Büchern handelt es sich einerseits um ältere Werke, von denen einige oben genannt wurden, und andererseits um moderne salafistische Werke, zumeist von Schlüsselfiguren der salafistischen Szene im arabischsprachigen Raum verfasst (etwa Fatwasammlungen saudisch-wahhabitischer Gelehrter). (3) Werke deutschsprachiger Salafisten sind selten vertreten, was auf die Abhängigkeit deutscher salafistischer Diskurse insbesondere von der arabischsprachigen Diskussion hindeutet.

Publiziert werden die Schriften in deutschen salafistischen Verlagen, angeboten werden sie über entsprechende Web-Shops, eine Struktur, über die noch recht wenig bekannt ist. Dies gilt auch für die Auswahlmechanismen für zu übersetzende Literatur und Übersetzer. Auf jeden Fall generiert die Literaturproduktion und deren Vertrieb ein zusätzliches Einkommen für die salafistische Szene.[16]

Die solcherart in Umlauf gebrachten Werke wirken nicht nur als Gesamttexte. Mit hoher Propagandawirkung kursieren auch zahlreiche Auszüge in kurzen Zitaten, zum Beispiel:

> Shaykh ibn Al-Uthaymeen sagte: «Die Belohnung für das Speisen eines Fastenden wirst du erhalten, auch wenn du ihm (dem Fastenden) nur eine einzige Dattel gegeben hast.» (Fataawa Ibn Al-Uthaymeen 20/93)[17]

Solche kurzen Zitate sind die Bausteine, aus denen das Gebäude salafistischer Überzeugungen errichtet wird. Sie beziehen ihre Plausibilität und Wirkkraft aus ihrem Zusammenhang mit arabischsprachigen salafistisch-wahhabitischen Diskursen.

Schlüsselfiguren

Die salafistischen Gemeinschaften Deutschlands sind geprägt von Netzwerken nationaler Schlüsselfiguren, hauptsächlich Predigern. Im Folgenden wird bewusst vermieden, Namen von deutschen Salafisten anzuführen. Diese erzeugen ihr religiöses Kapital aus der Verarbeitung des Wissens transnationaler Schlüsselfiguren, und zwar meist saudischer, aber auch ägyptischer Prediger. Häufig herangezogen werden auch der kanadischstämmige Prediger Bilal Philips, ein Konvertit, der u. a. an der Islamischen Universität von Medina studiert haben soll und in etlichen Ländern Einreiseverbot hat,[18] oder der US-Amerikaner Yusuf Estes, dem von anderen Salafisten schwere Irrtümer vorgeworfen werden, ein anschauliches Beispiel für innersalafistischen Streit.[19]

Aus dem Kreis dieser transnationalen Schlüsselfiguren stammen die Autoren der zuvor erwähnten Schriften, aber auch die Redner, die von lokalen Gemeinden zu Veranstaltungen eingeladen werden. Besonders im Ramadan reisen häufig transnationale Prediger auf einer Art Tournee von einer salafistischen Gemeinde zur anderen.[20] Daneben treten auch nationale Schlüsselfiguren auf. Durch die kombinierte Anwesenheit nationaler und transnationaler Redner gewinnen die lokalen Schlüsselfiguren an Ansehen.

Einzelne salafistische Prediger aus Deutschland reisen in den arabischen Raum, weniger um theologische Beiträge zu leisten, sondern vielmehr um sich als Experten für die europäische Dekadenz darzustellen.

Ausreisende

Was das dschihadistische Spektrum angeht, so hat es aus Deutschland heraus zwei Ausreisewellen gegeben. Die erste von 2008 bis 2011 ging in das pakistanisch-afghanische Grenzgebiet, wo etliche der ausgereisten Kämpfer den Tod fanden. In dieser Zeit wurde damit begonnen, aus dem Ausreisegebiet, das als Ort der Auswanderung (*hidschra*) und der persönlichen Reinigung begriffen wurde, Propaganda auch online über Videos nach Deutschland zu schicken, um Sympathisanten zu gewinnen. Es hatte zwar auch schon früher mit den Videos der Globalen Islamischen Medienfront (GIMF) dschihadistische audiovisuelle Propaganda in deutscher Sprache gegeben, die Videos der ersten Ausreisewelle stellen dennoch einen qualitativen Sprung dar.

Die zweite Ausreisewelle begann bereits 2012. Sie wurde durch eine breite Onlinepropaganda über verschiedene Internetplattformen vorbereitet, bis die Schlüsselfiguren wie Denis Cuspert und Muhammad Mahmūd, der wegen Propaganda im Rahmen der GIMF in Österreich mehrere Jahre inhaftiert war, selbst nach Syrien gingen. Mit dem Auftreten des IS kam es in der deutschen dschihadistischen Szene zu Diskussionen darüber, welche der Organisationen man denn unterstützen solle. Diese Diskussionen zeigten eine Präferenz für den IS.

Eine gewisse Parallele zur ersten Ausreisewelle liegt darin, dass die nun Ausgereisten ebenfalls Propaganda über die sozialen Medien nach Deutschland hinein führen. Damit sind sie – wie Dschihadisten mit anderem sprachlichem Hintergrund – Schlüsselpersonen, die die meist arabisch produzierten dschihadistischen Materialien in die jeweilige Zielsprache (hier: Deutsch) übersetzen.

Somit berühren sich die deutschen dschihadistischen Strukturen mit den letztlich wahhabitischen Strukturen, so dass sich die Verbindung zu den Elementen arabischen Ursprungs schließt, die am Anfang des deutschen Salafismus standen.

6. Die salafistische Internationale

Fernsehen, Videos, Internet

Die salafistische und wahhabitische Präsenz in den elektronischen Medien fällt zuerst in Form der Satellitenfernsehkanäle ins Auge. Hier finden sich Parallelen zu anderen zeitgenössischen religiösen Traditionen, man denke nur an die christlichen TV-Evangelisten in den USA. Einige Untersuchungen zeigen, in welcher Weise die salafistisch-wahhabitische TV-Präsenz der Vermittlung moderner, dekontextualisierter Religiosität bis heute dient. Fest steht: Das Satellitenfernsehen salafistisch-wahhabitischer Prägung ist von überragender Bedeutung für die globale Verbreitung dieser Ideen gewesen.

Seit den 1970er Jahren haben sich Fernsehprogramme mit religiösen Inhalten zum Beispiel in Ägypten immer mehr ausgeweitet. Grob unterschieden werden können zwei Typen: einerseits Programme, die sich eher an den Vorstellungen der al-Azhar-Universität orientieren[1] und auf privaten ägyptischen Kanälen gesendet werden; darin geht es um Themen wie religiöse Handlungen, individuelles Verhalten und Ethik, manchmal auch um soziale Fragen, aber nie um Politik. Den anderen Typ bilden salafistische Programme in spezialisierten Fernsehkanälen, die sich eher auf religiös korrektes Verhalten und Kleiden konzentrieren.[2] Die zweite Gruppe konnte dabei Objekt staatlicher Repression werden. So wurde 2010 ein salafistischer Kanal wegen Aufhetzung gegen Christen gesperrt. Nach dem Sturz des ägyptischen Präsidenten Mursī 2013 zogen sich einige salafistische Prediger ins Internet und ins Satellitenfernsehen zurück. Manche Sender wurden inzwischen eingestellt, auch aus ökonomischen Gründen.

Es wären zwar Dutzende salafistischer Sender zu analysieren, an dieser Stelle jedoch muss der Blick in das Programm eines dieser Kanäle ausreichen. Als Beispiel dient uns der ägyptische Sender *al-Nās* («Leute»). Der Sendebetrieb von *al-Nās* mit einem eindeutig nicht-salafistischen Programm einschließlich Musik, Aufnahmen von Hochzeiten, Traumdeutung, Heiratsvermittlung etc. wurde 2006 in Ägypten gestartet. Als sich herausstellte, dass der Kanal nicht profitabel war, entschloss sich das Management, die Linie zu ändern und ins religiöse Feld zu wechseln. Es gelang den Verantwortlichen, vor allem ägyptische salafistische Prediger anzuziehen, die in anderen arabischen Sendern keine so starke Berücksichtigung fanden. Gezielt wurden solche einbezogen, die keine politischen Themen ansprachen.[3] Der Eigentümer des Senders ist ein saudischer Geschäftsmann.

Das Programm von *al-Nās* umfasst Diskussionen, Kinderfernsehen, Fatwasendungen und Wettbewerbe; Zielgruppe ist die ganze muslimische Familie. Zur wichtigsten Sendezeit am Abend fanden sich zum Berichtszeitpunkt 2012 zu rund 27 Prozent Geschichten von Prophetengefährten, 21 Prozent machten Themen aus, die von den Predigern in ihren Sendungen ausgewählt wurden, 18 Prozent gehörten der Moral, 18 Prozent Fatwas, 9 Prozent Herausforderungen der Gegenwart und 6 Prozent verschiedenen anderen Themen.[4]

Die derart geprägten Fernsehsender tragen zur Schaffung eines homogenen, salafistisch bestimmten medialen Raumes bei, der klare Identitäten bietet. Dies beginnt bei der Kleidung. So hatten die Sprecherinnen bei *al-Nās* sich nach der islamischen Wende des Senders zu verschleiern. Männer auf dem Bildschirm müssen natürlich einen langen Bart und ein knöchellanges Gewand tragen. Sprecher bei religiösen Sendern, die sich als den Muslimbrüdern nahestehend oder jedenfalls nicht salafistisch definieren, tragen eher einen Anzug mit Krawatte oder ein normales längeres Gewand. Charakteristisch für salafistische Sender ist auch, dass sie nicht-salafistischen Meinungen keinen Platz einräumen, obwohl andere religiöse Sender umgekehrt bei Gelegenheit salafistischen Stimmen Raum im Programm geben.[5]

Die erwähnten Fernsehkanäle sind selbstverständlich auch
online zugänglich. Damit verschmelzen salafistischer (Satelliten-)
TV-Betrieb und das Internet.

Im vorliegenden Buch ist immer wieder auf die Internetver-
knüpfungen salafistischer, wahhabitischer und dschihadistischer
Quellen hingewiesen worden. Dadurch ist wohl deutlich geworden, dass das Internet heute *das* salafistische Medium ist, vielleicht inzwischen genauso wichtig wie die direkte persönliche
Ansprache der Menschen. Es seien hier noch einige besondere
Fälle erwähnt.

Videos werden in vielfacher Weise eingesetzt und sind auch
ein Mittel, um über das Internet eine neue salafistische «Marke»
zu schaffen. Es gibt eine Fallstudie zu einem YouTube-Kanal mit
Namen *salafimedia*.[6] Darin heißt es,[7] dieser Kanal setze in einem Video mit dem Titel *Neues Salafimedia Rebranding Video
2013: Relaunch im vierten Jahr*[8] (*The New Salafimedia Rebrand
Video 2013: 4th Year Relaunch*) einen Neustart seiner On-
lineaktivitäten. Der Titel signalisiert eine Orientierung am
gängigen Marketingsprech und an den dadurch vermittelten
Geschäftsstrategien. Eine Terminologie, in der sich Wendungen
wie «das Skript neu schreiben» oder «zurück zum Zeichenbrett
gehen» finden, deutet nicht nur das Bestreben an, die eigene Geschichte neu zu schreiben und auf den zunehmenden Druck
der – in diesem Fall – britischen Regierung auf salafistische
Internetpräsenzen zu reagieren. Sie ist auch symptomatisch für
die Orientierung an einer Modernität signalisierenden Sprache,
die sich auch in anderen Teilen der Medienwelt findet.

Das *Rebranding Video* hat zwei Teile. Der erste Teil zeigt
Actionsequenzen und Spezialeffekte, die wichtige Aussagen be-
gleiten. So beginnt das Video mit dem Bild eines Löwen, das
später mit der Aussage ergänzt wird: «Möge Gott uns das Brül-
len eines Löwen verleihen, zusammen mit dem Herz eines Löwen.» Ein Lauftext auf dem Bildschirm fordert das Publikum
dazu auf, «an ihn [den salafistischen Islam] zu glauben, ihm gemäß zu leben und bereit zu sein, für ihn zu sterben». Im Über-

gang zum zweiten Teil galoppiert ein wildes schwarzes Pferd durch eine dunkle, von Kriegen zerrissene, postapokalyptische Welt, begleitet von Blitzen, die die Zerstörung der korrumpierten Welt und die Erneuerung durch den salafistischen Islam und seine Macht symbolisieren sollen.

Im zweiten Teil wenden sich vier Sprecher an ein angenommenes muslimisches Publikum, das dafür gescholten wird, dass es die wirkliche Botschaft des Propheten Muhammad vergessen habe. Das Ganze wird begleitet von Schüssen und Explosionen. Die Sprecher betonen, der salafistische Islam sei «die Wahrheit und nichts als die Wahrheit» und die beste Gemeinschaft überhaupt. Wiederholt rufen sie dazu auf, «das Gute anzuempfehlen und das Böse zu verbieten».

In visuell ansprechender Form werden hier salafistische Kernbotschaften wie die Verderbtheit der Welt, der absolute Wahrheitsanspruch, der Anspruch, die einzig wahre Gemeinschaft zu sein, und die Notwendigkeit zu handeln übermittelt. Auch wenn aufgrund des Verfolgungs- und Beobachtungsdrucks durch die Behörden nicht explizit von Gewalt gesprochen wird, ist der Übergang zur Gewalt angesichts des kriegerischen und drängenden Szenarios nicht ausgeschlossen.

Einen modernen Stil zeigte bereits vor einigen Jahren die Videoserie *Supermuslim,* die unter dem Label Asadullah TV bzw. Aksoy Films publiziert wurde. Es handelt sich dabei um eine Zeichentrickserie, in der die Hauptfigur der titelgebende «Supermuslim» ist, ein politisch motivierter Kämpfer. Sie gibt in mehrerer Hinsicht zu denken: Zwar wird der Held getadelt, weil er gelegentlich ausrastet, letztlich aber wird Gewalt toleriert, und er wird gerade dadurch zum Helden. Frauen sollen nicht nur Kopftuch tragen und ihren Körper nicht entblößen, sondern sich regelrecht verhüllen. Politisch wird es bei der Unterstellung, die USA hätten den Anschlag vom 11.9.2001 inszeniert und die größte Sorge des Westens sei der Salafismus. Schließlich wird der Salafismus mit dem Islam gleichgesetzt.[9]

Ab der Episode 2[10] heißt es über diesen «Supermuslim»: «Die Legende erzählt von einem einsamen Kämpfer. Er trinkt Tee wie ein Türke. Er rezitiert wie ein Araber. Er kämpft wie ein Tschetschene.» Wer sich an gängige Vorbilder der Kulturindustrie erinnert fühlt, hat den Kontext von *Supermuslim* erfasst. Zugleich wird hier auf die multiethnische Struktur der salafistischen Milieus Bezug genommen.

Besonders spektakulär ist Episode 9, in der «Supermuslim» sich Zugang zum Kreml verschafft und zu Putin vordringt. Er trifft auf Spiderman, inzwischen zum frommen «Abdullah Spidermuslim» konvertiert, der ihn mit Worten aus dem Koran aufruft, Putin zu vergeben:

> Rufe zum Weg Deines Herrn mit Weisheit und schöner Ermahnung auf und streite mit ihnen auf die beste Art. Wahrlich, Dein Herr weiß am besten, wer von seinem Weg abgeirrt ist; und er kennt jene am besten, die rechtgeleitet sind. Und wenn Ihr bestraft, dann bestraft in dem Maße, wie Euch Unrecht zugefügt wurde. Wollt Ihr es aber geduldig ertragen, dann ist das wahrlich das Beste für die Geduldigen; und harre in Geduld aus; Deine Geduld aber kommt nur von Allah.

Zwar vergibt «Supermuslim» dem russischen Präsidenten, aber als er den Kreml verlässt, gehen die Bomben hoch, die er zuvor gelegt hat, der Kreml wird gesprengt. Am Schluss besucht «Supermuslim» die Gräber seiner Familie in Tschetschenien.[11]

Es handelt sich also um eine sehr ambivalente Botschaft, die einen Aufruf zur Geduld mit der Ausübung von Gewalt kombiniert; dazu kommt ein Weg, der nach Tschetschenien führt, und in der Vorfolge wird zudem ein Link zu Afghanistan angelegt. Die Ambivalenz von Geduld/Nicht-Gewalt und Gewalt zeigt sich auch in anderen salafistischen Aussagen.

Supermuslim wird in einer zweiten Staffel grafisch sehr viel besser ausgearbeitet, der Held erscheint nun als ein Fitnessclubgestählter Kämpfer.[12] Die *Supermuslim*-Videos zeigen eine tiefe Vertrautheit mit der Massenkultur und dem Gefühl junger Muslime und Musliminnen, auf vielfache Art und Weise diskriminiert und bedroht zu sein.

Die pragmatische Einbindung massenkultureller Elemente durch Salafisten ist auch auf anderen Plattformen zu finden. Das tunesische SLF *Magazine* etwa benutzt solche Elemente bis hin zu Comics.[13] Dabei wird ein Stil gepflegt, der ironisch an vorhandene Tendenzen anschließt, zugleich aber subkutan dschihadistische Positionen verabreicht («Fünf Traumdestinationen für den Dschihadisten», «Sechs Tricks, das Brennen nach dem Rasieren zu vermeiden»).[14]

Salafi Actu, ein französischsprachiges salafistisches WebJournal,[15] zeigt die Auswirkungen der zunehmenden sicherheitspolitischen Überwachung der Diskurse zum Salafismus: etliche der Postings sind mit Passwörtern geschützt.

Die lesbaren Posts zeigen eine starke Mischung. Es gibt Heiratsanzeigen, die nach Geschlechtern, aber auch nach dem Vormund bzw. der Repräsentantin der Frau getrennt sind, damit kein unziemlicher Kontakt zwischen den Geschlechtern entsteht. In einer Heiratsanzeige lesen wir, der Betreffende sei – «von jetzt an» – innerhalb von ein, zwei Jahren zur Auswanderung (*hidschra*) bereit. Es findet sich ein Verzeichnis von salafistischen Moscheen in Frankreich. In einem Aufruf, für eine salafistische Moschee und Schule in Großbritannien zu spenden, wird auf einzelne Gelehrte verwiesen, die das Projekt befürworteten, so u. a. auf «Absolventen der Universität von Medina» (IUM). Auch Listen mit Sport- und Fitnessmöglichkeiten nur für Frauen in Frankreich werden angezeigt; interessanterweise ist die entsprechende Rubrik für Männer völlig leer. Eine weitere Seite mit französischsprachigen Angeboten zur salafistischen Lehre ist verlinkt.

Darüber hinaus werden Seminare zu verschiedenen Fragen der religiösen Lehre und zu Aktualitäten angeboten, bei denen internationale, nationale und lokale Schlüsselfiguren sprechen. Alle werden als Vertreter des «Mittelweges» beschrieben. Die internationalen Redner sind zum Teil saudische Gelehrte der Madchalīya, der Anhänger von al-Madchalī (siehe Glossar).

Ein wichtiges Thema ist somit auch die Abgrenzung von anderen Strömungen wie der Surūrīya (siehe S. 73 f.) und insbesondere von dschihadistischen Strömungen, die als *takfīrī* bezeichnet werden. Diesem Thema ist ein eigenes Seminar gewidmet. An anderer Stelle finden sich Geschichten von jungen Frauen, die vom IS rekrutiert werden sollten, allerdings erfolglos. Diese Geschichten dienen zur Abschreckung vor solchen Rekrutierungen.

Dschihadistische Internetpräsenzen[16] gibt es seit Ende der 1990er Jahre, zu dieser Zeit vor allem mit Texten und Bildern.[17] Ab den 2000er Jahren wurden zudem Videos online angeboten, ein Medium, das im Laufe der Jahre immer dominanter wurde. Auch erste Online-Zeitschriften wurden publiziert, besonders in Saudi-Arabien. Zentrales Kommunikationsmedium in dieser Zeit waren Online-Diskussionsforen, in denen Materialien und Nachrichten verbreitet sowie aktuelle Ereignisse diskutiert und kommentiert wurden. Zudem gab es materialreiche dschihadistische Blogs, zum Teil mit militärisch-technischen Informationen bis hin zu Scans von Handbüchern aus der Zeit des Kampfes gegen die Rote Armee.

Die nächste Entwicklungsstufe in der salafistischen und dschihadistischen Kommunikation war die Nutzung von Social Media-Plattformen, und zwar dank verbesserter technischer Möglichkeiten in höchst professioneller Weise. Gerade die Produktion von Videos (siehe auch die Beispiele im 7. Kapitel) nahm mit dem Untergrundkampf gegen die alliierten Truppen im Irak nach 2003 einen Aufschwung.

Die Internetpropaganda des IS sorgte in Umfang und Qualität für Überraschung, da die implizite Annahme vorherrschte, «rückwärtsgewandte» Dschihadisten seien nicht in der Lage, Medienprodukte solcher Qualität zu erstellen. Das Spektrum umfasst Videos, Audiodateien (bis hin zu einem Radiodienst), vielfältige Online-Zeitschriften, Texte (Bücher, Broschüren, Flyer, oft mit theologischem Inhalt), Bilder (auch animiert), Grafiken, Sticker u. v. a. m.

Zur Verbreitung werden diese Materialien auf diversen Filehosting-Diensten hochgeladen. Der Großteil der Ressourcen ist in arabischer Sprache erstellt, ein kleinerer Teil wird auch in anderen Sprachen publiziert bzw. in diese übersetzt, um ein sprachlich diverses Publikum zu erreichen. So ist seit einiger Zeit ein Anstieg von Ressourcen auf Indonesisch (Bahasa Indonesia) zu konstatieren.

Anders als der IS konzentrieren sich al-Qaida-nahe Gruppen – wie die Dschabhat al-Nusra etc. – eher auf ein regionales Publikum und haben häufig keine diversifizierte Medienproduktion.

Auffällig ist, dass von dschihadistischer Seite zunehmend die Aufhebung der Trennung zwischen Online- und Offline-Kampf propagiert wird. Seitens der Forschung wird dies häufig nicht gesehen, da oft schon der Charakter von Online-Aktivitäten nicht begriffen wird, und dies in Kombination mit mangelnden Arabisch-Kenntnissen. Auch die Rolle dschihadistischer Lieder, mit denen Videos regelmäßig unterlegt sind, die aber auch separat Verbreitung finden, wird in vielen Fällen nicht richtig verstanden. Sie dienen zur emotionalen Stützung der dschihadistischen Botschaft, die in den Texten der Lieder komprimiert vermittelt wird. Ein Video ohne Untermalung verliert enorm an Intensität. Gruppenaufnahmen zeigen auch immer wieder das Singen als gemeinschaftsstiftenden Akt.

Die technisch neueste Entwicklung ist die intensive Nutzung von Messengerdiensten (telegram, Whatsapp und andere) zur Kommunikation und Verbreitung von Materialien. Die Materialien bleiben auf dieser Ebene recht konstant verfügbar; sollte einmal eine Gruppe oder ein Kanal offline genommen werden, ist die Kontinuität über Alternativkanäle und -gruppen gewährleistet.

Einkommensquellen und Finanzen

Ein an sich zentrales, aber wenig erforschtes Thema sind die Finanzströme im salafistischen Milieu. Es gibt wenig gesicherte Erkenntnisse zu diesem Problem.

Lukrativ ist laut einem Artikel im *Spiegel* «vor allem der wachsende Markt der Halal-Produkte, auf dem sich fromme

Muslime mit Gütern und Dienstleistungen versorgen, die nach
islamischem Recht erlaubt sind». Allein mit Lebensmitteln
werde in Deutschland auf diesem Markt ein Jahresumsatz von
fünf Milliarden Euro erzielt, und zwar in der Regel legal.[18] Allerdings, dies zeigt der Artikel ebenfalls, gibt es auch ein salafistisches Interesse an der Halal-Wirtschaft. So war etwa ein ein-
schlägig vernetzter Salafist im Vertrieb von Halal-Drinks tätig.
Für eine Wiener Firma wurde auch auf der Einladung zu einer
salafistisch zugeordneten Halal-Messe in Köln geworben. Die
Firma bestreitet allerdings einen direkten Kontakt zu solchen
Personen und Veranstaltungen.

Wirtschaftlich bedeutsam sind zudem Spendensammlungen
unterschiedlicher Art sowie der Verkauf von Produkten für den
Bedarf eines salafistischen Lebens (Korane, Kleidung, Mittel
zum Schröpfen u. a. m.). Messen und gesellige Veranstaltungen
dienen ebenfalls der Finanzierung, aber auch der Kontaktfin-
dung und -pflege. Frauen sind gerade in diesem Bereich sehr aktiv. Der Verkauf salafistischer Literatur oder die Organisation islamischer Reisen sind ebenfalls von wirtschaftlicher Bedeutung.
Sogenannte *niqāb*-Shops vertreiben nicht nur salafistische Be-
darfsgüter, sie sind daneben Knotenpunkte der salafistischen
Kommunikation. Alle diese Aktivitäten sind nicht illegal, bilden
aber einen integralen Bestandteil der entsprechenden Milieus.
Addieren wir hier noch die Verankerung kuwaitischer salafistischer Stiftungen im Milieu des islamischen Finanzwesens, so
wird die transnationale Dimension dieser wirtschaftlichen Aktivitäten erkennbar.

Je nach den lokalen Gegebenheiten ist salafistisches Klein-
gewerbe häufig die Grundlage der Existenz von Aktivisten und
ihren Familien. In Deutschland[19] finanzieren Salafisten ihre Pro-
jekte, etwa den Erwerb von Moscheen und Schulen, eigenen Angaben zufolge mit Spenden deutscher Muslime. Sachspenden,
vor allem Literatur, Broschüren für ihre Informationsstände etc.,
kommen dagegen in erster Linie aus Saudi-Arabien und Ägypten. Ein wichtiger Sponsor ist die saudische World Wide Associa-
tion for Introducing Islam (WWAII), 2005 als Projekt der Islami-

schen Weltliga gegründet, und die mit ihr verbundene World Organization for Presenting Islam (WOPI). Missionsmaterial kommt auch von der Organisation Cooperative Office for Call and Guidance in Rabwah/Riad (COCG), die dem saudischen Ministerium für Islam, Stiftungen, *Daʿwa* und Rechtleitung unterstellt ist, sowie von der ägyptischen Conveying Islamic Message Society (CIMS).

Neueren Medienberichten zufolge unterstützen darüber hinaus mehrere Organisationen aus arabischen Golfstaaten die salafistischen Aktivitäten in Deutschland finanziell, darunter die bereits erwähnte RIHS aus Kuwait sowie die Islamische Weltliga, von der noch die Rede sein wird.[20] So versuchte die RIHS im schwäbischen Fellbach-Öffingen, ein großes Missionszentrum zu errichten. Durch rechtzeitige Information konnte der Gemeinderat den damit verbundenen Grundstückskauf mit Hilfe einer Änderung des Bebauungsplans unterbinden.[21] Dieser Fall zeigt beispielhaft auf, wie gering der Einblick in die Finanzierungsquellen und -wege der Salafisten ist.

Kontrollen des Geldflusses aus dem Ausland sind also schwierig, manchmal auch gerichtlich umstritten. Das Landesamt für Verfassungsschutz Bremen schreibt:

> Mit Beschluss des VG Bremen vom 29. April 2015 wurde der Antrag des IKZ abgelehnt. Lediglich hinsichtlich der Äußerung zur starken finanziellen Unterstützung aus Saudi-Arabien wurde dem Antrag des IKZ stattgegeben. Das LfV darf aber weiterhin informieren, dass das IKZ finanziell aus Saudi-Arabien unterstützt wird.[22]

Seit einiger Zeit kaufen sich saudische Investoren in Bosnien ein, um dort beispielsweise Wohnungen für saudische Touristen zu bauen, die das mitteleuropäische Klima genießen wollen. Laut einem Artikel im österreichischen *Standard* 2016 kommen seit einiger Zeit Zehntausende Araber zum Urlaub nach Bosnien-Herzegowina. Inzwischen hätten die Bosnier die Sorge, dass die in weiten Teilen der Föderation herrschende muslimisch-bosniakische SDA – und damit auch ein Teil der offiziellen Islamischen Glaubensgemeinschaft – wegen der engen Geschäftsbeziehungen die Augen gegenüber extremistischen Phänomenen verschließe. Es bestehe die Befürchtung, dass bosnische Salafisten mit den arabischen Touristen sehr viel Geld verdienen und dieses für den Ausbau extremistischer Netzwerke nutzen könnten. In Sarajevo arbeiten die lokalen Salafisten als Fahrer, Touristenführer und Grundstücksmakler für eine immer größere Zahl von Arabern. «Tourismusgeschäfte, die diesen Zustrom arabischer Touristen unterstützen, sprießen hier wie Pilze aus dem Boden und bringen vielen Salafisten-Familien eine bedeutende Einkommensquelle, vor allem jenen, die in die großen Städte gezogen sind», sagte ein einheimischer Experte, aber auch, dass «nichts Illegales» geschehe.[23] Allerdings ist zu bedenken, dass formale Legalität nicht immer gesellschaftlich wünschenswerte Verhältnisse schafft.

Zudem gibt es Medienberichte, die darauf hinweisen, dass diverse humanitäre Hilfsvereine aus dem eher salafistischen bis dschihadistischen Spektrum vor allem zur Unterstützung dschihadistischer Organisationen in Syrien tätig sind.[24]

Salafistische Schulen

Von zentraler Bedeutung für die salafistische globale Subkultur sind salafistische Schulen. Ein umfassender Überblick ist nicht vorhanden, aufschlussreich ist aber folgendes Fallbeispiel.

Der quietistisch-salafistische Prediger Muhammad Saʿīd Raslān unterhält seit 2016 auch ein eigenes Internat in Ägypten, den *Dār Raslān*.[25] Es ist für Jungen von neun bis sechzehn Jahren gedacht, die nicht die *hidschra*, die endgültige Auswanderung in ein muslimisches Land, unternehmen können. Das Internat soll daher den Eltern ermöglichen, ihr Kind «in das Land des Islam zu senden, um ihre Religion zu studieren». Der Salafismus, der scheinbar so frei von kulturellen Kontexten auftritt, wird hier wieder als eine Form arabischer Religiosität dechiffrierbar, die in einem arabischen Umfeld – gleichgesetzt mit dem Land des Islams – am besten gelernt werden kann.

Was wird geboten? Erlernt werden soll das Vorbild, «die Sunna» des Propheten, «in Übereinstimmung mit der Methodologie der *as-salaf as-sālih* (der frommen Altvorderen)». Das Lehrmaterial ist von Muhammad Raslān selbst ausgesucht; die Lehrkräfte sind seine Schüler. Es ist also eine gewissermaßen raslānitische Ausrichtung gewährleistet.

Dass die Schule auf ein internationales Publikum zielt, zeigen die Sprachen, in denen sie kontaktiert werden kann: Umgangsarabisch, Hocharabisch, Englisch, Französisch. Für besorgte Eltern wird versichert, dass der Ort, in dem die Schule liegt, sicher sei; auch Ärzte seien in der Nähe erreichbar. Aufenthaltsformalitäten erledigt die Schule. Von offizieller Stelle – gemeint ist ein Vertreter der al-Azhar – wird eine Bescheinigung besorgt, die bestätigt, dass der Sohn an dieser Schule unterrichtet wird. Eine weitere interessante Linie, die zur al-Azhar führt.

Das Lehrplan enthält zwei Hauptrichtungen: Scharia und Koranrezitation. Im Scharia-Kurs werden die Glaubenslehre (*'aqīda*), die Biografie des Propheten, Hadith, islamisches Recht (*fiqh*), Verhaltenslehre und die arabische Sprache unterrichtet. Im Koranrezitationskurs lernen die Schüler den Koran auswendig, dazu die Regeln der Koranrezitation. Der salafistische Nachwuchs erhält also eine allein religiöse Ausrichtung, die nicht von weltlichen Fächern gestört wird.

Auch Sprachschulen für Arabisch in Ägypten spielen eine Rolle als potenzielle Durchlauferhitzer für salafistische bis dschihadistische Karrieren.

Sehen wir uns noch ein südostasiatisches Beispiel an. In Indonesien verfolgen salafistische Boarding schools, die *pesantren*, je nachdem, welcher Strömung sie angehören, unterschiedliche Curricula. In salafistischen Schulen, die sich von der Gesellschaft abgrenzen, wird eine jemenitische Tradition fortgeführt. In einer dieser Schulen stammt der Lehrplan aus dem jemenitischen *dār al-hadīth* («Haus des Hadith») des Muqbil ibn al-Hādī al-Wādi'ī, wo viele der Lehrenden studiert haben. Hauptfächer sind das Auswendiglernen des Korans und ein Training für Prediger. Die einzigen säkularen Fächer sind Indonesisch und Mathematik. Kooperationistische salafistische Schulen sind inklusiver und bieten ein breiteres Spektrum an Lehrfächern an. Für die religiösen Fächer folgen sie den saudischen Vorstellungen. Ihr relativ ausgedehntes Programm reicht vom Kindergarten bis zu den höheren Klassen.

Die Islamische Weltliga

Eines der wichtigsten transnationalen Netzwerke hat sich um die Islamische Weltliga (*rābita al-ʿālam al-islāmī*)[26] herum gebildet, eine durch und durch moderne Organisationsform. Sie ist laut Steinberg (2004) «das erste Ergebnis der Kooperation zwischen Salafis und Wahhabis»,[27] wurde 1962 in Mekka gemeinsam gegründet und in den folgenden Jahrzehnten zum wichtigsten Verbreitungsinstrument des Wahhabismus weltweit. Auch wenn die Liga offiziell eine Vereinigung von Religionsgelehrten und islamistischen Intellektuellen aus aller Welt war, so dominierten doch die saudisch-wahhabitischen Geldgeber. Das Königreich übernahm einen Großteil der Finanzierung, im Ausland floss das Geld vor allem in die Infrastruktur für ein wahhabitisch orientiertes Erziehungswesen, wozu neue Moscheen und Kulturzentren gehörten.

Politisch-islamische Kräfte waren (und sind) ebenso Teil der Liga. Die Gründung 1962 war auch eine Reaktion auf den zunehmenden – auch geistigen – Druck aus dem nasseristischen Ägypten mit seiner Ideologie des Arabischen Nationalismus und Sozialismus. Muslimbrüder, die vor der Verfolgung in Ägypten und anderen arabischen Ländern geflohen waren, hieß man aufgrund ihrer Qualifikation beim Aufbau des saudischen Bildungswesens willkommen, aber auch als Repräsentanten saudischer Institutionen auf internationaler Ebene. So spielte Said Ramadan, ein führender Aktivist der Muslimbrüder in Europa, bei der Gründung der Islamischen Weltliga eine wichtige Rolle.[28]

Aber auch die Lehren der Muslimbrüder gehörten zum gedank-
lichen Inventar dieser Organisation. Samir Amghar nannte die
so entstandene Denkweise einen «hybriden Salafismus»,[29] in
dem das Gedankengut der Muslimbrüder eine ebenso große
Rolle wie das wahhabitisch-salafistische spiele.

Die Übersetzung der Werke wahhabitischer Gelehrter und
ihre Verteilung weltweit, zum großen Teil umsonst, ist ebenfalls
ein Mittel, Einfluss zu gewinnen, auch wenn die Mechanismen
dieser Tätigkeit noch nicht völlig erforscht sind (siehe S. 99 ff.).
Der Druck von Koranen in diversen Sprachen im König-Fahd-
Druckkomplex in Medina und deren Verteilung in Millionenauf-
lage hilft gleichermaßen, religiöses Kapital zu akkumulieren.[30]

Die Islamische Weltliga unterhält weltweit Zentren und Bü-
ros, die spätestens seit den 1970er Jahren auch in der Missionsarbeit tätig sind; zahlreiche dieser Repräsentanzen finden sich in
Schwarzafrika, aber auch in Europa. Eine der neueren Entwicklungen in Europa ist, dass die wahhabitisch-saudisch orientierten Kulturzentren sich inzwischen über eine Konferenz in der
Schweiz koordinieren, um ihre Effektivität zu steigern.

Für Großbritannien[31] werden von saudischer Seite schon seit
Jahrzehnten in offiziellen Publikationen die erheblichen Sum-
men für Bauprojekte (Moscheen, Schulen, islamische Zentren)
genannt, zum Beispiel 3,5 Millionen Britische Pfund für die
King-Fahd-Moschee im schottischen Edinburgh. Nicht nur von
der Islamischen Weltliga werden solche Mittel bereitgestellt,
sondern etwa auch von der Organisation Islamischer Konferenzen (OIC), der König-Faisal-Stiftung, der Weltversammlung der
Muslimischen Jugend (WAMY) und natürlich von der Regierung. Die Gesamtsumme, die aus saudischen Quellen stammt,
ist allerdings nicht genau zu eruieren.

Am Beispiel Belgiens lassen sich einige Auswirkungen der von
Saudi-Arabien geförderten Zentren zeigen. In den 1960er Jahren konnte Riad einen Pachtvertrag auf 99 Jahre für die bereits
lange bestehende Moschee in Brüssel aushandeln. Dort wurde
bis 1978 eine große Moschee mit Kulturzentrum errichtet, dessen Leitung von der Islamischen Weltliga eingesetzt und das von

dieser finanziert wurde. Die Imame kamen hauptsächlich aus Saudi-Arabien. Durch einige vor Kurzem geleakte Dokumente wurde nun deutlich, welche Folgen diese Kontrolle hatte. Eine diplomatische Korrespondenz aus dem Jahr 2012 vermerkt, die belgische Regierung habe einen Leiter des Islamischen Kulturzentrums stillschweigend entfernen lassen, weil seine Predigten salafistische, anti-israelische und anti-westliche Inhalte mit einer Betonung des absoluten Vorrangs des Salafismus hatten. In einem anderen Dokument heißt es, ein Mitarbeiter der saudischen Botschaft sei wegen Verbreitung von *takfīrī*-Vorstellungen abberufen worden.

Wenn dieses geistige Milieu, das sich nicht zuletzt aufgrund saudisch-wahhabitischer Unterstützung der Weltliga entwickelte, auf einen Niedergang des soziokulturellen Status einer muslimischen Gemeinschaft trifft, ist eine dschihadistische Entwicklung nicht überraschend.[32] 2005 verübte eine zum Islam konvertierte Belgierin in der Nähe von Bagdad einen Selbstmordanschlag; ihr marokkanischstämmiger Mann starb bei einem anderen Anschlag. Dies deutet auf die Existenz einer erkennbaren dschihadistischen Strömung in den belgischen muslimischen Gemeinschaften bereits vor den Terroranschlägen von 2016 in Brüssel hin.

Saudische Botschaften weltweit

Wie die sogenannten *Saudi Cables*, E-Mails und andere Texte aus dem saudischen Außenministerium und anderen Institutionen zeigen, dient Religion für Riad auch direkt als Mittel der Politik.[33] Einige Beispiele zeigen, in welcher Weise auf dieser Ebene gehandelt wird.[34]

Ein Dokument der saudischen Botschaft im tansanischen Daressalam behandelt die Frage der Errichtung einer Moschee in Sansibar; es geht um eine Summe von einer Million Dollar.[35] In einem Dokument der saudischen Botschaft in Canberra, Australien, wird die Errichtung eines König ʿAbd al-ʿAzīz-Zentrums

und einer Moschee in Australien besprochen. Es folgt eine Einschätzung zur Besucherfrequenz der Moschee.[36] In einem tabel-
larischen Schriftstück werden die Hilfen für islamische Institutionen in China angegeben.[37] In einem weiteren Dokument der
saudischen Botschaft in Washington an das Außenministerium
in Riad, Abteilung für die Angelegenheiten islamischer Organisationen, geht es um eine Hilfe für das Islamische Zentrum in
Los Angeles bzw. das Islamische Zentrum in Washington.[38]

In einem Schreiben des Islamic Community Centre in London
und der Moschee Ayesha an die Hohe Kommission für islamische Angelegenheiten wird um finanzielle Unterstützung für
Bautätigkeiten gebeten. Es handelt sich dabei um eine Gesamt-
summe von 1 300 000 Pfund Sterling, von denen noch 500 000
fehlten.[39] Die saudische Botschaft in Belgien bittet beim Außen-
ministerium um eine Unterstützung von 236 000 € für die Al-
Sunna-Moschee in Brüssel. Die Islamische Gemeinschaft von
Albanien sucht bei der saudischen Botschaft um Hilfe für die
Renovierung von Moscheen an.[40] Auch die Ausstattung einer
Moschee in Griechenland mit neuen Teppichen wird in einem
Dokument an den saudischen Finanzminister angesprochen.[41]

In einem Dokument mit der Unterschrift des saudischen Au-
ßenministers, gerichtet an den Generalsekretär der Islamischen
Weltliga, wird erwähnt, dass es seitens des Innenministeriums
keine Einwände gegen ihre Ernennung zweier Personen als Ad-
ministratoren der Dependance der Islamischen Weltliga in Vene-
zuela gebe. Eine der Personen war früher Berater für islamische
Angelegenheiten in Malaysia, der andere bereits pensioniert.[42]
In einem weiteren Dokument – diesmal an die Botschaft – wird
die Jahresbilanz dieser Dependance angesprochen.[43]

Es geht auch um innerislamische Konkurrenz: Die saudische
Botschaft in Mexiko regt an, bei der Errichtung eines islamischen Kulturzentrums in Mexiko City Einfluss zu nehmen. Der
Bedarf bestehe, da es sonst keine Moschee gebe. Andernfalls
sehe man die Gefahr, dass die iranische Botschaft sich des The-
mas bemächtige, um ein Zentrum unter ihrer Kontrolle zu errichten.[44] Eine ähnliche saudisch-iranische Konkurrenz zeigt

sich für die Philippinen in einem Dokument, in dem es u. a. um die Einrichtung einer Abteilung für islamische Studien an einer Universität oder um die Errichtung einer Moschee geht.[45] Die sunnitisch-schiitische Rivalität in Dänemark ist Gegenstand eines Dokuments der saudischen Botschaft in Kopenhagen.[46]

In einer jüngeren Studie wird eine Zahl von mindestens 1359 Moscheen weltweit genannt (Stand 2002), die von Saudi-Arabien gefördert wurden – ein deutlicher Hinweis auf das Ausmaß der saudischen religiösen Diplomatie. Auch diverse international renommierte Universitäten haben Stiftungslehrstühle von saudischer Seite erhalten. Dies bedeutet ebenfalls einen islambezogenen Eingriff in die religiöse Diskussion in den jeweiligen Gesellschaften.[47]

Schon diese kleine Auswahl zeigt die gezielte Einflussnahme der saudischen Außenpolitik auf islamische und islambezogene Institutionen in der ganzen Welt – manchmal auch auf Wunsch dieser Institutionen. In Details wird deutlich, wie die Islamische Weltliga in die saudische Politik einbezogen ist, wie sie bei aller Eigenständigkeit an der langen Leine geführt wird, aber eben an einer Leine.

Wohltätige Stiftungen

Ein wichtiger Kanal für in erster Linie saudischen Einfluss in der weltweiten salafistisch-wahhabitischen (und wohl auch dschihadistischen) Subkultur sind wohltätige Stiftungen. Es wäre sicherlich verfehlt, alle islamischen Stiftungen unter den Generalverdacht der Förderung extremistischer oder gar dschihadistischer Aktivitäten zu stellen.[48] Aber auf einige trifft dies sicherlich zu. Ob weitere dazukommen, ist im Moment nicht zu sagen, da die Informationslage zu schlecht ist.

In den 1990er Jahren und bis in das frühe 21. Jahrhundert war eine der wichtigsten wohltätigen Stiftungen die *Al-Haramain* («Die beiden heiligen Stätten»), die weltweit in allen problematischen Teilen der islamischen Welt operierte. An allen bedeutenden Moscheen Saudi-Arabiens befanden sich Behältnisse zum Sammeln von Spenden.[49]

Am 2. Juni 2004 wurde allerdings in einer gemeinsamen US-saudischen Pressekonferenz in Washington die Schließung von *Al-Haramain* verkündet. Bargeldsammelboxen wurden in Saudi-Arabien verboten und private wohltätige Geldtransfers ins Ausland streng reguliert.

Die Stiftung *Al-Haramain* wurde 1988 gegründet, um nach dem Abzug der Roten Armee aus Afghanistan humanitäre Hilfe für Flüchtlinge zu leisten. Der Leiter der Stiftung seit dieser Zeit, ʿAqīl ibn ʿAbdalʿazīz al-ʿAqīl, war persönlich tief im saudischen religiösen System verankert. Seine Qualifikationen für die Leitung einer wohltätigen Stiftung bildeten (1) seine Abstammung aus einer bekannten religiösen Familie, (2) sein Studium bei zwei führenden wahhabitischen Gelehrten, Bin Bāz und Ibn al-ʿUthaimīn, (3) Erfahrung mit wohltätiger Arbeit beim Roten Halbmond und (4) seine Selbstdarstellung als frommer Muslim, die ihren Ausdruck unter anderem in der Bezeichnung mit dem Ehrentitel Scheich fand.[50]

Al-Haramain war nicht die einzige saudische wohltätige Organisation, die global tätig war, aber wohl diejenige, die am entschiedensten ein salafistisches Missionsprogramm verfolgte.[51] Die anderen Organisationen neigten eher zu Kompromissen mit konkurrierenden islamischen Strömungen. *Al-Haramain* wurde besonders auch deswegen attackiert, weil die Stiftung immer wieder mit dschihadistischen Aktivitäten in Verbindung gebracht wurde. Nach dem Beginn der Kampagne der al-Qaida auf der Arabischen Halbinsel im Jahr 2003 dürfte dies wesentlich zur Schließung der Stiftung beigetragen haben.

Durchlauferhitzer: Die Islamische Universität von Medina

Die Islamische Universität von Medina (IUM) wurde 1961 gegründet. Gerade durch die Stipendienprogramme für Ausländer, die den größten Teil der Studierenden ausmachen, entwickelte sie sich zu einem wichtigen Transmissionsriemen für die Vermittlung des Salafismus/Wahhabismus.[52] Jedenfalls stößt man in salafistischen Milieus immer wieder auf Absolventen dieser Universität – wir sind ihnen auch in diesem Buch immer wieder begegnet –, die allerdings auch von nicht-saudischer Seite Stipendien bekommen haben können. Stipendien, freie Unterkunft und medizinische Versorgung machen einen wichtigen Teil der Attraktivität der Universität aus.[53]

Die an der IUM vertretenen Lehren wandelten sich, als 1992/1993 die Verfechter der quietistisch-unpolitischen Strömungen Dschāmīya und Madchalīya (siehe Glossar) die Kontrolle übernahmen und Lehrende aus den Reihen der Muslimbrüder und der Bewegung Islamisches Erwachen (*sahwa*) hinausdrängten.[54] Seitdem konnten diese Strömungen – als eine Art Durchlauferhitzer – starken Einfluss auf die ausländischen Studenten, die nach dem Studium in ihre Heimat zurückkehren oder in Diasporagemeinden tätig werden, ausüben. Auch die Hadith-Bewegung *Ahl al-hadīth* (siehe S. 53 f.) gewann durch diese Entwicklung international an Gewicht.

Regional kann der saudisch-wahhabitische Einfluss allerdings auch abnehmen bzw. durch andere Akteure eingeschränkt werden. So kam es in der zweiten Hälfte der 2000er Jahre zu einem wichtigen Wandel der religiösen Dynamik in den Ländern des Balkan. Der saudische (wie der iranische[55]) Einfluss wurde von Impulsen aus der Türkei überlagert.[56]

7. Theologie des Salafismus

Einige Elemente salafistischen und wahhabitischen Denkens wurden bereits beschrieben. Diese gilt es hier zu vertiefen, um Familienähnlichkeiten besser hervortreten zu lassen.

Ein Problem besteht sicherlich drin, dass die Vielfältigkeit der salafistischen Debatten und die Spaltungen und Feindschaften unter Schlüsselfiguren die Aufstellung eines salafistischen «Katechismus» erschweren. Trotzdem wird der Anspruch auf Einheitlichkeit der salafistischen Gemeinschaft, die ja von ihr mit der islamischen gleichgesetzt wird, immer wieder erhoben. Eine Verstärkung erfährt die Wirkung salafistischer Ideen dadurch, dass immer wieder Höllenstrafen für nicht wahrhaft Gläubige beschworen werden und damit verbunden apokalyptische Vorstellungen vor dem Hintergrund des drohenden Jüngsten Gerichts – eine zutiefst schwarze Pädagogik.[1]

Im Folgenden sollen die einzelnen theologischen Vorstellungen des Salafismus bzw. des Wahhabitentums unter Berücksichtigung der dschihadistischen Ausformungen aufgezeigt werden.

Die Methode

Der nicht leicht zu übersetzende Begriff *manhadsch* kann als «Methode» verstanden werden, allerdings bezeichnet er keine einheitliche Methode. Es lassen sich unterschiedliche Gruppen unterscheiden,[2] die verschiedene Formen des *manhadsch* propagieren:

(1) Die «Distanzierten», die aufgrund ihrer Distanz zum politischen Betrieb nicht automatisch die politische Linie des jeweiligen Herrschers unterstützen, also die konservativ-akademischen

Salafisten; (2) die «Loyalisten», die sich ebenfalls von der Politik fernhalten, die aber, wenn der Herrscher sie dazu auffordert, seine Politik unterstützen; eine solche Unterstützung kann aus dem Glauben erwachsen, das Rechte zu tun, oder aus Angst vor dem Regime; (3) die «Propagandisten», die aktiv die Loyalität zum Herrscher propagieren und vehement alle kritisieren, die den Herrscher infrage stellen; sie sind als unpolitisch zu kategorisieren. Diese Gruppen sind einander nicht feindlich gesinnt und können sich ohne Probleme verbünden.

Außerdem gibt es (4) die parteipolitisch aktiven Salafisten, die tatsächlich parlamentarisch arbeiten, wenn dies möglich ist, und (5) die politisch motivierten Salafisten, die nicht direkt parlamentarisch aktiv sind, weil sie es nicht können oder nicht wollen. Es verbleibt die dschihadistische Strömung, die folgende Kategorien ausbildet: (6) die der «al-Qaida-Affiliierten», welche die al-Qaida und ihre graduelle Strategie befürworten, (7) die «IS-Anhänger», die im IS-Kalifat ihren Bezugspunkt haben, und (8) die «Unabhängigen», die keiner der beiden großen dschihadistischen Organisationen angegliedert sind.[3] Die drei letzten unterscheiden sich natürlich grundsätzlich von den anderen genannten Gruppen durch die Betonung des militärischen Dschihad.

Auch wenn sich *manhadsch* nicht als einheitliche Methode verstehen lässt, erhebt der salafistische *manhadsch* aus der Vorstellung absoluter homogener Einheit heraus den Anspruch, eine einheitliche Methode zu sein. Von salafistischer Seite werden deshalb konsequent die in der Forschung unternommenen Versuche der Unterteilung des Salafismus als völlig irrig abgelehnt,[4] da der Salafismus nur *einer* sein kann, weil er nur *einer* sein darf. Bestritten wird auch, dass der Salafismus eine neuere Erscheinung sein könnte, da ein Zugeständnis in dieser Richtung den eigenen Monopolanspruch auf die islamische Vergangenheit dementieren würde. Differenzierungen können daher nur als Abspaltungen der vom richtigen Glauben Abgefallenen gedacht werden, was – so im Falle des IS – auch die Kriegserklärung gegen diese Abgespaltenen bedeutet. Der Begriff *manhadsch* hat dazu noch den Anklang, eine moderne geschlossene Methode zu sein, die mit den anderen modernen wissenschaftlichen Methoden konkurrieren könne. Hierin zeigt sich die Modernität des Begriffes, den es übrigens auch in politisch-islamischen Kreisen gibt.

Manhadsch hat daneben einen praktischen Aspekt: Er bezeichnet auch eine Praxis der Lebensführung, eine Verhaltenslehre, die sich auf eine Glaubenslehre (*ʿaqīda*) stützt, die in einer spezifischen Hermeneutik autoritativer Quellen begründet ist.

Diese Hermeneutik geht davon aus, dass das Erbe der prophetischen Interpretation des Korans im Verständnis der ersten drei Generationen der Prophetengefährten und mancher -gefährtinnen normativ, statisch und seiner Natur nach überall und jederzeit anwendbar ist. Dieser Auslegung ist wortwörtlich zu folgen, und in einem überzeitlichen und überörtlichen Vakuum ist dies von allen nachfolgenden muslimischen Generationen nachzuahmen. Dies basiert auf einem wörtlichen und vom historischen Kontext losgelösten Verständnis des Korans und der Sunna, das in erster Linie in einer wortwörtlichen Hadith-Lektüre zu finden ist.[5]

Neuerungen

Da durch diese Hermeneutik das Korpus der grundlegenden Texte und auch der nach den ersten drei Generationen von Muslimen akzeptablen Autoren genau definiert ist, ist alles, was außerhalb dieses Rahmens angesiedelt ist, nicht akzeptabel. Ob es sich um religiöse Handlungen oder religiöse Lehren handelt: Wenn sie mit der oben genannten literalistischen Lektüre nicht erfassbar sind, gelten sie als eine unstatthafte Neuerung (*bidʿa*, pl. *bidaʿ*) und somit als nicht dem salafistischen Universum zugehörig.

Damit ist ein universal einsetzbares Instrument geschaffen, mit dem die Grenzen des salafistischen Raumes markiert werden können. Darunter fallen solche Dinge wie die Wallfahrt zu Gräbern von Sufi-Scheichs oder schiitischen Imamen oder auch das

Feiern des Prophetengeburtstags, Musik, Kleidung und vieles
mehr. Dass die traditionelle und moderne islamische Diskussion
sehr viel differenzierter mit Neuerungen umgegangen ist, sei zumindest angemerkt, auch wenn hier nicht der Raum gegeben ist,
dies detailliert zu diskutieren. [6]

Einheit

Die Vorstellung der Einheit Gottes (*tauhīd*) ist allen Muslimen
gemeinsam, sie ist nicht spezifisch salafistisch, sondern bereits im
ersten Teil des Glaubensbekenntnisses (*schahāda*) enthalten, in
dem es heißt, dass es keinen Gott außer Gott gibt. Was spezifisch salafistisch-wahhabitisch-dschihadistisch ist, ist die besondere Betonung dieses Gedankens und der Anspruch, als einzige
islamische Strömung diese Idee zu vertreten. Entschieden abge-
grenzt wird die Einheit von der Vielheit, dem Polytheismus
(*schirk*), deren Vertreter abgelehnt, ja sogar mit Waffengewalt
bekämpft werden müssen, was für den Wahhabismus und natürlich den Dschihadismus gilt, aber unter Umständen auch für
Teile des Salafismus. Dass die absolute Einheit keine Hinzufü-
gungen im Sinne der Neuerungen verträgt, ist selbstverständlich.
Dass die *eine* Einheit auch keine Vielheit von Methoden (*manhadsch*) verträgt, wäre ebenso zu erwarten, scheitert aber an der
Realität des Streites darum, was denn die eine Methode ist. Dies
ist nicht zuletzt ein Ergebnis der zentralen Rolle von salafistischen Schlüsselfiguren, von der globalen bis zur lokalen Ebene.
Die Ablehnung der menschlich geschaffenen Demokratie führt
also zur Scheichokratie.

Der *tauhīd* wird in drei Kategorien unterteilt: (1) *tauhīd ar-
rubūbīya*, in etwa: die Einheit des Herr-Seins, (2) *tauhīd al-
ulūhīya* oder auch *tauhīd al-ʿibāda*, in etwa: Einheit der Anbetung, (3) *tauhīd al-asmāʾ waʾs-sifāt*, in etwa: Einheit der Namen
und Attribute [Gottes].

Zu (1): *Tauhīd ar-rubūbīya* lässt sich am ehesten mit Monotheismus übersetzen. Es geht um die Anerkennung Gottes als

der einzig aktiven Kraft im Universum, die vom Bereich des Geschaffenen getrennt ist. Allein Gott verdient Verehrung. Die Verehrung von heiligen Personen, schiitischen Imamen, das Suchen nach einer Vermittlung zu Gott über verstorbene Familienmitglieder oder Gelehrte, alles verbreitete Formen des Mainstreamglaubens, sind blanker Polytheismus (*schirk*). Auch die Einführung menschlich gemachter Gesetze und deren Befolgung wäre ein solcher Fall.

Der dschihadistische Theoretiker Abū Muhammad al-Maqdisī hat in diesem Sinne einen Traktat mit dem Titel «Die Demokratie ist ein Glaube» (*ad-dīmūqrātīya dīn*)[7] verfasst, ein gutes Beispiel dafür, in welcher Form politische Fragen religiös gedacht werden. Als weiteres Beispiel mag ein Vortrag eines ägyptischen salafistischen Predigers mit dem Titel «Die Demokratie ist ein anderer Glaube als der des Islam» dienen. Darin heißt es, Demokratie sei «blanker Unglaube» (*kufr*).[8] Dass es trotzdem zur Etablierung (oder zu entsprechenden Versuchen) von salafistischen Wahlparteien in der arabischen Welt gekommen ist, signalisiert einen Wandel, der noch nicht angemessen theologisch verarbeitet wurde.

Zu (2): *Tauhīd al-asmā᾽ wa᾽s-sifāt* bezeichnet die Vorstellung, dass Gott in all seinen Eigenschaften einzigartig ist. Wenn also im Koran von den physischen Attributen Gottes (Augen, Hände etc.) die Rede ist, ist dies salafistisch gesehen wortwörtlich zu nehmen, zugleich aber ist zu bedenken, dass «wie Er keiner ist» (Sure 42,11). Dieser Widerspruch wird dadurch aufgelöst, dass Gott diese Eigenschaften hat, es aber nicht erlaubt ist, zu spekulieren, wie es sich genau damit verhält.

Letztlich liegt die einzige Garantie der richtigen Verehrung Gottes in der wortwörtlichen Ausführung der Anleitungen zum rituellen Handeln – das erklärt die Bedeutung von Diskussionen zu diesem Thema. Das richtige Handeln muss von allen Verunreinigungen freigehalten werden – das macht die Bedeutung von Auseinandersetzungen über die Reinheit (*tahāra*) verständlich. Ein Weg, diese Reinheit zu erreichen, ist die Beachtung der Regeln der Assoziation und Dissoziation.

Assoziation und Dissoziation

Auf die wahhabitische Geschichte des Begriffs sind wir im Kapitel zu Saudi-Arabien eingegangen. Was uns an dieser Stelle interessiert, ist die salafistische und dschihadistische Auffassung des Begriffs.

Auf einer in New York basierten salafistischen Internetseite mit Namen *tawheednyc* findet sich in der Rubrik Glaubenslehre, hier *Aqeedah* genannt, des saudischen Autors Muhammad Saʿīd al-Qahtānī ein online weit verbreitetes, dreiteiliges Werk mit dem Titel *al-walāʾ waʾl-barāʾ*, in englischer Schreibweise *Al Wala wal Bara*.[9] Ursprünglich handelt es sich um eine Magisterarbeit an einer Universität in Saudi-Arabien; das Werk ist auch in deutscher Sprache online zu finden.[10] Im Vorwort legt ein führender saudischer Gelehrter und Lehrer von al-Qahtānī dar, dass das Thema aus zwei Gründen von höchster Bedeutung ist:

> Erstens handelt es sich um eines der wichtigsten Fundamente des Islams, nämlich die Eigenschaften von al-Wala' wa'l-Bara', die die zwei Hauptvoraussetzungen für den wahren Glauben sind: al-Wala' ist das Zeichen für die wahre Liebe zu Allah, Seinen Propheten und seinen Gläubigen; al-Bara' auf der anderen Seite ist der Ausdruck für Feindschaft und Hass gegenüber der Unwahrheit und ihren Anhängern. Beides sind Beweise für iman.

> Zweitens wurde es zu einer sehr entscheidenden Zeit geschrieben: Die Dinge sind durcheinander geraten, so dass sich die Muslime nicht mehr bewusst sind, welches die Eigenschaften sind, die die Gläubigen von den Ungläubigen unterscheiden; ihr Glaube ist so schwach geworden, dass sie Verhaltensmuster angenommen haben, die einem aufrichtigen Gläubigen zuwider sind; sie haben die Ungläubigen zu ihren Freunden genommen, während sie Feindschaft gegenüber den Gläubigen zeigen, indem sie sie erniedrigen und sie gering schätzen.[11]

Vom Autor der Schrift sei nur zitiert:

> Dieses große Wort (Tauhid) mit all seinen Bedeutungen und Voraussetzungen ist bei den Menschen bis auf wenige nicht vorhanden. Eine der wichtigsten Voraussetzungen ist die Lehre von al-Wala' wa'l-Bara'. Obwohl dieses entscheidende Prinzip des Glaubens aus dem Leben der Menschen verschwunden ist, ändert es nichts in seiner Wirklichkeit.[12]

Wir bemerken in den Zitaten den Doppelcharakter des hier behandelten Prinzips. Es enthält in Abgrenzung von den als falsch erachteten Verhaltensweisen im Kern eine eigene Verhaltensweise, die klare Identitäten schafft. Zugleich ist es ein Akt der Selbstermächtigung, indem derjenige, der sich zu diesem Prinzip bekennt, sich selbst als einen der wenigen dem Glauben treuen Menschen konstituiert.[13]

Ein anderes ebenfalls weit rezipiertes kleines Werk zu diesem Thema stammt von dem sehr restriktiven wahhabitischen Gelehrten Sālih Fauzān al-Fauzān. Ein Überblick über die einzelnen Abschnitte gibt uns einen Eindruck davon, was dem Verfasser übel aufstößt: das Nachahmen der Ungläubigen in Kleidung, Redeweise und anderen Dingen, das Reisen zum Vergnügen und Entspannen in ihre Länder, ihnen gegen die Muslime beizustehen und ihnen zu helfen, sie zu loben und sie zu verteidigen, bei ihnen um Hilfe anzusuchen, ihnen zu vertrauen, ihnen Ämter anzuvertrauen, bei denen die Geheimnisse der Muslime betroffen sind, sie im innersten Kreis und als Berater zuzulassen, ihre Zeitrechnung zu benutzen (insbesondere die christliche wird erwähnt), an ihren Festen teilzunehmen, zu helfen, diese vorzubereiten, ihnen dazu zu gratulieren, ihre kulturellen und technischen Errungenschaften zu nutzen, ohne auf «ihre nichtigen Glaubenslehren und ihre verderbte Religion»[14] zu schauen, sie um Verzeihung oder für sie um [Gottes] Gnade zu bitten. Zu den Zeichen der Assoziation mit den «Gläubigen» (*mu'minīn*) zählen u. a. «die Migration (*hidschra*) in die Länder der Muslime und die Flucht (*hadschr*) aus den Ländern der Ungläubigen».[15]

Damit wird also ein eindeutiges Programm der Abgrenzung, des Exklusivismus, ja sogar der Verweigerung zivilisierten Umgangs formuliert, so dass es nicht verwundert, dass al-Fauzān im dschihadistischen Milieu gerne als Autorität zitiert wird. Auch bei ihm finden wir implizit eine Verhaltenslehre für die als wahre Gläubige erachteten Personen, die aus der Abgrenzung gegen andere Personen formuliert wird. Es geht um einen «wahren» religiösen Lebensstil.

Praktische Anwendungsfälle des Prinzips werden auf Fatwabasis angesprochen. So heißt es mit Verweis auf Ibn ʿUthaimīn, es sei verboten, «Ungläubigen» zu ihren Festen zu gratulieren, gar an deren Festen teilzunehmen, für sie zu kochen und andere Freundlichkeiten mehr, da dies sie in ihrem Unglauben bestärke.[16]

Im dschihadistischen Milieu finden wir eine Weiterentwicklung der Ideen von *al-walāʾ waʾl-barāʾ* aus ihrem wahhabitischen Ursprung. Auch hier läuft also eine wahhabitische Linie zum dschihadistischen Denken. Von besonderer Bedeutung in diesem Zusammenhang ist Abū Muhammad al-Maqdisī, lange Zeit führender Denker des al-Qaida-Lagers im Dschihadismus, der das Konzept in seinem Werk *Millat Ibrāhīm* in eine neue Richtung entfaltete. Hier läuft erneut eine extreme wahhabitische Strömung, von Dschuhaimān al-ʿUtaibī, dem Anführer der Besetzer der Großen Moschee von Mekka im Jahr 1979 (siehe S. 138 ff.), weiter zum dschihadistischen Lager.

Im Konzept von *al-walāʾ waʾl-barāʾ* waren die Ideen der (politischen) Abgrenzung von als ungläubig definierten Gruppen und Menschen sowie des Kampfes gegen sie bereits vorhanden. Al-Maqdisī fügte noch den Gedanken des Fürungläubig-Erklärens (*takfīr*) hinzu. Dabei zielte er insbesondere auf Herrscher und Politiker der muslimischen Welt, denen er vorwarf, von Menschen gemachte Gesetze zu verwenden und damit in die Prärogative Gottes einzugreifen. Auch Aiman az-Zawāhirī hat einen Text zu diesem Thema verfasst, in dem er den politischen Charakter des Prinzips noch stärker betont und darauf verweist, dass seine Nichtbeachtung die Muslime schwäche und eine politische und militärische Gefahr darstelle.[17]

Der IS hat diese Elemente aufgenommen, formuliert dabei die Feindschaft gegen alle, die als Gegner des IS aufgefasst werden (und zu diesen zählt al-Maqdisī!), noch schärfer und fügt ein eschatologisches Element hinzu, indem die besondere Dringlichkeit der Anwendung des Prinzips aus dem bevorstehenden Sieg Gottes, d. h. des IS, erwächst.[18]

Der IS verwendet *al-walā' wa'l-barā'* auch in anderer Kombination. In einer neueren Broschüre wird die Assoziation (*al-walā'*) mit dem Islam in Abgrenzung vom Nationalismus (*waṭanīya*) proklamiert. Letztere Idee, die als Religion (*dīn*) bezeichnet wird, sei einigen Muslimen eingepflanzt worden und nur durch die Loyalität zum Islam zu bekämpfen.[19] Die Gleichsetzung von Islam und Nationalismus zeigt, wie der Islam als homogene Identität gefasst wird, die mit dem Nationalstaat älterer Prägung auf eine Stufe gestellt wird. Hier zeigt sich wieder die Modernität des IS, der ein anderes homogenes Phänomen nur religiös denken kann, die ganze Welt in Begriffen von Religion(en) definiert, so dass ein Krieg des IS oder gegen den IS nur als Religionskrieg fassbar wird. Hiermit ist die Definition des Islams bei den salafistischen Modernisten ins Extrem getrieben.

Wie wird das Konzept *al-walā' wa'l-barā'* im audiovisuellen Bereich des Internet verbreitet? Als erstes Beispiel mag der salafistische Prediger Ahmad Mūsā Dschibrīl dienen, der in den USA geboren wurde und dann mit seinem Vater, der an der Islamischen Universität in Medina (IUM) studierte, nach Saudi-Arabien ging. Nach seiner Rückkehr in die USA absolvierte er die High School, um im Anschluss daran selbst an der IUM Scharia zu studieren. In den USA machte er noch einen Abschluss in Rechtswissenschaft.[20]

In einem englischsprachigen Video mit dem Titel *What is Al-Wala' wa'l-Bara'?*,[21] das in Form eines kurzen Vortrags gehalten ist, tritt Dschibrīl in offenkundig salafistischer Gewandung auf. Das Video setzt mitten im Vortrag ein:

Wie können wir es verstehen? Was ist die Sache genannt *al-walā' wa'l-barā'*?[22] Besonders wir, die Jungen, ihr, die Jungen, die darüber reden, was ist die Sache *al-walā' wa'l-barā'* und wie ist sie einer der Hauptteile [der Formel] ‹es gibt keinen Gott außer Gott und Muhammad ist der Gesandte Gottes›? Dieses Thema braucht eigentlich nicht einen einzigen Koranvers, nicht einen Hadith, um es zu belegen, keinen einzigen Vers oder Hadith. Der Beweis für dieses Thema ist ‹es gibt keinen Gott außer Gott, Muhammad ist der Gesandte Gottes›. *Walā'* und *barā'* braucht keinen einzigen Buchstaben des Beweises außer das Wort ‹es gibt keinen Gott außer Gott, Muhammad ist der Gesandte Gottes›. Die Quraisch[23] [...], der Prophet Muhammad, Gott segne ihn und spende ihm Heil, verstanden *al-walā' wa'l-barā'* aus den bloßen Worten ‹es gibt keinen Gott außer Gott›. Sie brauchten nichts anderes; sie verstanden es aus ‹es gibt keinen Gott außer Gott›. Die Sache war jedem so klar. In den frühen Generationen mussten sie nicht darüber schreiben, es erklären, es erhellen,[24] es hin und her wenden. Es war klar. *Al-walā' wa'l-barā'* war klar. Es war keine Sache, die eine Erklärung brauchte oder Gerede. All diese Philosophen, die ihrem unentwickelten Verstand den Vorrang gegenüber dem Text des Korans und des Hadiths gaben [...] Die [salafistisch-wahhabitischen] Gelehrten meinten: Sie sind die Vorfahren derjenigen, die heute daherschwätzen in dem Glauben, sie verstünden etwas davon.

Wir sehen hier das ganze Programm der salafistischen Lehre zu diesem Thema. Es ist alles klar aus dem Wortlaut des Einheitsbekenntnisses. Keine andere Erkärung ist notwendig. Das direkte Verständnis der ersten islamischen Generationen ist alles, was zählt. Alles kluge Reden von Philosophen, die noch nicht erweckt sind, ist bloßes Geschwätz. Das Prinzip *al-walā' wa'l-barā'* ist innig mit dem Einheitsbekenntnis des Islams verschmolzen. Dies gilt es zu begreifen. Und Schluss. Der gerade redende Gelehrte hat es verkündet, und «den Jungen» ist keine Nachfrage möglich, da dies ja schon wieder leeres Gerede wäre. Es geht also um die Erweckung aus dem Geist des Wortes.

Kommen wir zu einem weiteren Gelehrten, zu dem bereits erwähnten Muhammad Saʿīd Raslān (siehe S. 104 f.). Der ägyptische Prediger ist Vertreter eines rein wissensorientierten, akademischen (ʿilmī) Salafismus und spricht sich gegen jede politische Tätigkeit und die Beteiligung an Wahlen aus. Er konnte eine gewisse transnationale Anhängerschaft gewinnen; dabei half ihm, dass er in Satellitensendern auftritt. Er gilt als entschiedener Gegner der Muslimbrüder. Auch Raslān kritisiert die Dschihadisten aus unterschiedlichen Gründen, in erster Linie aber, da sie die islamische Gemeinschaft spalteten.[25]

Eines seiner bekanntesten Videos ist in arabischer Sprache gehalten, französische Übersetzungen werden über das Bild des Vortragenden «Shaykh Muhammed Sa'id Raslan» geblendet. Das Video trägt den Titel *Al Wala Wa-l Bara'a envers les Kuffars!!!* – gegen die Ungläubigen![26]

Das ist sehr wichtig! Es ist eine Grundlage, auf die sich das Prinzip der Unterscheidung [von anderen] stützt; die Leute der Hölle, die Weise, in der sie reden und in der sie leben, in ihrer Art sich zu kleiden und, schlimmer noch, in ihren Festen und was es noch ansonsten gibt. Diese Dinge [durch die sich Gläubige und Ungläubige unterscheiden], seien sie nun innerlich oder äußerlich, sind Teil des «geraden Weges» (*as-sirāt al-mustaqīm*), beziehen sich aufeinander, und es gibt Verbindungen zwischen ihnen. Sie befinden sich im Herzen, in Gefühlen und Zuständen, bewirken eine Änderung der äußeren Erscheinung. Was nun auf der äußerlichen Ebene stattfindet, hat seine Auswirkungen auf das Herz, seine Gefühle und Zustände. Scheich Ibn ʿUthaimīn hat gesagt: «Der Gesandte Gottes, Gott segne ihn und spende ihm Heil, hat gesagt: Wer einer Gruppe ähnelt, ist einer von ihnen.» Das ist eine [unbezweifelbare] Wahrheit! Du, wenn du die Kleidung von ‹dem da› anziehst, spürst du nicht, dass dein Herz sich ihm zuneigt und du ihn nachahmst? Es ist auch so bei demjenigen, der den Ungläubigen ähnelt, er muss sich ihnen zuneigen. Wie bei einer großen Zahl der jungen Leute [unter den Muslimen], die sich veranlasst sehen, sich ihnen [das heißt den Ungläubigen] zum

> Beispiel in der Kleidung anzupassen. Das sind diejenigen, die übel handeln, sei es unter den Ungläubigen oder anderen. Zum Beispiel Sänger, Filmschauspieler, Fußballspieler, das sind diejenigen, die vom [richtigen] Wege wegführen. Der, den es treibt, ihnen zu ähneln? Er zieht sich wie er [das Vorbild] an und ahmt ihn sogar im Haarschnitt nach. [...] denn es gibt keinen Unterschied zwischen Muslim und Ungläubigen, wenn sie sich in ihrer Weise zu kleiden ähneln.

Eine deutliche Abgrenzung, die legitimiert, bestimmte Bekleidungsweisen zu verbieten, da die Art und Weise, sich zu kleiden, das Innere und damit auch den Glauben beeinflusst. Kurzum: Jeans führen zum Unglauben! Bezeichnend ist, dass gleich zu Beginn die Hölle als Negativfolie beschworen wird, ein deutliches Indiz für die schwarze Pädagogik salafistischer Art (aber nicht nur dieser).

Als letztes Beispiel zu diesem Thema folgt noch eine deutsche Ansprache mit dem Titel *Loyalität für Allah und Lossagung für Allah! Al wala wa Al bara'a 3/3!*[27] Der Redner ist Abu Dudschāna,[28] eine der nationalen Schlüsselfiguren der deutschen salafistischen Szene:

> Al-Imām at-Tabarī, imām al-mufassirīn, der große Gelehrte der Tafsīr-Gelehrten,[29] Imām at-Tabarī [...] sagt: «*inna man tawallāhum wa-nasarahum ʿala 'l-mu'minīn, fa-huwa minhum wa-min ahl dīnihim wa-min ahl millatihim.*» Er sagt: Wer sie sich als Verbündete nimmt und wer sie unterstützt und liebt ... Was ist mit dem? Und sie hilft gegen die *mu'minīn*, gegen die Gläubigen ... Was ist mit dem? Der ist von ihnen und der hat sich ..., der gehört automatisch ihrer Religion und ihrer *milla* an ... Klar und deutlich. Das Urteil ist klar wie die Sonne am helllichten Tag.

Auch hier hat der Abgrenzungsdiskurs des Prinzips *al-walā' wa'l-barā'* spezifische Züge. Der Redner demonstriert seine Beherrschung islamischen Wissens, indem er einen führenden älteren Korangelehrten in arabischer Sprache zitiert und dies dann seinem Publikum übersetzt und erklärt. Damit beansprucht er für sich den Rang eines Koranauslegers, eines *mufassir*, um in seiner Diktion zu bleiben. Ähnlich wie Raslān betont er, dass diejenigen, die sich nicht genügend vom Anderen distanzieren wie der Andere werden.

Es gibt zahlreiche Videos, an denen das Thema weiter betrachtet werden könnte. Auch der US-stämmige Dschihadist Anwar al-Awlaki hat diesem Thema eine Ansprache gewidmet, in der er betont, dass dieses Prinzip selbst Verwandtschaftsbande zerbricht.[30]

Von dschihadistischer Seite ist das Konzept *al-walā' wa'l-barā'* schon recht früh gepflegt worden. Eine der frühesten englischsprachigen Internetseiten dschihadistischer Tendenz führte es bereits im Titel.[31] Hier sei noch darauf hingewiesen, dass der IS die erwähnte Schrift des Enkels von Muhammad ibn 'Abdalwahhāb zu diesem Thema elektronisch wieder aufgelegt hat. Das dschihadistische Denken lässt also eine bewusste Rückbindung an das wahhabitische erkennen. Dieses Phänomen zeigt sich auch daran, dass IS-Publikationsreihen sowie weitere Schriften von Muhammad ibn 'Abdalwahhāb neu herausgegeben werden.[32]

Eine positive Haltung zum «Glauben der Polytheisten», das heißt aller, die nicht der reinen salafistischen Lehre folgen, ist also grundsätzlich verdammenswert. Der wahhabitische Gelehrte Salmān ibn Fahd al-'Auda (geb. 1955/56), eine Zeitlang führend in der saudischen Bewegung Islamisches Erwachen (*sahwa*), stellt fest, das Feld des Mischens mit anderen Menschen sei eines der gefährlichsten.[33]

Glaube und Unglaube

Was den Glauben (*īmān*) angeht, so unterscheiden sich die wahhabitischen und salafistischen Ansichten kaum von anderen sunnitischen, bei der Frage des Unglaubens (*kufr*) allerdings gibt es Differenzen. Konsens besteht darüber, dass sich *īmān* durch die

Zustimmung im Herzen, durch sprachlichen Ausdruck, der als Ausdruck des Glaubens mit der Zunge verstanden wird, sowie durch entsprechende Akte mit den Körpergliedern manifestiert.

Unglaube (*kufr*) wird auf drei Ebenen diskutiert. Zuerst wird die «Gesundheit der Religion» (*sihhat ad-dīn*)[34] behandelt, die grundlegende Elemente des Glaubens wie den Glauben an einen Gott beinhaltet. Eine Verletzung dieser Grundsätze beispielsweise durch das Niederwerfen vor einem Götzen wird umgehend als Unglaube klassifiziert. Danach geht es um «das zwingende Element der Religion» (*wādschib ad-dīn*), dessen Verletzung eine große Sünde bedeutet (etwa das Trinken von Wein), aber keinen Unglauben. Dazu kommt die «Perfektion der Religion» (*kamāl ad-dīn*), hierzu gehören Handlungen, die empfehlenswert sind, deren Nichtvollziehung aber keine Sünde bedeutet.

Jemanden für ungläubig zu erklären (*takfīr*) ist ein umstrittenes Thema im salafistischen Denken. Folgen wir wahhabitischen Vorstellungen, kommen wir rasch zur Verdammung anderer islamischer Strömungen, zum Beispiel der Schiiten; folgen wir dschihadistischen, gelangen wir schnell zur Verdammung aller nicht zur eigenen Gruppe gehörenden Menschen.

Die Beurteilung, ob Herrscher ungläubig sind, kristallisiert sich zumeist an der Frage, ob die Scharia wortwörtlich angewandt wird. Für unpolitisch-quietistische Loyalisten ist dieses Problem besonders virulent, da sie zumindest die saudischen Herrscher nicht für ungläubig erklären wollen und können.

Fremde

Unmittelbar verbunden mit dem dringenden Gefühl, sich abgrenzen zu müssen, um einer Bedrohung zu entgehen, ist der Gedanke der Fremdheit (*ghurba*). Ein *gharīb*, ein Fremder, zu sein, hat eine lange Geschichte in der arabischen Literatur.[35] Üblicherweise wird die Vorstellung auf die Überlieferung vom Propheten Muhammad zurückgeführt, dass der Islam als Fremder auf Erden erschienen sei und als solcher wiederkommen werde.

Daran anknüpfend wird die «errettete Gruppe» (*al-firqa an-nādschīya*), die als einzige in das Paradies eingehen wird, gedacht, die natürlich zuerst klein ist und damit als fremd angesehen wird.

Der Begriff taucht an prominenter Stelle in dschihadistischen Liedern auf.[36] *Ghurabāʾ*, «Fremde», ist der Titel eines solchen Liedes, das mit unterschiedlichen Bildsequenzen unterlegt wird. Zu sehen sind etwa Bilder aus dem Jahr 1981 vom Prozess gegen die des Attentats auf den ägyptischen Präsidenten angeklagten Personen, eine dschihadistische Urszene, oder offenkundig aus Tschetschenien stammende Bilder von Kämpfern, die sich in unwirtlichem Gelände aufhalten.

Alle, die sich diesen Kämpfern entgegenstellen, sind natürlich im dschihadistischen Denken für die Hölle bestimmt.

Hölle

Einige Beispiele allein aus den letzten Jahren mögen die Bedeutung der Hölle in aktuellen salafistischen Diskursen illustrieren.

Das Salafi Centre of Birmingham kündigt einen Vortrag über «die Reise der Elenden ins Höllenfeuer» an, der auch über ein Webradio übertragen wird.[37] Die Internetseite «Salafi Sounds» bietet eine ganze Reihe von Vorträgen zum Thema Hölle an: «Rettet euch selber vor dem Höllenfeuer» (4. Juli 2016), «Rettet euch selbst vor dem Feuer» (23. April 2016), «Vermeide die Strafe der Hölle» (26. Februar 2016), «Sei dir des Höllenfeuers bewusst» (11. Dezember 2014), «Der Hadith von Muʿādh – Eintritt ins Paradies und Sicherheit vor dem Feuer» (8. April 2014).[38] Aus dem amerikanischen Newark, NJ, finden wir ein Audio wie «Die Ankunft der Hölle am Tag des Gerichts» (10. Januar 2016).[39] Natürlich gibt es auch Videos zu diesem Thema: In einem wird in einer sehr bedrohlichen Inszenierung über «die Hölle» geredet;[40] ein anderes fragt «Willst du Paradies oder Hölle?»,[41] und in einem dritten ist von der Hitze des Höllenfeuers die Rede.[42]

Auch ältere Texte werden wieder aufgelegt und zum Teil über-setzt, etwa der Text von Ibn Qayyim al-Dschauzīya *Der Schlüs-sel zum Paradies und was dorthin führt – Der Schlüssel zum Höllenfeuer und was dorthin führt.*[43] Die Beispiele ließen sich ohne Probleme vermehren. Kurzum:

> Nach genauem Erfassen des oben Beschriebenen hat der Muslim keine Alternative, außer Salafi zu sein. Wenn er das tut, schreibt er sich der Dschama[44] zu, welche gelobt und ihr der Erfolg ver-sprochen wurde. Sie ist frei von Verirrung und wird vor dem Höllenfeuer sicher sein.[45]

Salafist zu sein ist also die Garantie, nicht ins Höllenfeuer zu kommen. Damit wird die *salafīya* zum Garanten des individuel-len Heils.

Als Kuriosum sei noch angemerkt, dass auch in englischer Übersetzung ein kurzer Text Ibn Taimīyas auf salafistischen Sei-ten angeboten wird, in dem gefragt wird, ob die zur Hölle Ver-dammten Persisch sprechen und die ins Paradies Gelangten Ara-bisch.[46] Hier wird der sunnitisch-schiitische Gegensatz, heute der saudisch-iranische, auf die sprachliche Ebene übertragen.

Alle in diesem Kapitel dargestellten Glaubenssätze werden in Diskussionen um die Glaubenslehre (*ʿaqīda*) genau ausgearbei-tet, eine Disziplin, die für das salafistische Denken zentral ist. Nicht umsonst war sie eine der wichtigsten Disziplinen für Mu-hammad ibn ʿAbdalwahhāb.

8. Abgrenzungen

Wie oben erwähnt, ist für Salafisten (und auch Wahhabiten und insbesondere für Dschihadisten in handgreiflicher Form) die Abgrenzung von anderen islamischen Strömungen von enormer Wichtigkeit. Der Nachweis, dass andere Bewegungen nicht den salafistischen Grundsätzen folgen, dient sowohl der Exklusion aus den Reihen des «wahren» Islams, der nur der salafistische sein kann, als auch der Inklusion und Bestätigung der Anhänger dieses «wahren» Islams. Der Katalog der Irregehenden ist lang, besonderen Hass von salafistisch-wahhabitischer Seite ziehen aber (Zwölfer-)Schiiten, Sufis und die islamische spekulative Theologie auf sich – vom Westen ganz zu schweigen.

Gegen die spekulative Theologie

Islamische spekulative Theologie[1] wird arabisch *kalām* genannt, was auch als «Rede», «sprachlicher Ausdruck» übersetzbar ist. An diese Bedeutungsbreite knüpft eine 1995 in Riad erschienene Polemik an. Wir lesen Folgendes:

> Die sprachlichen Ausdrücke «Rede» (*kalām*) und «Aussage» (*qaul*) sind Ausdrücke, deren wahrer Sinn notwendigerweise verständlich ist. Es wird im Inneren jedes verständigen Menschen unter den Geschöpfen Gottes die Kenntnis der wahren Eigenschaften dieser beiden sprachlichen Ausdrücke hoch gehalten, weil beide notwendige Eigenschaften jedes sind, der als «Redender» oder «Sprechender» bezeichnet wird. [...] Jeder Verständige kann sich leicht vorstellen und begreifen, dass alles, was die

Zunge an sprachlichen Ausdrücken mit einer Bedeutung hervor-
bringt, eine «Rede» oder eine «Aussage» ist.[2]

Die Aussage ist klar: Wer auch immer den Ausdruck *kalām* in
einem anderen als diesem offenkundigen Sinn verwendet, kann
nur unverständig und ahnungslos sein. Dieser Eindruck wird
später durch das Anführen von Hadithen und Zitaten von Ibn
Taimīya noch zu verstärken versucht. Zuerst wird aber der Gegner, ja Feind, bestimmt:

> Es sagte der Korankenner, der Imam Abu Nasr as-Sidschzī,[3] Gott
> erbarme sich seiner: Es gab von frühester Zeit an keine Spaltung
> unter den Menschen nach der Verschiedenheit ihrer Glaubens-
> richtungen bis zur Zeit von Ibn Kullāb, al-Qalānisī,[4] al-Aschʿarī[5]
> und Konsorten, ... denn die Rede war nichts anderes als ein
> Schriftzug und ein Laut.[6]

Damit wird Vertretern der spekulativen Theologie vorgeworfen,
sie seien für die Spaltung der islamischen Gemeinschaft verantwortlich, und das – diesen Vorwurf finden wir immer wieder –
unter dem unislamischen Einfluss griechischer Philosophie.

Der Vorwurf der Abhängigkeit der spekulativen Theologie
von der griechischen Philosophie – die historische Tatsache der
Auseinandersetzung mit und der Verarbeitung von philosophi-
schen Konzepten wird hier zur Beeinflussung durch fremde,
sprich: unislamische Gedanken – findet sich auch in weniger ela-
borierter Form. Ein deutschsprachiges Blog mit dem Titel *Ahlul-
Kalam* trägt den Untertitel «Die theologische Rhetorik der
Asha'irah ist gegründet auf den Konzeptionen und Terminolo-
gien von Aristoteles Ibn Nicomachus». Mit «Asha'irah» ist die
theologische Richtung der Aschʿariten gemeint. In diesem arabisch eingefärbten Blogdeutsch wird versucht, äußerliche Marker
der Authentizität zu setzen. Weiter widmet sich das Blog den –
nach Meinung der Betreiber: verwerflichen – Einflüssen der spekulativen Theologen; genannt werden bereits erwähnte Personen.[7]

Verschiedenen theologischen Strömungen und sunnitischen

Denkrichtungen werden auch buchlange Widerlegungen aus wahhabitischer Sicht gewidmet. Diese theologischen Streitpunkte darzustellen ist jedoch hier nicht das Anliegen.[8]

Gegen die Schiiten

Schon in der Predigt von Muhammad ibn ʿAbdalwahhāb war die Wendung gegen die Schiiten sichtbar. Vielleicht wurde sie von der schiitischen Verehrungspraxis für die Imame angestoßen, die er während seiner Studien in Basra erlebte, Schiiten kannte er aus seiner Heimat nämlich nicht.[9]

Zu seinen Lebzeiten war die antischiitische Position nicht von großer Bedeutung, da es im Herrschaftsgebiet des ersten saudischen Reiches keine schiitischen Minderheiten gab. Die Überzeugungen des Gründers wurden jedoch fortgeschrieben, und später finden sich auch extremere Aussagen. Als sich 1927 die Ichwān auflehnten (siehe S. 41 f.), wurde ihre antischiitische Haltung von den wahhabitischen Gelehrten unterstützt, die eine Fatwa formulierten, nach der der Herrscher die Schiiten zum «wahren Islam» (= Wahhabitentum) aufrufen sollte. Sie sollten auf Gebete an ihre Imame verzichten, schiitische Bräuche aufgeben, die als Neuerungen (*bidaʿ*) abqualifiziert wurden, und auch die Pilgerfahrt zu den Gräbern der Imame in Nadschaf und Kerbela im Irak unterlassen. Zudem wurde der Herrscher aufgefordert, Missionare in die eroberten schiitischen Gemeinden zu schicken. Bei dieser Fatwa handelt es sich um einen Kompromiss; heutige wahhabitsche Gelehrte klingen anders.

Wenn ein führender «wahrhaftiger» saudischer Gelehrter wie Ibn Dschibrīn (gest. 2009)[10] in mehreren Fatwas die Schiiten zu Häretikern und damit für todeswürdig erklärt, detailliert die Gründe ausführt, warum sie ungläubig sind, es für unzulässig erklärt, von Schiiten geschlachtetes Fleisch zu essen, oder es Sunniten verbietet, in schiitischen Moscheen zu beten, kann kaum davon die Rede sein, dass sich die Haltung der wahhabitischen Gelehrten gemäßigt hat.

Dass diese religiös fundierte antischiitische Haltung auch dazu dient, geostrategische Interessen Saudi-Arabiens gegen die Islamische Republik Iran zu legitimieren – man denke an die Kriege in Syrien, im Irak und im Jemen oder die Sicherung der erdölreichen saudischen Ostprovinz –, zeigt die Überlappung saudischer und wahhabitischer Ziele in dieser Frage. Genauso können die antischiitischen Angriffe in Pakistan und Afghanistan in den letzten Jahrzehnten, so lässt sich vermuten, ohne das saudische Beispiel in ihrer Intensität nicht gedacht werden, auch wenn antischiitische Haltungen dort schon vorher zu erkennen sind.

Die frühe modernistische *salafīya* ließ keine antischiitischen Positionen erkennen, jedoch änderte sich dies in den 1920er Jahren mit der Hinwendung nach Saudi-Arabien und zum Wahhabismus. Raschīd Ridā (siehe S. 29 f.) und andere salafistische Gelehrte übernahmen die antischiitischen Haltungen.[11] Dies führt bis in die Gegenwart hinein dazu, dass selbst ohne das Vorhandensein von Schiiten von salafistischer Seite vor der Gefahr durch die Schiiten, abwertend *rāfida* genannt, gewarnt wird. Sogar von europäischen Schulen, in denen islamischer Religionsunterricht erteilt wird, wird berichtet, dass schiitische Schulkinder von sunnitischen Lehrern als ungläubig bezeichnet werden.[12]

Ein weiteres Beispiel mag die Virulenz dieses Anti-Schiismus auch für Europa zeigen: Eine extreme salafistische Gruppe, die nur wenig vom Dschihadismus trennte, attackierte 2013 in Großbritannien während einer Demonstration gegen die Regierung von Asad, den Iran und die libanesische Hizbullah mehrere Passanten, die als schiitisch angesehen wurden.[13]

Der Anti-Schiismus[14] zieht sich von wahhabitischen und salafistischen Gelehrten bis zum IS, der in mancher Hinsicht die beschriebene wahhabitische Position verschärft, deren extreme Zielrichtung aber auch deutlicher erkennbar macht. In Schriften und Medien des IS[15] wird offen und immer wieder von der Notwendigkeit gesprochen, die Schiiten zu töten. Zugleich wird eine Verbindung zum Judentum und damit zum Antisemitismus des

IS hergestellt, wenn davon gesprochen wird, die Schiiten erwarteten den «jüdischen *daddschāl*», eine Verkörperung des Bösen in islamischen Endzeitvorstellungen. Die Anweisung, Schiiten zu töten, wurde bekanntlich bereits in etlichen Massakern umgesetzt.

Auch die Zerstörung von Bauwerken gehört zum Anti-Schiismus. Das zeigt schon die Geschichte, als nämlich – nach der wahhabitischen Eroberung – etwa in Mekka und Medina Gräber verwüstet wurden. Bereits zur Zeit az-Zarqāwīs im Irak (siehe S. 144) wurden Schiiten, aber auch ihre heiligen Stätten und religiösen Orte gezielt angegriffen. Der IS hat dies zu einem Programm der systematischen Zerstörung des schiitischen öffentlichen Raumes erweitert, wozu insbesondere Gräber und Gebetsstätten gehören. Aber auch in Plänen von al-Qaida auf der Arabischen Halbinsel stehen Angriffe auf Schiiten an prominenter Stelle.[16]

Gegen Zauberei

Ein weiteres Feindbild sind Zauberer. Der Kritik an der Zauberei sind zahlreiche Werke gewidmet. Darin finden wir Kapitel, deren Überschriften lauten: «Wie der Zauberer die Gegenwart eines *dschinn*s heraufbeschwört» oder «Die Übereinkunft zwischen Zauberer und Satan».[17] Angesichts dessen, dass Zauberer und Zauberinnen in Saudi-Arabien scharf verfolgt werden und ihnen die Todesstrafe droht,[18] ist dies keine skurrile Randerscheinung. Zu ihrer Bekämpfung ist eine eigene Sondereinheit eingerichtet worden. Auch die Ideen, die dieser Verfolgung zugrunde liegen, lassen sich auf die Predigt von Muhammad ibn ʿAbdalwahhāb zurückführen.

Gegen den Sufismus

Ein Bereich, der in den hier behandelten Milieus selbstverständlich auch auf Ablehnung und Abwehr stößt, sind die populären

Praktiken des Sufismus, geht es doch hier ebenfalls um die Grä-
berverehrung. Bereits Muhammad ibn ʿAbdalwahhāb lehnte sie
scharf ab (siehe S. 36 ff.). Damit unterwarf er auch die Verehrung von Gräbern bedeutender sufischer Persönlichkeiten dem
Verdikt, zum Polytheismus (*schirk*) zu führen. Dies impliziert
aus wahhabitischer, salafistischer Sicht die Notwendigkeit, solche Gräber zu zerstören.

In systematisierter Form wird dies, wie oben gesehen, vom IS
vollzogen, der neben sufischen Gräbern auch andere Gräber,
selbst die von Propheten, zerstört. Christliche Kirchen und schiitische Stätten stehen ebenfalls auf der Liste.[19] Dies bringt den
totalen Anspruch dieses Denkens zum Ausdruck, das im physischen Raum auch keine baulichen Alternativen zu seinen religiösen Vorstellungen aushält.

Die Ablehnung sufischer Ideen findet auch auf anderer Ebene
statt: Saudische Webseiten halten etliche Werke, die der sufischen Richtung der *wahdat al-wudschūd*, der Einsheit des Seins,
negativ gegenüberstehen, zum Download bereit. So hat etwa
Ahmad ibn ʿAbdalʿazīz al-Qusaiyyir eine umfangreiche Abhandlung verfasst, die sich detailliert mit all dem auseinandersetzt,
was vom Verfasser als *wahdat al-wudschūd* definiert wird.[20]
Deutlich wird die Funktion solcher Werke als Abgrenzung des
anerkannten Islams – sprich: saudischen Mainstreams – gegen
alle möglichen als negativ qualifizierten Einflüsse. Es handelt
sich um einen identitären, an formalen Kriterien orientierten
Diskurs. In den Texten von al-Qusaiyyir zeigt sich dies besonders deutlich in den Versuchen, der Idee der *wahdat al-wudschūd*
einen nicht-islamischen und insbesondere heidnischen Ursprung
zuzuschreiben. So finden wir Ausführungen, die eine Nähe zur
wahdat al-wudschūd im Hinduismus,[21] im Taoismus[22] und am
ausführlichsten mit Bezug auf die griechische Philosophie zu
konstruieren versuchen.[23] Letzteres ist wohl eine Widerspiege-
lung der generellen Ablehnung der Philosophie in salafistisch-
wahhabitischen Strömungen.

Gegen den Westen

Zentrales Feindbild für das gesamte in diesem Buch behandelte ideologische Spektrum ist «der Westen».[24] Dieser wird als einheitlicher Hort der moralischen Verderbnis konstruiert, der den ebenfalls homogen vorgestellten Islam bedrohe. Nicht umsonst ist eine Broschüre des IS mit «Der Unglaube ist Einer» betitelt. Auch hier finden wir eine aus Identitätszwängen konstruierte absolute Abgrenzung, die die Reinheit der eigenen Sphäre bewahren soll.

Aber nicht nur die Identifikation mit bestimmten Gemeinschaften oder spezifischen Lehren bzw. die Abgrenzung von anderen Gruppen sind zentral für die hier beschriebenen Phänomene. Vielleicht noch mehr ist es das Verhalten, durch das die Frömmigkeit der Frommen signalisiert wird. Wie wir gesehen haben, sind es symbolische Markierungen, die den salafistischen Raum bestimmen.

Salafistische Marker

Von zentraler Bedeutung für Angehörige der salafistischen Milieus sind gewisse äußerliche Marker, durch die ihre Zugehörigkeit zu diesem Umfeld angezeigt werden kann. Es handelt sich hier um ein generelles Phänomen, das sich in vielen zeitgenössischen islamischen Strömungen findet. Für die sunnitischen Strömungen wurde etwa von «Sunnaisierung» des Verhaltens im Sinne einer Aneignung und «Verkörperlichung» des Vorbildes des Propheten Muhammad gesprochen.[25]

Ein langes Gewand oder eine Hose, die über den Knöcheln endet und von einem langen Hemd bedeckt wird, ist eines der charakteristischen Kennzeichen von Salafisten. Dazu kommen Praktiken wie die Benutzung eines Zahnputzholzes (*siwāk*) statt einer Zahnbürste, wobei ersterem manchmal mit «wissenschaftlichen» Argumenten eine bessere Zahnpflegewirkung zugeschrieben wird.[26]

Auffällig ist überdies der lange Bart mit ausrasierter Ober-
lippe. Er signalisiert nicht nur die Nachahmung des Propheten,
sondern auch Virilität. Dieser Marker funktioniert auch innermuslimisch. So wurden die Parlamentswahlen in Kuwait im Jahr
2008 als Kampf der «kurzen Bärte», das heißt muslimbrüder-
naher Parteien, gegen die «langen Bärte» bezeichnet, wobei die
langen gegen die kurzen Bärte gewannen.[27]

Ein prägnantes Beispiel für die Bedeutung des Bartes gibt der
salafistische Prediger Ahmad Mūsā Dschibrīl:

> In den letzten Monaten des Lebens von Scheich Ibn ʿUthaimīn
> reiste dieser nach Rochester, zur Mayo-Klinik in Minnesota, um
> seinen Krebs behandeln zu lassen (Gott möge seinen Rang in den
> höchsten Himmel erhöhen). Man sagte ihm, dass Chemotherapie
> sein Leben verlängern würde, und informierte ihn über die Ne-
> benwirkung, den Ausfall seiner Haare.
>
> Er fragte: Werde ich meinen Bart verlieren?
>
> Sie sagten: Ja!
>
> Er lehnte die Behandlung ab und kehrte nach al-Qasīm[28] zurück,
> da er sich nicht vorstellen konnte, Gott, Preis sei Ihm und Er ist
> erhaben, ohne Bart gegenüberzutreten.
>
> Wir wissen von der Beschreibung des Propheten, Gott segne ihn
> und spende ihm Heil, in solcher Genauigkeit, dass ich glaube –
> wenn es nicht harām wäre –, ein Zeichner könnte ihn beinahe
> vollkommen wiedergeben. So kennen wir auch die Beschreibung
> seines langen Bartes.
>
> Obwohl, sich einen Vollbart wachsen zu lassen, ist sicher ohne
> Zweifel eine «wādschib-Pflicht» und nicht nur eine «sunna-
> empfohlene Sitte». Eine der besten Arten, unsere Solidarität und
> «wahre Liebe» zu zeigen für den, den wir lieben inmitten eines
> schrecklichen Feldzuges gegen ihn und seine Lehren, ist, der Welt

zu zeigen, dass jeder einzelne männliche [Gläubige] unter den
1,5 Milliarden [Muslimen] diesen Mann, Gott segne ihn und
spende ihm Heil, so liebt, dass er wünscht, wie er auszusehen. [...]

Was ich abstoßend finde, ist, dass sogenannte Prediger oder sogar Gelehrte, die sagen, dass sie die Botschaft dieses Mannes,
Gott segne ihn und spende ihm Heil, übermitteln, sich entschieden haben, wie seine Feinde auszusehen.[29]

Auch in anderen zeitgenössischen muslimischen Strömungen
wird der Bart als Marker für wahre Gläubigkeit hochgehalten.
Das Rasieren des Bartes wird als Verwestlichung bis zur Ver-
weichlichung und Verweiblichung abqualifiziert.

Für die Salafistinnen ist ihre Vollverschleierung ein besonders
starker Marker, der als Provokation in der Öffentlichkeit, aber
auch in der innermuslimischen Konkurrenz um Symbole der
Frömmigkeit eingesetzt wird.

9. Vom Wahhabismus zum Dschihadismus

Wie haben wir uns das Verhältnis des Dschihadismus zu Saudi-Arabien nun vorzustellen? Auf der einen Seite gibt es vielerlei Verbindungslinien, insbesondere in gemeinsamen theologischen Vorstellungen, auf der anderen Seite gibt es eine Konkurrenz um den wahren Islam. Im Folgenden soll einigen Verbindungen nachgegangen werden, die Hinweise auf Differenzen – wenn auch nicht grundsätzlicher Art – geben.

Es ist eine Banalität, darauf hinzuweisen, dass Usāma bin Lādin, lange Jahre *die* Zentralgestalt des transnationalen Dschihadismus, saudischer Herkunft war. Aber die Verbindungen in das salafistisch-wahhabitische Gefüge reichen weiter zurück.

Schlüsselereignis: Mekka 1979

Über der Revolution im Iran und dem Einmarsch der Roten Armee in Afghanistan ist ein Ereignis in Vergessenheit geraten, das in Saudi-Arabien stattfand: die Besetzung der großen Moschee in Mekka 1979, zu Beginn des Jahres 1400 der Hidschra, eines eschatologisch wichtigen Datums. Der Anführer dieser Gruppe, Dschuhaimān al-ʿUtaibī, war in einem Saudi-Arabien aufgewachsen, das sich zunehmend modernisierte und dessen religiöses Bildungssystem durch eine hybride Kombination von Ideen der nach Saudi-Arabien geflüchteten Muslimbrüder und des wahhabitischen Establishments geprägt wurde. Besonders starken Einfluss hatten die Predigten des führenden Gelehrten Bin Bāz, der – selber blind – in aller Deutlichkeit Neuerungen wie das Fernsehen oder das Anbringen von Bildern des Königs in der Öffentlichkeit verdammte. Vor allem übte er vehemente Kritik daran, dass die saudischen Frauen langsam aus ihrer Abgeschlossenheit herauszutreten begannen. Die saudische Regierung konnte es sich zu dieser Zeit leisten, derartige Kritik zu ignorieren oder aber die Gelehrten durch die Einbindung in verschiedene Ämter zu integrieren.

Unter Aufsicht von Bin Bāz und anderen führenden wahhabitischen Gelehrten wurde trotzdem eine Bewegung ins Leben gerufen, die ein Netzwerk zur inneren Mission Saudi-Arabiens bilden und das Land wieder auf den rechten Weg zurückführen sollte.

> Eine Art, in dieser Zeit beeinflussbare Seelen zu retten, war, armen jungen Leuten ein billiges Wochenende in der Wüste anzubieten. Zwei Tage lang lauschten die Teilnehmer dann in erdrückender Hitze religiösen Vorträgen, mit Fladenbrot, gewürzt mit Essig, als einziger Speise. «Betet zu Gott und er wird geben!», wurden sie immer wieder aufgefordert. Dann, am Ende der endlosen Gebetsphasen, wurde immer «ein Wunder» von Gott arrangiert, um den gestärkten Glauben der Gläubigen zu belohnen. Plötzlich stießen die erschöpften Teilnehmer auf ein gut sortiertes Arrangement von dampfendem Lammfleisch, Safranreis und saurem Joghurt, das unerklärlicherweise inmitten der Wüste für sie angerichtet war. «Es ist Gottes Gabe!», rief dann ein Lehrer aus.[1]

Eine solche Propaganda rührte an die tief verwurzelte Beziehung zum Wüstenleben und verband dies mit einer zutiefst emotionalen Bindung an eine erneuerte Religion, die nichts mit dem sich relativ stark modernisierenden Saudi-Arabien zu tun hatte. Dass eine solche innere Missionierung nicht nur Theorie bleiben konnte, war abzusehen.

Alle Kritik am saudischen Königshaus seitens der wahhabitischen Gelehrten blieb aber theoretisch. Nie überschritten sie die Grenze zur offenen Opposition. Dies blieb jüngeren Anhängern vorbehalten, die nicht über das reichliche Salär, die Ämter und die Zukunftschancen des wahhabitischen gelehrten Establishments verfügten. Einer von ihnen war eben der charismatische

Dschuhaimān al-ʿUtaibī, der etliche Hundert Anhänger um sich scharen konnte. Mit ihnen besetzte er 1979 die Große Moschee in Mekka, eine Aktion, die erst nach längerer Zeit mithilfe eines massiven Gewalteinsatzes beendet werden konnte.[2] Der Zeitpunkt der Besetzung wurde in Anknüpfung an Hadithe gewählt, die vom Auftreten des *mahdī* als Künder der Endzeit in der Großen Moschee in Mekka sprachen.[3] Seit 1978 trat Dschuhaimān al-ʿUtaibī als Emissär des *mahdī* auf, in dessen Auftrag er auch seine Sendschreiben verfasste.[4]

Ein wichtiger Impuls für Dschuhaimān war wohl die Tatsache, dass die exilierten Muslimbrüder frei und deutlich die syrische oder ägyptische Regierung kritisieren konnten, während jede Kritik an der saudischen Regierung von den Gelehrten untersagt wurde. Allerdings waren den wahhabitischen Gelehrten um Bin Bāz die Ideen der Moscheebesetzer nicht grundsätzlich unsympathisch. Sie sahen sie eher in grundsätzlichen Fragen wie der Proklamation des *mahdī* als in Einzelheiten als irregeleitet an.[5] Im Hintergrund standen mit der radikalen Kritik auch an den wahhabitischen Gelehrten die Ideen al-Albānīs, dessen Anhänger nach seiner Rückberufung an die Universität von Medina auch die Bewegung Islamisches Erwachen (s*ahwa*) als Schöpfung der Muslimbrüder angriffen.[6]

Die Besetzung scheiterte, die meisten Mitglieder der Gruppe und ihr Anführer kamen ums Leben. Aber die Ideen, die sie vertraten, gingen nicht unter. Es kann allerdings davon ausgegangen werden, dass die Gruppe eine gewisse, wenn auch nicht genau bezifferbare Verankerung in der saudischen Bevölkerung hatte. Ob Usāma bin Lādin in jungen Jahren von den Ereignissen beeindruckt war oder es ihn zumindest in seiner Haltung gegen die Herrscherfamilie bestärkte,[7] muss hier offenbleiben. Wahrscheinlich hat ein ägyptischer Student, der zu dieser Zeit in Mekka war, Dschuhaimāns Schriften heimgebracht und die Berichte über das Ereignis mit seinem Bruder geteilt, der 1981 den ägyptischen Präsidenten Sadat erschießen sollte.[8] Die Schriften Dschuhaimāns waren in kommentierter Form in Kairoer Buchläden erhältlich. Einige seiner Gefolgsleute überlebten die saudischen Gefängnisse und gelangten in der Folge nach Afghanistan, wo sie zum Teil eine wichtige Rolle bei al-Qaida spielten.

Wir sehen hier wahhabitisches Denken oder zumindest eine Variante davon im Zentrum des entstehenden transnationalen dschihadistischen Denkens.

In dschihadistischen Kreisen weit einflussreicher war jedoch Abū Muhammad al-Maqdisī, ein jordanischer Prediger, der zu einem der wichtigsten Autoren dieser Richtung geworden war.[9] Ein Buch gegen Saudi-Arabien bzw. gegen die Herrscherfamilie, das in dschihadistischen Zirkeln viel gelesen wurde, verrät die tiefe Sympathie für Dschuhaimān. Ein anderes weit verbreitetes Werk al-Maqdisīs trägt den Titel *Millat Ibrāhīm*, in etwa «Die Religion Abrahams», ein Konzept, das mehrfach im Koran erwähnt wird, aber auch in dschihadistischen Kreisen immer wieder als Bezeichnung aufgegriffen wird. (Das salafistisch-dschihadistische Netzwerk *Millatu Ibrahim*, das in Deutschland 2012 verboten wurde, führte diese Bezeichnung als symbolische Referenz.) In einer englischen Ausgabe von *Millat Ibrāhīm* findet sich eine Einleitung aus einer Schrift von Dschuhaimān al-ʿUtaibī, «wegen der Bedeutung für dieses Thema».[10]

Der zentrale Gedanke bei al-Maqdisī – Trennung von allem, was nicht der eigenen Version des «wahren Islam» entspricht – gilt auch bei Salafisten und Wahhabiten, und wir finden ihn in einer Schrift Dschuhaimān al-ʿUtaybīs vorformuliert, der den Einfluss des Teufels bei «einigen Gelehrten und Predigern»[11] fürchtet:

Die Religion Abrahams gründet auf zwei Pfeilern:

1) die Reinheit der Verehrung Gottes allein.

2) das Freisein von Beigesellung (*schirk*), deren Anhängern und die Feindschaft ihnen gegenüber. [...]

Die Religion Abrahms ist die Religion unseres Propheten [...] und sie ist unsere Religion.[12]

Hier ist also das zuvor skizzierte begriffliche Gefüge vorkonstruiert: das Bedürfnis, ja, die Gier nach Reinheit, die strikte Abgrenzung und die umstandslose Identifikation individueller Ideen mit der wahren Lehre des Propheten.

Die Erinnerung an die Besetzung der Großen Moschee in Mekka und den Anführer der Gruppe, Dschuhaimān al-ʿUtaibī, wird in dschihadistischen Kreisen weiterhin gepflegt. Noch 2015 wurde ein Text im Internet veröffentlicht, in dem seiner als Blutzeuge (*schahīd*) gedacht und die saudische Herrscherfamilie geschmäht wird.[13]

Auch von anderer Seite wird an diese Aktion erinnert. Die Aussagen eines der berühmtesten saudischen Gelehrten des 20. Jahrhunderts, Bin Bāz, wurden 2013 in einem französischsprachigen, extrem-salafistischen YouTube-Kanal publiziert.[14] Da sich Bin Bāz zu der Besetzung in manchen Punkten eher negativ äußert, können seine Ausführungen als eine Art von Distanzierung verstanden werden. Im selben Jahr nahm auch der führende salafistische Gelehrte Muqbil al-Wādiʿī (gest. 2001) Stellung dazu, der im Zusammenhang mit der Aktion selbst inhaftiert und dann in den Jemen ausgewiesen worden war.[15] Noch 2016 war die Besetzung Thema eines auch online publizierten Vortrags.[16]

Nicht nur die Ideen von Dschuhaimān al-ʿUtaibī sind also weiterhin präsent, auch die Operation, durch die er berühmt (oder berüchtigt) wurde, ist im Bewusstsein. Er bildet gewissermaßen das Scharnier zwischen der wahhabitischen und der dschihadistischen Ideenwelt.

Noch ein weiteres Element im wahhabitischen Denken verbindet Wahhabitentum und Dschihadismus. Thomas Heggh_ammer hat in einer umfangreichen Studie über die Geschichte und die Gründe für die Attraktivität der Teilnahme von saudischen Bürgern am militärischen Dschihad[17] davon gesprochen, dass sich in Saudi-Arabien eine breite Unterstützung für eine pan-islamische Orientierung verankert hat. Die religiöse Legitimation des saudischen Staates begünstigt demnach ein hohes religiöses Mobilisierungspotential, das sich dann auch in Opposition zur Herrschaft konstruiert, sowie einen partiellen Abbau des religiö sen Monopolanspruches des wahhabitischen Establishments seit den 1970er Jahren und besonders seit der Einführung neuer Medien. Eine Rolle spielen hier auch die «klassischen Dschiha-disten», die – ebenfalls unterstützt durch dieses Establishment – im Rahmen der Verteidigung Afghanistans gegen die Rote Armee mobilisiert wurden.

All dies führte zur Herausbildung einer Konkurrenz zum wahhabitischen Gelehrtentum, dessen Vorherrschaft zwar schon seit den 1970er Jahren immer wieder infrage gestellt wurde, sich jetzt aber einer wachsenden Bedrohung ausgesetzt sieht. Das wahhabitisch-salafistisch-dschihadistische Gefüge scheint ins Wanken zu geraten.[18]

Deutlich zu sehen ist dies in der Debatte um die überhandneh-mende Zahl an Fatwas. Dass diese Debatte überhaupt entstand, signalisiert den Mangel an Autorität der etablierten wahhabiti-schen Gelehrten seit dem Tod von Bin Bāz. 2010 beklagte der Ausschuss der Großen Gelehrten das entstandene Fatwa-Chaos insbesondere in der Frage des *takfīr,* also ob und wann jemand für ungläubig erklärt wird. Auch Aufforderungen der Regierung und des Königs haben keine Wirkung gezeigt. Alle Versuche, Fatwas auf das Establishment der Gelehrten zu beschränken, sind fehlgeschlagen.[19]

'Azzām, al-Maqdisī und bin Lādin

Mit den drei Namen 'Abdallāh 'Azzām, Abū Muḥammad al-Maqdisī und Usāma bin Lādin wird die Verbindung von Wah-habismus/Saudi-Arabien und Dschihadismus direkt greifbar. Zugleich wird eine Brücke zu manchen Milieus der Muslimbrü-der erkennbar.

Der Palästinenser 'Abdallāh Yūsuf 'Azzām (gest. 1989),[20] der aus den Reihen der jordanischen Muslimbruderschaft stammte, wurde von Dschidda aus nach Pakistan als Dozent an die Inter-nationale Islamische Universität in Islamabad entsandt. Danach ging er nach Peschawar, wo er das berühmt-berüchtigte *Maktab al-chadamāt*, das «Büro für Dienstleistungen», gründete, durch das die internationalen Freiwilligen für Afghanistan unterstützt wurden. Dort lernte er auch Usāma bin Lādin näher kennen. ʿAzzām war einer der Hauptpropagandisten für den transnationalen Dschihadismus, dessen Schriften und Videos immer noch in den entsprechenden Milieus kursieren.

Abū Muḥammad al-Maqdisī, der quietistische Dschihadi, so Joas Wagemakers,[21] übernahm, wie oben gesehen, die Ideen von Dschuhaimān al-ʿUtaibī und entwickelte sie weiter. Lange Jahre war er vielleicht der führende Gelehrte des dschihadistischen Milieus, immer wieder in jordanischen Gefängnissen, aber immer auch produktiv. Eine ihm gewidmete Internetseite war so etwas wie eine Bibliothek des dschihadistischen Schrifttums.[22] Dort war jeder Autor von einem gewissen Renommee in der Subkultur vertreten. Al-Maqdisī wiederum gilt auch als *spiritus rector* des ebenfalls aus Jordanien stammenden dschihadistischen Kommandeurs Abū Musʿab az-Zarqāwī, der bis zu seinem Tode 2006 Anführer von Organisationen im Irak war, die zur Vorgeschichte des IS gehören. Später kritisierte al-Maqdisī allerdings seinen Schüler wegen dessen zunehmend extremeren Praktiken. Insbesondere die antischiitischen Kampagnen az-Zarqāwīs wurden auch von der Führung der al-Qaida missbilligt.

Mit der Ausrufung des IS-Kalifates begann al-Maqdisī diesen Anspruch des IS zu kritisieren und stellte sich eher auf die Seite des al-Qaida-nahen IS-Rivalen Dschabhat al-Nusra. Zugleich wurde er zu einem Fürsprecher einer Aussetzung des militärischen Dschihad in Jordanien und verhandelte auch mit dem IS über die Freilassung jordanischer Geiseln.

Nachdem er Afghanistan Anfang der 1990er Jahre verlassen hatte, baute Usāma bin Lādin von seiner neuen Basis im Sudan aus sein Netzwerk *tanzīm al-qāʿida*, etwa «Basis-Organisation», neu auf – abseits der islamischen Öffentlichkeit. Al-Qaida-Akteure beteiligten sich nicht an politischen Debatten, traten nicht öffentlich auf und verwendeten keinerlei nationalstaatliche Symbolik. «Bezugspunkte des Handelns waren weder Politik noch Gesellschaft, sondern eine Vorstellungswelt, in der der ein-

zelne Muslim seine ‹islamische Existenz› allein als apokalypti-
scher ‹Streiter auf dem Wege Gottes› verwirklichen könne»,
stellt Schulze (2016) fest, dessen Darstellung wir hier folgen.[23]
Eine solche Weltsicht gab es in sozialen Nischen bereits seit den
1970er Jahren und bot Sekten im engeren Sinne einen Rechtfer-
tigungsraum.

Bin Lādins Netzwerk nutzte vier Faktoren, die Schulze wie
folgt beschreibt: «Erstens orientierte es sich an den «wahhābiti-
schen Deutungstraditionen», die es «zugleich zu überwinden
suchte». Zweitens konnten sich dank modernster Kommunika-
tionstechnologien neue Vorstellungen «ungebremst» über weite
Räume verteilen, so dass «eine neue Auslegeordnung» geschaffen wurde, «die sich durch Nachahmung stabilisierte und stan-
dardisierte». Diese Auslegung verlieh, drittens, «sozialen Ord-
nungen jenseits der Gesellschaft eine sinnstiftende Sprache» und
ermöglichte schließlich vor allem der durch individuelle Erfahrungen enttäuschten jüngeren Generation, ihr Handeln «durch
ultrareligiöse Selbstermächtigung» zu rechtfertigen. «Diese ver-
wirklichte sich erstens in einer unmittelbaren Normenerzwin-
gung und zweitens in Gewalt.»

Fügen wir noch hinzu, dass die neu entstandenen Netzwerke
einen transnationalen, ja globalen Anspruch haben, der bis zur
Erlösung der ganzen Menschheit reicht[24] – sofern sie nicht vor-
her der Vernichtung anheim fällt –, wird die Modernität des
Phänomens Dschihadismus noch deutlicher: geboren aus der
Nachtseite der Moderne.

Manchmal ist das Verfließen der Grenzen zwischen Salafismus und Dschihadismus augenfällig. Einem deutschen salafistischen Prediger wurde, als diese Zeilen entstanden, der Prozess
gemacht, weil er für eine in Syrien kämpfende Organisation, die
später teilweise im IS aufging, geworben, Anhänger rekrutiert
und auch materielle Unterstützung geleistet habe.[25]

Saudi-Arabien und der IS

Als Einstieg in dieses Thema soll ein Eintrag auf der Online-plattform *ask.fm* dienen, auf der angemeldeten Nutzern Fragen gestellt werden können. Der arabischsprachige Eintrag, eher ein Statement als eine Frage, lautet: «Gott helfe dem saudischen Königreich gegen euch Teufel in Menschengestalt.» Die Antwort des Nutzers, der sich durch seinen Namen als IS-Anhänger zu erkennen gibt, liest sich so:

> Ich verzichte auf eine Antwort auf diese Frage, weil das Heer des Kalifats – warte es nur ab – euch eine Antwort darauf geben wird, eine andere als das, was ihr von den Mitläufern des Tyrannen hört.

Dieser Wortwechsel hat 2015 stattgefunden. Die Prognose des IS-Anhängers war offensichtlich nicht ganz zutreffend. Sie zeigt uns aber deutlich, dass in den Reihen des IS Saudi-Arabien in seiner realen Gestalt als Teil des feindlichen Lagers begriffen wird.

Meldungen über die Festnahme von IS-Anhängern in Saudi-Arabien waren im Laufe der letzten Jahre wiederholt zu verzeichnen. Potentielle Anschlagsziele waren immer wieder Personen aus dem Sicherheitsbereich oder die schiitische Minderheit. In der Feindschaft gegen Schiitisches berühren sich wieder die wahhabitische und die dschihadistische Linie des IS.

Schon ein kurzer Streifzug durch saudische Twitter-Accounts zeigt des Öfteren Sympathien saudischer Nutzer für den IS, sei es in schriftlicher oder bildlicher Form. Auch in Videos des IS treten Sprecher mit saudischem Dialekt auf.

Dass zudem führende saudische Gelehrte als Unterstützer der Vorläuferorganisation des IS im Irak genannt werden[26] und prominente Gelehrte des IS ihre Ausbildung unter anderem bei saudisch-wahhabitischen Gelehrten absolviert haben, sind Signale für eine geistige Nähe.

Wenn nun die direkte Finanzierung des IS (und anderer dschihadistischer Organisationen in Syrien) durch Spenden von privater Seite aus Saudi-Arabien einigermaßen gesichert zu sein scheint, dann kann wohl von einer positiven Einstellung von Teilen der saudischen Bevölkerung zum IS gesprochen werden. Allerdings gibt es auch genügend Hinweise auf eine verdeckte staatliche Förderung dschihadistischer Gruppen.

Was das Golfemirat Qatar angeht, so konnte eine solche Förderung von staatlicher und privater Seite inzwischen hinreichend für die al-Qaida-nahen Organisationen in Syrien (und auch die Zeit vor 2011) nachgewiesen werden.[27] Auch hier gibt es eine Verbindung von wahhabitischem Denken in der in Qatar vorhandenen Form und dem Dschihadismus.

Bereits in den 1990er Jahren waren nach dem Fall Kabuls Tausende von Afghanistan-Veteranen nach Saudi-Arabien zurückgekehrt, die den militärischen Dschihad als gelebte Erfahrung in die Gesellschaft brachten.[28] Auch wenn davon auszugehen ist, dass nicht alle diese Veteranen Kampferfahrung hatten, bilden sie doch einen Resonanzboden, auf den sich die Anschlagskampagne der al-Qaida auf der Arabischen Halbinsel von 2003 bis 2009 beziehen konnte. Sie stützte sich wesentlich auf einheimische Aktvisten, die im saudischen Erziehungssystem aufgewachsen waren. Dass die Mehrzahl der Attentäter vom 11. September 2001 aus Saudi-Arabien kam, ist in diesen Rahmen einzuordnen. Auch nach dem Scheitern der Kampagne schwingt dieser Resonanzboden weiter, was wiederum vom IS aufgenommen werden konnte.

Auf der theologischen Ebene finden wir in erster Linie eine Reihe von Positionen vertreten, die Hegghammer «klassischen Dschihad» nennt, d. h. die Auffassung, militärischer Kampf sei zur Verteidigung muslimischer Länder erlaubt, aber nicht in Saudi-Arabien selbst als revolutionärer Kampf gegen das Herrscherhaus. Hier sehen wir einen Widerhall der bereits genannten wahhabitisch-salafistischen Loyalität gegenüber dem Herrscher. Aber bereits aus dem Jahr 1989 stammt eine Schrift von Abū Muhammad al-Maqdisī, in der er Saudi-Arabien des Unglaubens bezichtigt.[29] Auch wenn diese Schrift nicht von Beginn an eine große Wirkung in Saudi-Arabien gehabt hat, so nimmt sie doch die Impulse des Moscheebesetzers Dschuhaimān al-ʿUtaibī auf und schließt damit an bestimmte Formen des wahhabitischen Denkens an.

Der Topos der Ungläubigkeit des saudischen Regimes und seines Bündnisses mit den Ungläubigen, vor allem mit den USA und Israel,[30] ist durch die gesamte dschihadistische Propaganda hindurch zu finden. Der IS macht davon in zahlreichen Bildern, Videos und Texten reichlich Gebrauch. Es gibt auch Abhandlungen, in denen versucht wird nachzuweisen, Saudi-Arabien gehöre zum «Gebiet des Unglaubens» (*dār al-kufr*). Eine dieser Schriften wurde von dem österreichisch-deutschen Dschihadisten Muhammad Mahmūd verfasst, angeblich während seiner Haft in Österreich.[31] In einem anderen Artikel findet sich das Argument, dass das Kämpfen an der Front des IS besser sei, als die Pilgerfahrt nach Mekka zu unternehmen. Damit wird die zentrale Legitimation Saudi-Arabiens als Staat der Wiege des Islams angegriffen. Auch die wahhabitischen Gelehrten sind Ziele von Attacken und werden als «Gelehrte des Bösen» abqualifiziert, die durch ihr Bündnis mit dem Herrscher kompromittiert seien. Eigene Schriften widmen sich dem Nachweis, dass sie Heuchler seien.[32]

Wenn nun vom IS Schriften Muhammad ibn ʿAbdalwahhābs und seines Enkels neu herausgegeben werden, wenn wahhabitische Schriften zum Lesekanon in der Ausbildung des IS gehören, wird deutlich, dass dieser beansprucht, der wahre Erbe des Wahhabitentums zu sein. Zugleich wendet er sich gegen dessen reale Gestalt, was an al-Albānīs Rettung des wahhabitischen Geistes vor den wahhabitischen Gelehrten erinnert.

Kampfgruppen, einsame Wölfe und Auswege

Im Folgenden wollen wir in einem kurzen Abriss der Geschichte des Dschihadismus und den Strukturelementen des dschihadistischen Denkens und Handelns nachgehen, die uns die Beziehungen zum Salafismus und Wahhabismus erkennen lassen. Bereits bei der Besetzung der Großen Moschee in Mekka 1979 zeichneten sich ja, wie oben gesehen, Verbindungen zum Wahhabitentum ab.

Spätestens seit den 1970er Jahren finden wir in verschiedenen arabischen Ländern Untergrundgruppen, die mit Gewalt gegen ihre jeweiligen Regime, den ihnen am nächsten stehenden Feind, kämpfen.[33] Teile dieser Gruppen fanden sich nach der sowjetischen Invasion Afghanistans Ende 1979 in Pakistan und dann in Afghanistan zusammen, um mit anderen Freiwilligen gegen die Rote Armee zu kämpfen. Dies, das lässt sich sagen, ist die Wiege des transnationalen Dschihadismus, der sich heute global auch gegen fernere Feinde wie die USA oder Europa wendet und nicht mehr hauptsächlich gegen die nationalen Regime in der islamischen Welt. Zentraler Ort dieser Konstruktion war die pakistanische Stadt Peschawar, in der sich die Afghanistan-Freiwilligen vor ihrer Weiterreise sammelten und ihre nationalen Erfahrungen in einen transnationalen Rahmen verschmolzen.[34]

Wichtige Triebkräfte dieser Freiwilligenbewegungen waren neben der Finanzierung von saudischer Seite – auch durch Privatpersonen wie Usāma bin Lādin – die organisatorische Stützung durch Netzwerke der Muslimbruderschaft, die den aktivistischen Impuls lieferte. Paradigmatisch ist dafür die Gestalt ʿAbdallāh ʿAzzāms, der dem Korpus dschihadistischer Theologie wesentliche neue theologische Elemente hinzufügt:[35] Der militärische Dschihad wird zur Pflicht für jeden einzelnen Muslim;[36] der defensive militärische Dschihad bedeutet die Rückeroberung aller jemals muslimischen Gebiete; weitergedacht, wird die Abwehr des globalen Angriffs auf «den Islam» zum globalen Kampf; der gefallene Kämpfer wird zur Identifikationsfigur, zum «Blutzeugen» (*schahīd*).

Theologisch sind in den auf die afghanische Erfahrung folgenden Jahren wenige neue Ideen im dschihadistischen Bereich produziert worden. In entsprechenden Internetforen und anderen Onlineseiten werden neben den Gelehrten Ibn Taimīya und Ibn

al-Qayyim al-Dschauzīya auch andere ältere Autoren herangezogen. Es gibt im engeren Sinne dschihadistische Autoren, aber
auch solche mit Muslimbrüderhintergrund, wahhabitische Autoren, dazu auch einige andere salafistische.[37] Manche Konzepte
wie Assoziation und Dissoziation (*al-walā' wa'l-barā'*, siehe
S. 118 ff.) sind weiterentwickelt und verschärft worden, zumeist
jedoch wurden die bekannten Konzepte in anderer Form – bis
hin zu Gedichten – weiterverarbeitet.

Die folgenreichste Innovation vollzog sich mit dem Auftreten
des IS und der Ausrufung des IS-Kalifates. Während das Kalifat
für al-Qaida eher ein Fernziel mit unbestimmtem Realisierungs-
zeitpunkt war, ist es für den IS zum unabdingbaren Bezugspunkt
geworden. Ein erfolgreicher gewaltsamer Dschihad ist nur mit-
tels eines erfolgreich kämpfenden IS-Kalifates möglich. Das
dschihadistische Konzept der am Ende der Zeiten «siegreichen
Gruppe» (*at-tā'ifa al-mansūra*)[38] findet im IS-Kalifat zu seiner
greifbaren Gestalt, was einen großen Anteil der Attraktivität
dieser Gruppe ausmachte.[39]

Von anderen dschihadistischen Strömungen wurde die Ausrufung des IS-Kalifats heftig kritisiert; der bereits mehrfach genannte al-Maqdisī zählt zu den deutlichsten Kritikern und wird
deshalb vom IS ebenfalls scharf angegriffen. Die Auseinandersetzung um die richtige Strategie in Syrien führte al-Maqdisī und
andere Denker dazu, den militärischen Dschihad in ihrem Hei-
matland auszusetzen. Welche weiteren Entwicklungen sich aus
dem Krieg in Syrien, im Irak und darüber hinaus ergeben, bleibt
abzuwarten. Angesichts dessen, dass die meisten kämpfenden
Gruppen in Syrien einen dschihadistischen Hintergrund haben,[40] ist die beinahe verzweifelte Konstruktion von immer wieder neuen moderaten Kräften, die unterstützenswert seien, geradezu absurd.

Radikalisierungsprozesse in die dschihadistische Gewalt hinein
sind immer wieder Wandlungen unterworfen. Ein bekanntes
Phänomen ist der Terrorismus der «einsamen Wölfe», der *lone
wolves*, deren Attentate scheinbar oder tatsächlich von Einzeltä-

tern begangen werden. Allerdings ist häufig festzustellen, dass es bei diesen Attentätern Verbindungen zu Netzwerken gibt, die sowohl operational wie im Framing der Anschläge die einzelnen Attentäter leiten, sie gewissermaßen virtuell führen.[41]

Ferhad Khosrokhavar nennt diesen neuen Typus von Dschihadisten den «introvertierten Dschihadisten».[42] Dieser ist nicht mehr unbedingt an seinem Äußeren zu erkennen; er versucht, nicht aufzufallen, um nicht auf dem Radarschirm der Sicherheitsbehörden sichtbar zu werden, und operiert allein oder in Kleinstgruppen, um die Identifizierung zu erschweren. In diesen Kleinstgruppen entstehen neue Beziehungen zwischen einer starken Persönlichkeit, die Khosrokhavar den «Radikalisierer»nennt, und schwachen Mitgliedern, die er «Radikalisierte» nennt.

Die Bildung von kleinen Zellen ist bereits systematisch von dschihadistischen Theoretikern vorgedacht worden, zum Beispiel von Abū Musʿab as-Sūrī,[43] einem der einflussreichsten dschihadistischen Vordenker (es ist weiterhin unklar, ob er noch lebt). Er hat in seiner Programmschrift «Aufruf zum globalen islamischen Widerstand»[44] (*daʿwa al-muqāwama al-islāmīya al-ʿālamīya*)[45] ein Kapitel über «die Schule des individuellen militärischen Dschihad und die kleinen Zellen»[46] eingefügt. Er führt diese Form terroristischer Operationen auf die Frühzeit des Islams zurück, eine übliche Strategie, sich die islamische Geschichte anzueignen und Legitimität herzustellen. As-Sūrī sieht den Erfolg solcher Operationen im «Ausmaß des Terrors und der Furcht, den sie bei den Feinden verbreiten».[47] Er schreibt:

> Diese spontanen Aktionen durch diese oder jene Einzelpersonen oder kleinen Zellen überall in der Welt, die keine Verbindung untereinander haben, stürzten die nationalen und globalen Sicherheitsapparate in völlige Verwirrung. Denn die Festnahme von Teilen jener Zellen hat keine Auswirkungen auf den Operationsbereich der anderen, die keine Verbindung zu ihnen haben.[48]

Anschläge im Zug bei Würzburg, in Berlin, in Orlando 2016 und verschiedene aufgedeckte Anschlagsvorbereitungen weltweit können wir als eine Form der Verwirklichung solcher schon lange bekannter Ideen verstehen. Daneben kommt es zu Aktionen größerer Einheiten, die organisatorisch an dschihadistische Gruppen angebunden sind. Dafür gibt es leider genug Beispiele in jüngster Zeit, etwa die gut organisierten Anschläge in Paris und Brüssel 2016.

Gibt es Wege, die aus dem Dschihadismus herausführen? Die vielfachen Deradikalisierungsprogramme sind Versuche, solche Wege zu definieren. Manchmal bewirkt der Lauf des Lebens eine ähnliche Entwicklung, wie wir an folgendem Beispiel sehen:

Ein jordanischer Jugendlicher, er sei Mu'ayyad genannt,[49] wandte sich bereits früh der dschihadistischen Strömung zu. Die Gruppe, der er angehörte, schöpfte ihre Weltanschauung aus Schriften von Muhammad al-Maqdisī, aus dem Buch *Maʿālim fi't-tarīq* («Wegzeichen») von Sayyid Qutb, dem Theoretiker der ägyptischen Muslimbrüder, und aus Ideen der ägyptischen dschihadistischen Organisation *al-Dschamāʿa al-islāmīya* («Islamische Gruppe»).

Mu'ayyad begann schon als Schüler, die Ideen dieser Gruppe zu propagieren, und kleidete sich «afghanisch», d.h. er trug ein Langhemd. Die Leute der dschihadistischen Gruppe betrachtete er als seine neue Familie, mit der er immer mehr Zeit verbrachte. Den «wahren» Islam der Gruppe verkündete er bei jeder Gelegenheit, auch in der Schule, was ihn zunehmend in Schwierigkeiten brachte, da er auch staatsfeindliche Ideen verbreitete.[50]

Als Mu'ayyad später in der Oberstufe zwei Personen kennenlernte, eine aus den Reihen der Muslimbruderschaft mit sufischen Neigungen und einen saudischen salafistischen Universitätsdozenten, die beide über sehr viel mehr Wissen als er oder die Mitglieder seiner Gruppe verfügten, tat sich ein Riss in seiner stabilen Weltsicht auf. Er erkannte, dass die Logik seiner dschihadistischen Freunde die einer «ständigen Konfrontation mit Staat und Gesellschaft» war: «Gefängnis oder trotz aller Repressionen weitermachen». Erst mit achtzehn kam er zu dem

Schluss, dass dies dazu führte, dass man «sich von der Welt ab-schottete, nicht arbeitete, nicht studierte und sich am öffentli-chen Leben nicht beteiligte».[51]

In einem mühsamen Prozess, der durch die staatlichen Re-pressionen verstärkt wurde, wandte sich Mu'ayyad schließlich einem traditionalistischen, unpolitischen Salafismus und den Muslimbrüdern zu. Es dauerte vier Jahre – inzwischen hatte er geheiratet und suchte Arbeit –, bis er sich öffentlich dazu be-kannte. Heute sieht er sein früheres dschihadistisches Engage-ment als verlorene Zeit an, in der er viele Gelegenheiten, ein er-füllteres normales Leben zu führen, verpasst hat – und Zuflucht im Dschihadismus gesucht hat. Dies lässt sich daraus erklären, dass es ein Vakuum gab, in dem gemäßigte Gelehrte und Denker fehlten, die in zeitgemäßer Form eine Sicht des Islams hätten vermitteln können, welche auch die emotionalen Bedürfnisse junger Leute befriedigen könnte.[52]

Mu'ayyad hat sich zwar von der Gewalt abgewandt, verbleibt aber mangels Alternativen in einem religiösen Milieu, das keine klaren theologischen Trennlinien zum Dschihadismus aufweist, so dass eine Rückwendung dorthin nicht auszuschließen ist.

Häufig zu beobachtende Elemente eines Deradikalisierung-prozesses werden an diesem Fall sichtbar: die allmähliche Ab-wendung vom radikalen Milieu durch veränderte eigene Lebens-umstände, die negativen Folgen einer Weiterführung des alten Lebensstils, etwa aufgrund staatlicher Repression, die Verände-rung des geistigen Bezugsrahmens sowie die Etablierung neuer Bezugspersonen.

Wir haben über Salafismus und Wahhabismus gesprochen, auch die Muslimbrüder kamen immer wieder ins Bild. Man könnte denken, alle diese Strömungen seien irgendwie eins. Tat-sächlich sind die Beziehungen aber komplexer, eine direkte Kau-salität Wahhabismus → Salafismus → Dschihadismus lässt sich nicht feststellen. Alle behandelten Phänomene gehören aber zu den Bedingungen, die eine solche Strömung möglich machen.

10. Perspektiven des Salafismus

Salafismus ist auch anders denkbar, als bisher beschrieben. Wenn wir davon ausgehen, dass es keine religiöse Essenz zu identifizieren gibt – es sei denn, durch einen Glaubensakt –, mag es nicht verwundern, dass es Wege in dem irritierenden Labyrinth des Salafismus gibt, die auf ganz andere Pfade führen.

Wandlungen und neue Wege

Um die zu Beginn dieses Buches beschriebenen Irritationen noch etwas zu verstärken, sei auf eine sicherlich kleine Untergruppe der salafistischen Strömung in Ägypten hingewiesen: die Salafyo Costa. Worum handelt es sich? Zuerst einmal ganz einfach um Salafisten, die sich in einer Filiale der Kaffeehauskette Costa treffen. Wie es ein Blogger formuliert: «Salafisten meinen es ernst mit Gott, der Scharia und ihrem Kaffee.»[1] Diese Gruppe entstand, als in der Filiale der internationalen Kette Costa in Mohandesin in Kairo einer Gruppe von salafistisch gesinnten Freunden die Ablehnung anderer Kunden entgegenschlug. Sie wollten, so einer der Gründer der Salafyo Costa, es nicht akzeptieren, dass bärtige Salafisten bei Costa einen Kaffee trinken dürfen.[2] Als Reaktion darauf gründeten sie eine Facebook-Gruppe mit dem Namen Salafyo Costa. Sie stellten auch einige Videos online, die das gängige Salafistenbild konterkarieren. Der Film *Aina mahallī?* (Wo ist mein Laden?), in dem Salafisten mit Nichtmuslimen zum Wohl Ägyptens zusammenarbeiten, zeigt recht gut den Aufruf zur Toleranz seitens der Gruppe. Die Ansichten zum Verhältnis zwischen Männern und Frauen sind allerdings weiterhin eher konservativ.

Es ist bereits erwähnt worden, dass die salafistisch-wahhabitische Landschaft in Saudi-Arabien keine Einöde ist, in der es keine Differenzierungen und Entwicklungen gibt. In neuerer Zeit sind Entwicklungen zu beobachten, die dem oberflächlichen Blick entgehen. Schauen wir genauer hin.

In Saudi-Arabien ist eine kleine Strömung entstanden, die in einer anderen Weise salafistisch/wahhabitisch argumentiert als die wahhabitischen Mainstreamgelehrten oder die Vertreter der Bewegung Islamisches Erwachen (*sahwa*). Sie wird mit unterschiedlichen Namen versehen, die sich als «Modernisten» zusammenfassen lassen.[3]

Diese Modernisten bewegen sich ebenfalls im Rahmen religiös definierter Vorstellungen, versuchen diese aber zu nutzen, um sich gegen die religiös motivierte Unterdrückung zu wenden. Wie geht dies vor sich?

Die Modernisten interpretieren und durchdenken religiöse Texte neu, um ein Projekt zu begründen, das auf politische Repräsentation und politische Rechte zielt, letztlich auf eine demokratisch legitimierte Regierung. Formulierte Ziele sind eine demokratisch gewählte Nationalversammlung und eine freie Zivilgesellschaft. So werden Begriffe wie *hisba* (in etwa «Wahrung der Ordnung»), die heute als Grundlage religiös legitimierter Unterdrückung dienen, als Instrument einer Zivilgesellschaft redefiniert, die die individuellen und kollektiven Rechte gegen den Staat verteidigt. Es geht um die Formulierung von Antworten auf dringende Probleme der Gegenwart, die in autoritativen Texten religiös begründet werden.[4]

Und noch ein abschließendes Beispiel. Es ist kaum vorstellbar, dass ein Buch existiert, das mit einem psychedelischen Ayahuasca-Trip und einem nachfolgenden Gebet in der Moschee beginnt und den Titel trägt «Warum ich ein Salafist bin». Doch tatsächlich hat Michael Muhammad Knight, ein US-amerikanischer Autor, der u. a. durch seine Novelle *Taqwacore* weiteren Kreisen bekannt geworden ist, ebendieses Buch geschrieben, Originaltitel *Why I am a Salafi*, erschienen 2015.[5] Knight schreibt, dass ihm die Salafisten in ihrer Bewegung hin zu den Ursprüngen des Islams eigentlich nicht radikal genug seien:

> Wenn der Islam allein der Weg des Propheten und seiner Gefähr-
> ten ist, dann kann der Islam in unserer Welt nicht existieren; ich
> habe keine andere Wahl als alle für ungläubig zu erklären (tak-
> fīr), ihr seid alle raus aus dem Spiel.[6]

An anderer Stelle beschreibt Knight einige grundsätzliche Fragen, mit denen der Salafismus sich seinem Selbstverständnis
nach auseinandersetzen sollte:

> Die Prophetengefährten brauchten nicht die innovativen Struk-
> turen, die spätere Muslime entwickelten, um das Erbe der frühen
> Gemeinschaft zu bewahren, zu interpretieren und zu regulieren.
> Das ist ein Problem, auf das mich der Salafismus aufmerksam
> macht. Obwohl: die Salafisten vertrauen zu sehr auf ihre eigenen
> methodischen Vorannahmen, als dass sie allen Konsequenzen
> der Problemstellung entgehen könnten. Das Zeitalter der from-
> men Altvorderen endet nach der dritten Generation (der folgen-
> den Generation nach der Folgegeneration der Prophetengefähr-
> ten), aber späteren Gelehrten wird vertraut, dass sie das Beispiel
> der Salaf bewahrt und überliefert haben und uns ihre Imitation
> [des prophetischen Beispiels] zugänglich gemacht haben. So wie
> ich das «Drei-Generationen-Modell» verstehe, heißt Salafismus,
> ernst zu nehmen, mit der Kritik weiterzugehen, als es Salafisten
> im Allgemeinen wollen. Die salafistische Version einer Verfalls-
> geschichte und fortschreitenden Herunterkommens zwingt mich
> zu sagen, dass der idealisierte «Weg der Altvorderen» unmöglich
> ist. Wenn ich nicht behaupten kann, die Variante des Islams zu
> kennen, an der alle anderen gemessen werden sollen […], macht
> mein allgemeines Für-Ungläubig-Erklären das Gegenteil von
> dem, was takfīr im allgemeinen beabsichtigt: Die Türen sind of-
> fen, um jeden einzulassen.[7]

Wenn Knight also davon spricht, dass er Salafist ist, ist er es in dem Sinne, dass er auch die Grundlagen des Salafismus ins Wanken bringt und damit den Anspruch der Salafisten auf die Herrschaft über die sunnitische Überlieferung bestreitet.

So erscheint es möglich, dass das salafistische Denken von heutigen Muslimen verinnerlicht und auf Wege geführt wird, die ganz andere sind als diejenigen, die die aktuellen Führungsfiguren dieses schwankenden Gebildes Salafismus zu kennen meinen.

Islamische Gegenstimmen

Eine wichtige Rolle auf der Suche nach solchen Wegen werden auch andere islamische Sichtweisen spielen, die salafistischen Ideen und Handlungen kritisch gegenüberstehen. Dass solche Stimmen wahrgenommen und als Bedrohung verstanden werden, zeigen die Reaktionen auf eine Konferenz hochrangiger islamischer Vertreter im tschetschenischen Grosny im August 2016. Diese Konferenz forderte entschiedene Maßnahmen gegen gewalttätigen und extremistischen Islam, für den der Salafismus und insbesondere Saudi-Arabien verantwortlich gemacht wurden. Empörte Stimmen in Zeitungen, Fernsehen und sozialen Medien in Saudi-Arabien wurden laut; salafistische Repräsentanten, aber auch manch andere islamische Vertreter griffen die Konferenz scharf an.[8]

In Europa entwickeln zahlreiche Einzelpersonen, Gruppen in der Zivilgesellschaft sowie universitäre Institutionen Positionen, die dem Salafismus und damit verbundenen Ideen kritisch gegenüberstehen. Manche mögen erkenntnistheoretisch nicht sehr weit gediehen sein,[9] andere entwickeln jedoch zum Beispiel aus der praktischen Jugendarbeit auch eine deutliche theologische Kritik. Generell scheint das Problem in einer mangelnden Koordination solcher Initiativen zu liegen.

Die avanciertesten Versuche einer solchen Kritik am Salafismus scheinen indes aus Indonesien zu kommen. Insbesondere in der größten muslimischen Organisation weltweit, der Nahdlatul

Ulama (NU),[10] werden Initiativen gegen salafistische, dschihadistische und politisch-islamische Einflüsse entwickelt.

Die Nahdlatul Ulama ist seit einigen Jahren in eine auch theologische Auseinandersetzung mit diesen Strömungen eingetre-
ten, die alle in diesem Buch behandelten Phänomene betrifft,
also über den Salafismus hinausreicht. Ausgangspunkt war seit
Mitte der 2000er Jahre die Analyse der Wege, auf denen insbesondere aus dem arabischen Raum unterstützte Bewegungen in
Indonesien an Einfluss gewannen und den einheimischen indonesischen Islam angriffen. Daraus ergab sich die Notwendigkeit,
eine kohärente theologisch-religiöse Kritik zu entwickeln, die
beispielsweise aus der religiösen Tradition heraus argumentiert,
dass ein Kalifat mitnichten eine seit prophetischen Zeiten vorge-
sehene islamische Regierungsform sei.[11]

Die Ergebnisse dieser Aktivitäten wurden in einem Band mit
dem Titel *The Illusion of an Islamic State*[12] gebündelt und konnten sogar indonesische Wahlen zuungunsten politisch-islamischer Kräfte beeinflussen. Dieser Band wurde von den beiden
größten islamischen Organisationen Indonesiens (und der Welt),
der NU und der Muhammadiya, veröffentlicht. Flankierend gab
es Maßnahmen wie die Produktion von anti-extremistischen
Liedern durch einen der populärsten indonesischen Sänger.

Mit dem Aufkommen des IS wurden weitere Initiativen unter-
nommen. Man produzierte und verbreitete Videos und lange
Filme mit einer anti-extremistischen Botschaft und einer Betonung des eigenen indonesischen Islams, *Islam Nusantara*[13] genannt. Als grundlegendes Prinzip dieses indonesisch gelebten
und gedachten Islams wird immer wieder der Satz genannt, der
Islam sei *rahmatan li'l-'ālamīn* auf die Welt gekommen, als
Wohltat für alle Geschöpfe auf der Welt.[14]

Diese zu Beginn innerindonesischen Bemühungen werden
jetzt globalisiert. Eine wichtige Initiative in dieser Hinsicht bildete die Abhaltung des International Summit of Moderate Islamic Leaders (ISOMIL) vom 9. bis 11. Mai 2016. In der Abschlusserklärung der NU auf dieser Konferenz finden sich u.a.
folgende Punkte:

2. Die Nahdlatul Ulama beabsichtigt nicht, *Islam Nusantara* in andere Regionen der Welt zu ‹exportieren›. Sie lädt andere einfach ein, sich der Schönheit und Dynamik zu erinnern, die aus dem historischen Zusammentreffen des Geistes und der Lehren des Islam mit der Realität lokaler Kulturen überall in der Welt entstand [...]

8. Die Nahdlatul Ulama betrachtet bestimmte Arten, den Islam zu interpretieren [...], als den bedeutendsten Faktor, der die Ausbreitung von religiösem Extremismus unter Muslimen hervorruft. [...]

11. Gewisse Regierungen im Nahen Osten leiten ihre politische Legitimität genau aus den problematischen Interpretationen des Islam ab, die religiösem Extremismus und Terror zugrundeliegen und ihn antreiben.[15]

Ein gewiss zweifelhaftes Kompliment für die Wirksamkeit dieser Aktivitäten ist, dass es inzwischen IS-Gruppen gibt, die unter dem Namen *Islam Nusantara* firmieren – ein weiterer dschihadistischer Versuch, sich islamische Begriffe anzueignen.

Es gibt auch Initiativen in anderen muslimischen Ländern, die sich gegen den in diesem Buch beschriebenen Extremismus wenden. Marokko zum Beispiel startete nach den dschihadistischen Anschlägen von Casablanca im Jahr 2003 vielfältige Initiativen. Eine davon ist die Gründung einer Imam-Schule, in der neben marokkanischen auch Studenten und Studentinnen aus anderen Ländern – besonders aus Westafrika – eine Ausbildung erhalten. Ziel ist die Vermittlung eines toleranten und offenen Islams, der eine Alternative zum salafistisch-wahhabitischen Islam exklusivistischer Art bildet. Hier werden auch handwerklich-technische Fähigkeiten vermittelt, die den Absolventen ein unabhängiges Leben ermöglichen sollen, so dass sie nicht den finanziellen Verlockungen finanzkräftiger salafistischer Netzwerke nachgeben.[16]

Ein wichtiges Element dieser Initiative ist die Ausbildung von

«Religionsberaterinnen» (*murschidāt*), die Frauen in allen Teilen der Gesellschaft ansprechen – unter anderem auch in Gefängnissen. Selbst führende marokkanische Religionsgelehrte betonen inzwischen die Gleichrangigkeit von Männern und Frauen, auch dies eine neue Entwicklung.[17]

Ein weiterer Baustein des marokkanischen Ansatzes ist die Entwicklung eines Radio- und Fernsehnetzwerkes, das, so der marokkanische König, dem Einfluss «aus dem Osten» entgegenwirken soll. Dieses Sendenetzwerk, genannt *as-sādisa* («Das Sechste») sendet eine umfassende Botschaft, die sich als Alternative eines spezifisch marokkanischen Islams versteht.[18]

Naturgemäß ist es schwierig, den Einfluss solcher Initiativen abzuschätzen, aber die marokkanischen Ansätze zeigen die Bereitschaft zur innerislamischen Kritik auch im arabischen Raum. Von marokkanischer Seite wird angestrebt, diesen Ansatz auch in europäischen Ländern mit marokkanischstämmigen Minderheiten umzusetzen.

Wege durch das Labyrinth

Das Labyrinth, in dem wir uns bewegt haben, mag zunächst irritieren, denn Salafismus, Wahhabismus und Dschihadismus haben sich unter unterschiedlichen historischen Bedingungen in verschiedene Richtungen entwickelt. Das Umfeld von Salafismus, Wahhabismus und Dschihadismus ist einerseits von der Moderne geprägt und andererseits von innermuslimischen Entwicklungen, vor allem seit dem 19. Jahrhundert. Nur einige von ihnen konnten hier näher behandelt werden,[1] einige wurden gestreift, etwa die Rolle der Muslimbruderschaft in verschiedenen Ausformungen oder des politischen Islams, andere wurden nur angedeutet, etwa die Entwicklungen im südasiatischen Raum, die immer wieder Rückwirkungen auf den arabischen Raum, aber auch global hatten und haben.

Gemeinsam ist den unterschiedlichen Ausprägungen des Salafismus die Hinwendung zum Text des Korans und der Hadithe, die (mit einigen gelehrten Ergänzungen) als allein maßgeblich gelten. Die Suche nach dem *einen* Islam vernebelt den Salafisten den Blick für die vielfältige, pluralistische Potenz der Geschichte des islamischen Denkens. Vielleicht wäre eine Überwindung der in diesem Buch beschriebenen «Modernisierung» des Islams zielführender als die Konstruktion eines anderen homogenen Islams, sei er noch so moderat, liberal etc., wie er als erhoffter «Reformislam» durch die Medien geistert.[2]

Der Salafismus, der Wahhabismus und die damit verbundenen politischen und ökonomischen Mächte sind zweifellos Teil der heutigen Krise der arabischen Welt, haben aber auch eine globale Ausstrahlung. Dieses Problem ist einerseits innerarabisch, andererseits innermuslimisch zu lösen, auch mit nichtmuslimischer und nichtarabischer Unterstützung.

Die Etablierung und Aufrechterhaltung festgefügter Identitäten, Gedanken und Praktiken sind dem Ziel eines weltweiten friedlichen Zusammenlebens, das sich auf die Anerkennung der Rechte aller Individuen stützt, abträglich und bedrohen den regionalen, nationalen und globalen Frieden. Um sich gegen solche Entwicklungen zu wappnen – dies sollte auch nicht-islamische Strömungen einbeziehen –, ist die differenzierte Beschäftigung mit radikalen Strömungen wie Salafismus und Wahhabismus unabdingbar. Der Salafismus (einschließlich Dschihadismus und Wahhabismus) ist historisch entstanden und daher auch historisch veränderbar. Eine Gegenstrategie muss bei den Aspekten ansetzen, die allen salafistischen Strömungen gemeinsam sind. Dieses Buch sollte einen Beitrag dazu leisten, diese Aspekte zu erkennen, ohne die Unterschiede der salafistischen Strömungen außer Acht zu lassen.

Die individuellen Geschichten einzelner Salafisten und Salafistinnen[3] zeigen, dass es möglich ist, das salafistische Umfeld zu verlassen. Einmal salafistisch bedeutet nicht immer salafistisch. Das sollten wir im Umgang mit Salafisten nicht aus den Augen verlieren.

Anmerkungen

Begriffe, Irritationen, Ordnungsversuche

1 Vgl. zu ihm Sirriyeh 2005, Akkach 2010 und 2007.

2 An-Nābulusī 1343 h, S. 2. Vgl. dazu auch Lohlker 2015 a. Alle Übersetzungen in diesem Buch vom Autor.

3 Eigene Beobachtungen des Verfassers.

4 Der Begriff *ahl as-sunna wa'l-dschamāʿa* wird häufig in salafistisch-wahhabitischen Kreisen benutzt, um den Anspruch zu unterstreichen, die einzig wahrhaft sunnitische Strömung zu sein. Damit wird der Glaube der Mehrzahl der sunnitischen Muslime infrage gestellt. Historisch wird der Begriff allgemein als Bezeichnung für Sunniten verwendet.

5 Die letzten beiden Begriffe werden häufig von dschihadistischen Gruppierungen verwendet. Es gibt auch andere terminologische Überschneidungen zwischen der Schlusserklärung dieser Konferenz und dschihadistischen Diskursen.

6 Tawāṣul 2016.

7 Vgl. dazu z. B. Pany 2016.

8 Vgl. zu ihm Bulos 2016.

9 Vgl. zu ihm Lohlker 2016 d.

10 So Hamming 2016.

11 Hierfür sei auf das lesenswerte Buch Ahmed 2015 verwiesen.

12 Es gibt auch Gruppen, die den gewaltsamen Dschihad ins Zentrum stellen, z. B. die Hamas oder den Islamischen Dschihad in Palästina, die Hizbullah im Libanon, die Taliban in Afghanistan/Pakistan, andere pakistanische Organisationen, Laskar al-Jihad oder FPI in Indonesien. Was diese vom transnationalen Dschihadismus unterscheidet, ist ihr Fokus auf eine Region oder ein bestimmtes Land. Manchmal werden aber auch Anschläge jenseits der Grenzen dieser Region verübt.

13 Siehe die Beispiele in Thomson 2016.

14 Für manche ist es auch nur die erste Generation.

15 Gerlach 2016, S. 55.

16 Abu Rumman 2015. Zu dieser salafistischen Strömung gehören die führenden saudischen Gelehrten Bin Bāz und Ibn ʿUthaymīn, der marokkanische Gelehrte Muhammad ibn ʿAbdarrahmān al-Maghrāwī, Anführer der Vereinigung *ad-Daʿwa ila l-kitāb waʾs-sunna*, der Hadithkundler Nāsir ad-Dīn al-Albānī und die ägyptische Organisation *Ansār as-sunna al-muhammadīya*.

17 Abu Rumman 2015. Zu dieser Strömung rechnet der Verfasser in Saudi-Arabien Muhammad Amān al-Dschāmī und Rabīʿ ibn Hādī al-Madchalī, im Jemen Muqbil ibn al-Hādī al-Wādiʾī, die Schule von al-Albānī in Jordanien, ʿAbdalmalik ibn Ramadān al-Dschazāʾirī in Algerien, verschiedene ägyptische Prediger (u.a. Muhammad Saʿīd Raslān) und andere im Libanon.

18 Abu Rumman 2015. Hier werden vom Verfasser keine Einzelpersonen genannt, für Jordanien am prominentesten ist immer noch Abū Muhammad al-Maqdisī.

19 Abu Rumman 2015. Zu dieser Strömung zählt der Verfasser ʿAbdarrahmān ʿAbdalchāliq in Kuwait, den eher transnationalen Muhammad Surūr Zayn al-ʿĀbidīn und die nach ihm benannte Strömung der Surūrīya, *as-sahwa al-islamīya* in Saudi-Arabien, Vereinigungen im Jemen, in Kuwait und Bahrain, *dāʿī al-islām* asch-Schahhāl im Libanon und Muhammad ibn ʿAbdalmaqsūd in Ägypten.

1. Ursprung und Geschichte des Salafismus

1 Da von interessierter Seite gezielt eine vergleichende Sicht mit einer Identifikation vermengt wird, sei hier noch einmal betont, dass ein Vergleich keine Identifizierung bedeutet – auch wenn dies angesichts der Verwahrlosung des öffentlichen Diskurses kaum helfen wird.

2 Reiter 1986, S. 69.

3 Spener 1841, S. 100.

4 Es ist vielleicht das Problem zeitgenössischer alternativer islamischer Sichtweisen, dass es ihnen an der Fähigkeit zur Einfalt mangelt, die eine komplexe Vielfalt ausdrückt. Die Einfalt der Beschränktheit ist um vieles erfolgreicher.

5 Vgl. Lohlker 2008, S. 173 ff.

6 Vgl. dazu z. B. Zilfi 1986.

7 Unter dem Begriff ‹Subjekt› ist hier keine Form moderner, westlicher Subjektivität zu verstehen, vielmehr eine spezifische Einpassung in ein neu konstruiertes islamisches Umfeld.

8 Zu ihm und seiner am meisten rezipierten Schrift vgl. Ivanyi 2012 und Kemper 1998, S. 147 ff.

9 Immer noch erhellend dazu Koenigsberg 1977.

10 Die eminente Wichtigkeit der inneren Reform und der Frömmigkeit lässt mich auf den Begriff Pietismus zurückgehen und nicht auf Alternativen wie den unlängst von Assmann aufgegriffenen des Puritanismus, der m. E. zu sehr auf das Element der Rückkehr und Reinigung abstellt (Assmann 2016, S. 17). Inhaltlich scheint mir der Unterschied zwischen beiden Sichtweisen nicht zu groß zu sein.

11 Lohlker 2008, S. 177 ff.

12 Vgl. im Detail Dobbin 2004. Für einen kurzen Überblick, dem ich hier folge, s. Ricklefs 2001, S. 182 ff.

13 Kozok 2000.

14 Vgl. Sivan 1982.

15 Instruktive Beispiele bietet Michot 2006.

16 Siehe die Beiträge in Rapoport/Ahmed 2010.

17 El-Rouayheb 2010, S. 305; Weismann in Schneiders 2014.

18 Ebd., S. 305 ff.

19 Ich folge hier Weismann 2009. Vgl. Fattah 2003.

20 Ein bekannter Sufi (Chittick 2005). Die Kritik an ihm, an der von ihm begründeten Richtung der «Einsheit des Seins» (s. beispielsweise Lohlker 2016c) und anderen als antinomistisch angesehenen Sufis wird im angesprochenen Text noch weiter ausgeführt.

21 Bekannter Sufi und Philosoph, s. Arvide 2009 und Ibn Sab'in 2005.

22 Eine kleinere schiitische Strömung, deren Anhänger auch als Siebener-Schiiten bezeichnet werden.

23 Messianistische isma'ilitische Bewegung, vom 9.–11. Jahrhundert aktiv.

24 Ibn al-Ālūsī o. J., S. 34.

25 Dass auch hier, wieder ein logischer Bruch vorliegt, wenn einerseits jemand wegen Kritik gepriesen wird, die sonst untersagt ist, muss nicht weiter ausgeführt werden.

26 Azra 2004.

27 Vgl. z. B. die Einleitung in Levtzion/Voll 1987; auf die daran anschließende Diskussion kann hier nicht eingegangen werden.

28 Zu ihm Alavi 2011 oder Preckel 2005.

29 Jokisch 1996; aber auch zu anderen Fragen gibt es von ihm höchst interessante Positionen (s. Nigst 2011).

30 Die Literatur über Neuerungen hat auch andere Ausprägungen als die Ibn Taimīyas (s. Lohlker 2002a).

31 Vgl. Krawietz 2014, S. 77 f.

32 Vgl. Krawietz 2014, S. 81 f.

33 Die Darstellung schließt an Krawietz 2014a an; vgl. Krawietz/Tamer 2013.

34 Vgl. Krawietz 2014a, S. 95 f.

35 Krawietz 2014a, S. 96 f.

36 Es sei gerne eingeräumt, dass der Begriff Salafist in dieser frühen Phase nicht benutzt wurde. Da der Rekurs auf und die Aneignung des Beispiels der ersten islamischen Generationen, der *salaf*, eine Gemeinsamkeit der hier behandelten Phänomene ist, scheint eine solche Begriffsbildung möglich – im vollen Bewusstsein, dass sich dies begriffsgeschichtlich anders darstellt (s. Lauzière 2015), sei dies vermerkt.

37 Zu beiden siehe Kerr 1966 und Keddie 1972.

38 Vgl. Younis 2015, pos. 317 (e-book).

39 Vgl. Weismann 2014, S. 108.

40 Vgl. Weismann 2014, S. 111.

41 Für die Rolle des Bezugs auf Ibn Taimīya in der anti-osmanischen Opposition in Syrien s. Weismann 2001 im Detail.

42 Vgl. Weismann 2014, S. 112.

43 https://web.archive.org/web/20070408160837/http://www.el-mouradia.dz:80/francais/algerie/portrait/Archives/badis.htm (letzter Zugriff 28.10.2016).

44 Vgl. Weismann 2014, S. 114.

45 Lacroix 2010, S. 100.

46 Die meisten sind als Audiodateien im Internet verfügbar; s. http://www.alalbany.net/ (letzter Zugriff 18.10.2016).

47 Zu seiner Methode vgl. Amin 2004.

48 Pall 2013, S. 39–40.

49 Die Verkörperung des Bösen in islamischen Endzeitvorstellungen.

50 Hier wird ein genuin salafistischer und politisch-islamischer Begriff auf andere religiöse Strömungen übertragen.

51 Vgl. dazu Baer 2010. Es handelt sich um eine Gruppe von zum Islam konvertierten Juden, denen vorgeworfen wird, die Säkularisierung des Osmanischen Reiches bzw. der Türkei führend betrieben zu haben, eine sehr verbreitete Verschwörungstheorie, an die hier angeknüpft wird.

52 Eine Siebenerschiitische Dynastie, die vom 10.–12. Jahrhundert in Nordafrika und auch in Syrien herrschte (Halm 1991 und 2003).

53 Für beides werden religiöse Begriffe benutzt.

2. Salafismus, Wahhabismus und Saudi-Arabien

1 Vgl. Steinberg 2014, der aber auch treffend vom Mutterland des Salafismus spricht.

2 Commins 2015, S. 162.

3 Die europäische Wahrnehmung des Wahhabitentums war in früherer Zeit etwas nuancierter, als sie es heute ist (s. Bonacina 2015).

4 Das geht bis zu einer Studie des General Military Intelligence Directorate des Regimes von Saddam Hussein, die sich mit der Entstehung der wahhabitischen Bewegung befasst – unter besonderer Berücksichtigung des britischen Einflusses (http://fas.org/irp/eprint/iraqi/wahhabi.pdf) (letzter Zugriff 10.07.2016).

5 Peskes 1993, S. 15–16. Es gibt hier eine Parallele zur Selbstbezeichnung von Salafisten und Dschihadisten als «Muslime», was impliziert, dass andere Muslime eben keine wahren Muslime sind (s. o.).

6 http://ammanmessage.com/the-three-points-of-the-amman-message-v-1/ (letzter Zugriff 12.08.2016).

7 Al-Atawneh 2010, S. 56.

8 Ich folge hier Delong-Bas 2004, S. 17 ff., ein sonst nicht unproblematisches Werk.

9 Zu diesem Netzwerk s. Voll 1975.

10 Ich folge hier in erster Linie Peskes 1993, S. 16 ff.

11 Die Zugehörigkeit zu einer anderen Religionsgemeinschaft ist für ihn nicht das zentrale Problem, da dann die Definition als Nichtmuslim greift.

12 Er geht bei seiner Definition des *širk* weit über die sunnitische Mehrheitsmeinung seiner Zeit hinaus.

13 Dies zielt in erster Linie auf die ihm zeitgenössischen Sufis, die islamischen Mystiker. Hier setzt die spätere salafistisch-wahhabitische Feindschaft gegen die Sufis an.

14 Alles aus dem *Kitāb at-tauhīd*, dem «Buch über die Einheit Gottes».

15 Diese Exklusivität wird in der saudischen Praxis durch eine gewisse Akzeptanz auch der drei anderen sunnitischen Rechtsschulen gemildert, die zu einer Haltung jenseits der Rechtsschulen tendiert (u. a. Al-Atawneh 2010, S. 72 ff.).

16 Allerdings standen später hanbalitische Rechtshandbücher in kritischer Auswahl auf dem wahhabitischen Lehrplan; auch das saudische Rechtswesen orientierte sich nach 1928 an hanbalitischen Rechtshandbüchern (Steinberg 2002, S. 108 ff.).

17 Vgl. Algar 2002, S. 114 ff.

18 Der erste Band einer Werkausgabe von Muhammad ibn ʿAbdalwah-hāb führt auf dem Titelblatt neun Einzelwerke an, die insgesamt 412 Seiten füllen, inkl. Inhaltsverzeichnis und allem anderen (*Muʾallafāt* Bd. 10. J.).

19 Nach der Übersetzung von Rudi Paret.

20 Gemeint ist Abraham/Ibrāhīm.

21 Wir sehen auch hier die bereits angemerkte atomistische Lesart des Korans, in der Bruchstücke von Koranversen als Belegstellen benutzt werden.

22 Es werden dann Hadithsammlungen genannt, in denen diese Überlieferung vorkommt. Da nicht eindeutig ist, von wem sie eingefügt worden sind, werden sie hier weggelassen.

23 Auch hier wird die Angabe der Hadithsammlung weggelassen (s. o.).

24 Eine der bedeutendsten sunnitischen Hadithsammlungen.

25 Ebenfalls ein Überlieferer von Hadithen.

26 *Muʾallafāt*, Bd. 10. J., S. 18.

27 Sein Werk zu diesem Thema wird weiterhin gerne verbreitet – auch an vielleicht unerwarteter Stelle, z. B. einer schwedischen islamischen Internetpräsenz (http://www.moslim.se/maktaba/kotob/ageedah-srad-taymiyah.htm; letzter Zugriff 19.08.2016). Auch Bearbeitungen des Werkes werden bis in die Gegenwart gedruckt (u. a. in Saudi-Arabien) und sind online erhältlich, so z. B. Al-Baʿlī 1422 d. H.

28 Enthalten ist hier ein Bezug auf die erste Sure des Korans und damit auch auf das tägliche Gebet, in dem diese rezitiert wird. Auch salafistische Internetpräsenzen nutzen diese Bezeichnung in ihrem Titel, z. B. https://ihdinasiratalmustaqeem.wordpress.com/ (letzter Zugriff 19.08.2016).

29 Für dies und das folgende schließe ich mich Wagemakers 2009, S. 88 ff. an.

30 Hier sind unter dem Begriff eher die anti-wahhabitischen Muslime zu verstehen. Die hier angesprochene Schrift ist Ausdruck der Krise und Niederlage des ersten saudisch-wahhabitischen Islams.

31 Sulaimān 2002, S. 5.

32 Ebd.

33 Steinberg 2002, S. 426 f.

34 Commins 2006, S. 71 ff.

35 Steinberg 2002, S. 427.

36 Hier wird die eher englischsprachige Umschrift benutzt, um das Anknüpfen an die englischsprachige Sekundärliteratur zu erleichtern.

37 Mit großer Detailliertheit Steinberg 2002, S. 431 ff.

38 Vgl. Commins 2006, S. 80 ff.; die Besetzer der großen Moschee in Mekka 1979 bezogen sich auch auf die Revolte der Ichwān.

39 Steinberg 2002, S. 431 f.

40 Steinberg 2002, S. 625.

41 Commins 2006, S. 144 nennt das Jahr 1864.

42 Ahmed 2015, S. 80 ff.

43 Ebd., S. 28 f.

44 Ebd., S. 29 ff.

45 Vgl. Riexinger 2004 und Steinberg 2002.

46 Vgl. Lohlker 2015 b.

47 Allerdings gibt es doch relevante Unterschiede, angefangen mit der Orientierung der *Ahl-i hadīth* an der hanafitischen Rechtsschule, die eine summarische Zurechnung dieser Strömung zu den Salafisten als falsch erscheinen lässt.

48 Commins 2009, S. 144.

49 Commins 2009, S. 145.

50 Lacroix 2010, S. 108.

51 Steinberg 2002, S. 609.

52 Nach Gharaibeh 2014, S. 120 f.

53 Al-Dschāmī erzählt in einem Vortrag, Harrās, der ein Spezialist für Philosophie und Logik gewesen sei, habe die Aufgabe erhalten, als Dissertation eine Widerlegung Ibn Taimīyas zu schreiben. Nachdem er drei Monate (eine für die Menge der Schriften Ibn Taimīyas rekordverdächtig kurze Zeit) die Werke Ibn Taimīyas studiert habe, sei ihm klar geworden, dass er den Islam nicht verstanden hatte, bevor er durch die Rechtleitung Gottes diese Werke gelesen hatte. Darauf habe er eine Dissertation verfasst, in der Ibn Taimīya als Salafist beschrieben wird (https://www.youtube.com/watch?v=Ta7nCMUwBQM) (letzter Zugriff 24.09.2016). Ein mehrfaches Erweckungserlebnis: Ein Philosoph und Logiker, beides für einen Salafisten *und* Ibn Taimīya ein Gräuel, wird zum «wahren» Islam der Salafisten erweckt. Er erkennt dabei den salafistischen Rang Ibn Taimīyas an und weist das anti-salafistische Ansinnen der al-Azhar zurück, was den Rang der saudischen Lehrstätten als Verkörperung des «wahren» Islams noch einmal bestärkt.

54 Zu ihm und der nach ihm benannten salafistischen Richtung s. o. S. 51.

55 Zu Einzelheiten dieser Entwicklungen s. Steinberg 2002.

56 Oder dies zumindest anstrebt (R. L.).

57 Al-Rasheed 2007, S. 58.

58 http://www.nytimes.com/2015/11/21/opinion/saudi-arabia-an-isis-that-has-made-it.html (letzter Zugriff 12.09 201).

59 Fatwa Nr. 3303 (Al-Atawneh 2010, S. 168).

60 http://www.binbaz.org.sa/noor/11169 (letzter Zugriff 14.06.2016).

61 Bei der Pilgerfahrt in Mekka.

62 D. h., führen letztlich zu ihm (R. L.).

63 http://www.binbaz.org.sa/fatawa/2 (letzter Zugriff 20.09.2016).

64 Peskes 1993, S. 49 ff.

65 Redissi 2015, Pos. 625 (es handelt sich um ein E-Book).

66 Heck 2012.

67 Haykel 2003.

68 Radtke 2000 auch mit einer Edition eines Streitgesprächs zu diesem Thema.

69 Lacroix 2010, S. 66.

70 Im modernen Sinne als positiv anwendbares Recht.

71 Lacroix 2010, S. 67 f.

72 Lacroix 2010, S. 290 ff.

73 Vgl. Lacroix 2010.

74 Adraoui 2013, S. 188 ff.

75 Schanzer/Miller 2012, S. 1 f.

76 Seine Homepage findet sich unter http://alfawzan.af.org.sa/ (letzter Zugriff 14.08.2016). Die Internetpräsenz al-Fauzāns wird über mehrere Plattformen gespielt, neben der Homepage ein YouTube-Kanal, Facebook und Twitter.

77 Für beide s. Adraoui 2013, S. 75 f.

78 Benutzt wird der Begriff *fitra*, der die von Gott anerschaffene Natur des Menschen meint. Ein Zuwiderhandeln gegen diese beinhaltet also ein Zuwiderhandeln gegen die göttlich geschaffene Natur.

79 Es gibt auch allgemeinmenschliche natürliche Dispositionen.

80 Fauzān o. J., S. 11.

81 Seine Homepage findet sich unter http://rabee.net/ar/ (letzter Zugriff 14.08.2016). Die Homepage zeigt auch die Verankerung in der wahhabitisch-salafistischen Geschichte, wenn Empfehlungen, Unterstützung etc. von Bin Bāz, al-Fauzān oder al-Albānī angeführt werden. Die Internationalität der Ausrichtung zeigt sich in englisch- bzw. französischsprachigen Materialien.

82 Vgl. zu ihm auch das Glossar.

83 Dies sollte allerdings nicht als ein Indikator für irgendeine Form von Liberalität verstanden werden. Das Bestreben, unbedingt liberale oder konservative Vertreter identifizieren zu wollen, geht an der

Realität vorbei und verrät mehr über einen epistemischen Eurozentrismus, als es Aufschluss über die Realität gibt.

84 Vgl. Lacroix 2010, S. 102 ff.

85 Die Bestimmung der Authentizität und damit der Verlässlichkeit eines Hadith ist eines der wichtigsten Themen der Hadithkunde.

86 Lacroix 2010, S. 104.

87 Hierfür und für die folgenden Ausführungen folge ich Lacroix 2010, S. 104 ff.

88 Al-Albānī versuchte später seine Kritik zu mäßigen, um sich besser als konsensuelle Figur zu etablieren, was aber nicht sehr half, da seine Anhänger ihn und seine Lehren inzwischen unantastbar gemacht hatten.

89 Lacroix 2010, S. 207 f.

90 Lohlker 2014 a, S. 180–181. Zur Bezugnahme auf wahhabitische Gelehrte in dschihadistischen Strömungen siehe S. 113 ff.

3. Bewegungen und Netzwerke in der islamischen Welt

1 Ich folge in diesem Abschnitt hauptsächlich Fouad 2014.

2 Vgl. Mahmood 2005.

3 Vgl. mit interessanten Detailuntersuchungen zur Entwicklung des «parteipolitischen Salafismus» Abū Rummān 2013.

4 Ich folge hier Abu Rumman 2015, S. 124 ff.

5 Dass dies ein Kollateralschaden eines Bildungssystems ist, das kein adäquates modernes Wissen vermitteln kann, sei hier nur angemerkt.

6 Hier wird gesellschaftliche Ungleichheit als Produzent solcher religiöser Ausrichtungen sichtbar.

7 Vgl. Abu Rumman 2015, S. 125.

8 Aḥmad 2011, S. 64.

9 Ahmed 2015, S. 39.

10 Ahmed 2015, S. 39 ff.

11 Salomon 2009.

12 Es gibt auch nichtarabische Bevölkerungsteile.

13 Zu ihm s. Salem 2013, S. 93 ff.

14 Lahoud 2008.

15 Pall 2013, S. 79 ff.

16 Pall 2013, S. 96 f.

17 Ebd., S. 95.

18 Hammond 2015.

19 http://salafitalk.net/st/viewmessages.cfm?Forum=6&Topic=8769 (letzter Zugriff 15.10.2016).

20 Yilmaz 2014.

21 So z.B. http://www.al-monitor.com/pulse/originals/2015/03/turkey-salafi-radicalization-on-the-rise.html (letzter Zugriff 15.10.2016).

22 Für die Komplexität dieses Islams s. beispielsweise Zips 2015 zur wenig beachteten Strömung der M'Backe Falle.

23 Vgl. Bakary Sambe: Senegals Sufis unter Druck der Extremisten (http://www.dw.com/de/senegals-sufis-unter-druck-der-extremisten/a-19280428) (letzter Zugriff 28.08.2016).

24 Abdoulaye Sounaya: Salafismus wächst in Westafrika – Regierungen sind hilflos (http://www.dw.com/de/salafismus-w%C3%A4chst-in-westafrika-regierungen-sind-hilflos/a-19282179) (letzter Zugriff 07.06.2016).

25 Alle Angaben zu Kambodscha aus Bruckmayr 2014, S. 438 ff.

26 Vgl. dazu mit einer Aufzählungen der einschlägigen Titel Amir u. a. 2013.

27 Heute eher nicht als salafistisch zu bezeichnen.

28 Vgl. Schulze 2016, S. 140 f.

29 Ebd., S. 141.

30 Vgl. Schulze 2016, S. 142. Auf die Rolle der beiden genannten Organisationen wird noch zurückzukommen sein.

31 Hasan 2009.

32 Iqbal 2014.

33 Vgl. genauer Masbah 2014.

34 Vgl. dazu den Sammelband al-Misbār 2012.

35 Auch seine «Mahnung» an Usāma bin Lādin bewegt sich weniger auf Grundsatzebene (https://www.youtube.com/watch?v=_jNXxk-v3uzc) (letzter Zugriff 20.10.2016).

36 Vgl. zu ihm Bonnefoy 2011.

4. Salafismus in Europa

1 Eine 1926 in Südasien gegründete Bewegung, die sich zum Ziel gesetzt hat, Muslime (zurück) zu einem an Koran und Sunna orientierten Leben zu führen; sie schließt an die Deobandi-Richtung in Südasien an. Inzwischen ist sie transnational aktiv. Sie war u. a. eine Reaktion auf hinduistische Missionsbewegungen wie die Arya Samaj. Vgl. Dazu Masud 2000, Noor 2012, Pieri 2015. Tabligh-i Dschamāʿat ist nicht als salafistisch zu verstehen. Gerade die Akzeptanz sufischer Positionen und die Verankerung in der hanafitischen Rechtsschule unterscheidet die Tabligh-Bewegung von Salafisten (Pieri 2015, S. 46 f.).

2 Vgl. Amghar 2014.

3 Amghar 2006, S. 72.

4 Ebd.

5 Ebd., S. 73 f.

6 Ebd., S. 74.

7 Vgl. die oben zitierten Tweets des libanesischen Salafisten asch-Schahhāl (S. 30 ff.).

8 Dazu allgemein Roy 1992; zu den Muslimbrüdern in Europa Maréchal Vidino 2010, Maréchal 2009.

9 Amghar 2006, S. 75 ff.

10 Adraoui 2015, S. 111; ich folge ansonsten in dieser Passage ebenfalls Adraoui.

11 Amghar 2011, S. 184.

12 Vgl. dazu Lohlker u. a. 2016.

13 Es werden auch die Onlinekontakte für eine effektive Reise beschrieben (Anonym 2015).

14 Für die folgenden Aussagen s. Birt 2005, S. 171 ff.

15 Dass britische Studenten an der IUM die zweifelhafte Reputation hatten, in ihren Studien unzuverlässig und nachlässig zu sein, so dass viele ihren Abschluss nicht erreichten, sei vermerkt (Birt 2005, S. 171).

16 Birt 2005, S. 171.

17 Amghar 2008, S. 95.

18 Der Wahlsieg der FIS im ersten Wahlgang in den algerischen Parlamentswahlen war der Auslöser eines blutigen Bürgerkriegs zwischen der algerischen Regierung und verschiedenen bewaffneten Untergrundgruppen, unter denen dschihadistische Gruppen immer mehr an Bedeutung gewannen.

19 Alle Angaben nach Amghar 2008.

20 Amghar 2011a, S. 99.

21 Einige Fälle aus jüdischen und buddhistischen Familien sind zu vermerken.

22 Alle Angaben nach Amghar 2011a, S. 93 ff.; vgl. Adraoui 2013.

23 Adraoui 2009, S. 367.

24 Linge 2013.

25 Offizielle Registrierungen wurden allerdings abgelehnt.

5. Salafismus in Deutschland

1 Vgl. die Sammelbände Schneiders 2014, Jokisch/Ceylan 2014, Biene/Daahse 2016. Ich folge hier Wiedl 2014.

2 Es finden sich auch Berichte über Verteilungen in der Schweiz. Für

die Konkurrenz in salafistischen Kreisen bezeichnend ist, dass auf der ‹offiziellen› Facebook-Seite von Pierre Vogel, dem Kopf dieser Aktion, darauf hingewiesen wird, dieser habe bereits 2013 das Scheitern der Aktion «Lies!» progonostiziert.

3 Über die Probleme der empirischen Forschung s. Hummel u.a. 2016. Bei wissenschaftlicher Erforschung des Phänomens stellt sich schnell heraus, dass die mediale Einfachheit der Betrachtung von der Realität entfernt ist.

4 Über Wege in die Gewalt s. Frindte u.a. 2016.

5 Vgl. dazu und zu anderen Strukturen Abou Taam u.a. 2016.

6 Siehe dazu u.a. Haq 2016.

7 Im Bewusstsein, dass Konversionsliteratur häufig problematisch ist; es geht hier um ein Stimmungsbild. Die Sprache ist natürlich vom Ghostwriter geprägt.

8 Vgl. Schmitz 2016, bes. S. 75.

9 Schmitz 2016, S. 72 ff.

10 Schmitz, 2016, S. 173.

11 Dies wird auch erkennbar, wenn z.B. eine «Islam Akademie» mit der Aussage «Der Schlüssel zum Erfolg» wirbt.

12 http://www.ahlu-sunnah.com/blog/?p=1041 (letzter Zugriff 15.10. 2016).

13 Lohlker 2016 d.

14 https://www.facebook.com/Niqabis/?nr (gepostet 2. Dezember 2014) (letzter Zugriff 14.10.2016).

15 El Hadad 2016, S. 32.

16 El Hadad 2016, S. 32 ff.

17 https://www.facebook.com/Zum.Islam.konvertierte.Schwestern (gepostet am 17. Juni 2016) (letzter Zugriff 15.10.2016).

18 Für einen Auftritt von ihm zusammen mit Pierre Vogel in Deutschland siehe http://www.fr-online.de/frankfurt/radikale-prediger-in-frankfurt-fundamental-getrennt,1472798,8365076.html (letzter Zugriff 20.10.2016).

19 (http://www.salaficentre.com/2012/09/some-speakers-at-greenlane-involved-themselves-in-the-scandalous-cover-up-of-the-mistakes-of-yusuf-estes/) (letzter Zugriff 20.10.2016).

20 Zu diesen Strukturen siehe Lohlker u.a. 2016.

6. Die salafistische Internationale

1 Obwohl auch dort immer wieder salafistische Tendenzen sichtbar werden.

2 Abou Bakr 2013, S. 113.

3 Es gibt einen starken saudischen Einflusss im ägyptischen und allgemein arabischen Fernseh- und Filmgeschäft. Von Saudi-Arabien aus wird eine ganze Reihe salafistisch-wahhabitischer Fernsehsender betrieben.

4 Alle Daten Quneis 2012.

5 Field/Hamam 2009, S. 5.

6 Inzwischen privat und nicht offen zugänglich.

7 Stadlbauer 2013.

8 Der Stil des Marketing-Pseudo-Englisch in der Übersetzung ist bewusst gewählt.

9 Heitmüller 2013.

10 https://www.youtube.com/watch?v=ruS9vni39KU (letzter Zugriff 18.08.2016).

11 Heitmüller 2013.

12 Die Serie wird unter einem anderen Obertitel (‹Mainstreammuslim›) fortgeführt.

13 Auch dies ein Beispiel des salafistischen Pragmatismus.

14 http://www.lesinrocks.com/2015/10/23/actualite/que-peut-on-lire-sur-slf-le-buzzfeed-des-salafistes-11782918/ und http://tempsreel.nouvelobs.com/les-internets/20151023.OBS8180/slf-magazine-le-site-salafiste-qui-fait-du-lol-avec-le-djihad.html (letzter Zugriff 18.01.2016).

15 http://salafiactu.wordpress.com (letzter Zugriff 03.10.2016).

16 Eine umfassende Untersuchung dschihadistischer Onlinepraxis fehlt, auch wenn immer wieder Publikationen mit diesem Anspruch erscheinen, den sie aber nicht einlösen können.

17 Zu dieser Zeit wurde das Internet auch als Vertriebsplattform für dschihadistische Materialien genutzt (Video-, Audiokassetten, Broschüren etc.).

18 Die Islamisten GmbH, in *Der Spiegel* 34 (2016), S. 32–36, S. 33; auf diesen Artikel stützen sich auch die weiteren Angaben, ohne auf Einzelfälle näher einzugehen.

19 Vgl. Wiedl 2014, S. 420.

20 http://www.sueddeutsche.de/politik/extremismus-saudis-unterstuetzen-deutsche-salafistenszene-1.3290991 (letzter Zugriff 27.12.2016).

21 http://www.spiegel.de/politik/deutschland/oeffingen-schwaebisches-
dorf-verhindert-salafisten-zentrum-a-1108520.html, gepostet 20.08.
2016 (letzter Zugriff 21.08.2016).

22 Senator für Inneres, Freie und Hansestadt Bremen: *Verfassungs-
schutzbericht 2015*, Bremen: Landesamt für Verfassungsschutz Bremen 2016, S. 69.

23 http://derstandard.at/2000045358680/Aktion-scharf-gegen-
Jihadisten-auf-dem-Balkan (letzter Zugriff 05.10.2016).

24 «Sechs Eimer voll Geld», in *Der Spiegel* Nr. 41 (6.10.2016), S. 40.

25 Alle Angaben nach http://darraslan.com/ (letzter Zugriff 02.1.0.2016).

26 Vgl. im Detail zu dieser Organisation Schulze 1990.

27 Vgl. hier und im Folgenden Steinberg 2004, S. 153.

28 Vgl. z.B. Amghar 2011, S. 117.

29 Ebd.

30 Nähere Informationen finden sich unter http://qurancomplex.org/
(letzter Zugriff 16.08.2016).

31 Für die folgenden Ausführungen s. Al-Rasheed 2005. Allerdings
sind die Angaben in diesem Buchbeitrag über zehn Jahre alt, stellen
also eine historische Momentaufnahme dar.

32 Clapper 2016.

33 Zu finden sind diese Dokumente auf https://wikileaks.org/saudi-
cables (letzter Zugriff 16.08.2016). Auf die beispielhaft herangezo-
genen Dokumente wird mit Dateinamen verwiesen, so dass eine
Identifizierung in der Datenbank möglich ist.

34 Amghar 2011, S. 120ff.

35 e0750dc7–94ea-4d65–81b2–0c0891b17035.jpg (letzter Zugriff
13.08.2016).

36 e358e17c-a880–42da-9932–76dffe188c4a.jpg (letzter Zugriff
16.08.2016).

37 d07b36b5–00da-47a7-bd4a-415ff901e180.jpg (letzter Zugriff
16.08.2016).

38 127e598d-256f-442c-a19e-09970415ad89.jpg (letzter Zugriff
11.08.2016).

39 69207706–3ecc-4c70-aeeb-38ca22c63bc5.jpg; vgl. 11879398-
c54a-436b-96bc-f3ae09d7c390.jpg (letzter Zugriff 13.08.2016).

40 bfb911ed-a787–458a-96d9-bb5e8cb43ab6.jpg (letzter Zugriff
13.08.2016).

41 d8ac2ee4–3074–483a-bb77–5bd4610ee12d.jpg (letzter Zugriff
13.08.2016).

42 fd8f1a06-defc-4355-b943–1d75c8ab7dc8.jpg (letzter Zugriff
13.08.2016).

43 e6ec3708–665 b-4c9 a-af27–9f454f21b1df.jpg (letzter Zugriff 13.08.2016).

44 e6e70d6 b-c366-e111–8971–001aa0 248408.jpg (letzter Zugriff 13.08.2016); da erwähnt wird, dass es einen neuen iranischen Botschafter gebe, gilt wohl die Annahme, dass neue Besen gut kehren und somit eine iranische Initiative zu erwarten sei.

45 e4daf71 f-579 d-4550-a9c8–0eeaf5cbaaf6.tif, vgl. 4e82608 f-769 f-4a9 b-b695-d35b5a79010 a.tif (letzter Zugriff 13.08.2016).

46 359fbe77–1ea0–40f7–9aeb-a768eff74a12.jpg (letzter Zugriff 16.08.2016).

47 Vgl. dazu Conesa 2016.

48 Vgl. für eine differenziertere Sicht Lacey/Benthall 2014.

49 Für die Angaben in den folgenden Abschnitten Bukhari u.a. 2014.

50 Bukhari u.a. 2014, S. 200.

51 Bukhari u.a. 2014, S. 203 f.

52 Das Studium an der Islamischen Universität von Medina muss nicht unbedingt in die Entwicklung salafistisch-wahhabitischer Überzeugungen münden. Absolventen dieser Universität können auch nichtsalafistisch/wahhabitische Positionen einnehmen. Allerdings dürfte dies für die Mehrheit nicht zutreffen.

53 Vgl. auch die deutschsprachige Seite der deutschsprachigen Medinastudenten: http://www.medinastudenten.de/ (letzter Zugriff 19.08.2016).

54 Lacroix 2009, S. 77.

55 Die iranische Rolle kann hier nicht beleuchtet werden.

56 Vgl. auf empirischer Grundlage Öktem 2010. In welchem Umfang die neueren Entwicklungen in der Türkei einen Wandel mit sich bringen, bleibt abzuwarten.

7. Theologie des Salafismus

1 Vgl. Lohlker 2016 a, 21.

2 Ich folge hier Wagemakers 2014, ohne die Oberkategorie des quietistischen Salafismus zu übernehmen.

3 Dazu gehören die meisten syrischen bewaffneten Organisationen (s. Lohlker 2016 g).

4 Vgl. Salafi Manhaj 2015.

5 Duderija 2010, S. 76.

6 Vgl. beispielsweise Lohlker 2002 a.

7 al-Maqdisī o. J.

8 https://www.youtube.com/watch?v=5Igey8_MZBY (letzter Zugriff 17.08.2015).

9 http://tawheednyc.com/aqeedah/al%20walaa%20wal%20baraa/al-walawalbara2.pdf (letzter Zugriff 17.10.2016); dass diese Seite auch Texte des dschihadistischen Denkers Abū Muhammad al-Maqdisī bringt, zeigt eine weitere Verknüpfung von dschihadistischer über eine salafistische bis hin zur wahhabitischen Interpretation.

10 https://de.scribd.com/document/50477726/Al-Wala-wal-Bara (letzter Zugriff 17.10.2016); hier wird mit Korrekturen aus der deutschen Übersetzung zitiert.

11 Al-Qahtani o. J., S. 11 f.

12 Ebd., S. 16.

13 Lassen wir das aparte Problem beiseite, wie es denn jemanden geben kann, der ein Prinzip vertritt, das es nicht mehr gibt, da es «verschwunden» ist. Dies ist natürlich als Distinktionsmerkmal gedacht, nur nicht richtig formuliert.

14 Fauzān o. J., S. 7.

15 Ebd., S. 9.

16 http://www.basseera.de/faa/f-aqdah/al-wal-wa-l-bar/26-darf-man-den-unglaeubigen-gratulieren (letzter Zugriff 18.10.2016), vgl. http://www.basseera.de/faa/f-aqdah/al-wal-wa-l-bar/172-darf-man-an-festen-der-unglaeubigen-teilnehmen (letzter Zugriff 18.10.2016).

17 Lohlker 2009, S. 101 f. mit einem Auszug aus dem Text.

18 Lohlker 2016 d, S. 111 ff.; vgl. Wagemakers 2014 und 2009, Lohlker 2009, S. 52 f.

19 Anonym 1436 h (Onlinequelle).

20 Alle Angaben nach http://ahmadjibril.com/aboutus.html (letzter Zugriff 02.10.2016). Die Seite bietet ein schönes Beispiel für die Arabisierung salafistischer Sprache: «Assalaamualaikum warahmatullahi wabarakatuhu. This is a website created by Sheikh Ahmad Jibril's students for the benefit of those who wish to gain knowledge anywhere in the world. Our goal is to use this site for the propagation of The One and Only true religion, Al-Islam Insha-Allah. With the Help of Allah (subhana wa ta'ala), we will try our best to provide Authentic Islamic Education for the entire Muslim ummah insha-Allah.»

21 Kanal *trytoknowislam*, https://www.youtube.com/watch?v=Lv6ty-BEqjIo (letzter Zugriff 02.10.2016). Das Video hat 12018 Aufrufe. Die auszugsweise Übersetzung, die hier gegeben wird, kürzt an einigen Punkten für das bessere Verständnis.

22 Zum besseren Vergleich hier ausgeschrieben, im Video teilweise verschluckt.

23 Der Familienverband, dem der Prophet Muhammad angehörte.

24 Dschibril führt hier negativ *elucidate* an; andere Vorträge auf seiner Seite haben aber *elucidations* im Titel.

25 http://www.raslan.com/vad/categories_browse.php?categories_id=67 (letzter Zugriff 02.10.2016).

26 https://www.youtube.com/watch?v=q5BEQpq1qRw (letzter Zugriff 02.10.2016). Das Video hat 4421 Aufrufe. Auch hier kann nur ein Auszug übersetzt werden.

27 https://www.youtube.com/watch?v=UaQNw4PRrBM (letzter Zugriff 02.10.2016). 196 Aufrufe. Die Zahl der Aufrufe ist kein objektiver Indikator, erlaubt bestenfalls eine Tendenzaussage. Auch hier ist nur ein Auszug übersetzt.

28 Abu Dudschāna ist ein Aliasname, der sich auf einen Prophetengefährten bezieht. Durch solche Namen verstärken Salafisten und Dschihadisten ihre Identifikation mit der islamischen Frühzeit.

29 Die Lehre von der Koranauslegung. Der Redner spielt auf die Eingangsworte in arabischer Sprache an. Der Gelehrte, auf den verwiesen wird, ist tatsächlich einer der wichtigsten frühen Korangelehrten.

30 https://www.youtube.com/watch?v=d4RCmk1xhmU (letzter Zugriff 02.10.2016).

31 Lohlker 2002.

32 So Sulaimān 1436h.

33 Al-ʿAuda 1003, S. 132.

34 Diskurse über die ‹Gesundheit› von Kollektiven und den Schutz vor ‹Infizierung› sind die Grundlage zahlreicher exklusivistischer Vorstellungen (auch im rassistischen oder nationalistischen Feld).

35 Vgl. Köpfer 2014.

36 Vgl. dazu Said 2016.

37 https://www.salaficentre.com/journeytohell (letzter Zugriff 16.10.2016).

38 http://www.salafisounds.com/tag/hell-fire/, http://www.salafisounds.com/tag/hell/ (letzter Zugriff 16.10.2016).

39 https://www.spreaker.com/user/masjidrahmah/the-arrival-of-hell-on-judgment-day?autoplay=true, gelinkt u.a. über https://www.facebook.com/SALAFICOSECHABORICUA (letzter Zugriff 16.10.2016).

40 https://www.youtube.com/watch?v=HBGSyroSBqk (letzter Zugriff 16.10.2016).

41 https://www.youtube.com/watch?v=W-GKcs9-xks (letzter Zugriff 16.10.2016).

42 https://www.youtube.com/watch?v=zw_pixhh3_w (letzter Zugriff 16.10.2016).

43 http://www.wrightstreetmosque.com/tag/hell-fire/ (letzter Zugriff 16.10.2016).

44 Gemeint dürfte die «errettete Gruppe» sein.

45 al-Hilali o. J., S. 7.

46 http://www.salafiri.com/the-language-of-the-people-of-paradise-imam-taqi-ud-din-ibn-taymiyyah-728 h/ (letzter Zugriff 16.10.2016).

8. Abgrenzungen

1 Vgl. als Überblick Schmidtke 2016. Eine neuere Studie zu einem Theologen beschreibt die islamische spekulative Theologie so: «Diejenige Form islamischer Theologie, die sich mit philosophischem Denken explizit auseinandersetzt […], heißt in der islamischen Tradition ʿilm al-kalām ‹Wissenschaft von der Rede›. Es ist aber nicht die ‹Rede von Gott›, was die Bedeutung des deutschen Wortes Theologie darstellt, sondern in einem eher technischen Sinn eine Rede, ‹die Argumentation oder Disputation über religiöse Fragen bezeichnet›» (Würtz 2016, S. 7).

2 Al-Ǧudaiʿ 1995, S. 55 f.

3 Gest. 1053; er ist heute in salafistischen Kreisen eine Autorität (s. http://www.as-salaf.com/article.php?aid=61&lang=en) (letzter Zugriff 10.09.2016).

4 Zu beiden s. Bin Ramli 2016 als Überblick.

5 Zu ihm und zum frühen Aschʿaritentum s. Thiele 2016 als Überblick.

6 Al-Ǧudaiʿ 1995, S. 57.

7 https://ahlulkalam.wordpress.com/ (letzter Zugriff 10.09.2016).

8 Vgl. dazu u. a. Al-Ḥumayyis 2005, Al-Afġānī 1998.

9 Commins 2006, S. 11 f.

10 Ibn Ǧibrīn, oft auch Ibn Jibreen geschrieben, war Lehrer von Turkī al-Binʿalī, lange Zeit eine Art Chefgelehrter des IS. Dies lässt wieder die Verbindung von wahhabitischen Gelehrten zu dschihadistischen Theoretikern erkennen.

11 Steinberg 2009.

12 Eigene Forschungsergebnisse des Verfassers.

13 http://www.aimislam.com/salafis-march-against-shia-islam-in-

london-attack-shia-passersby-on-edgware-road/   (letzter   Zugriff 04.08.2016).

14 Er schließt auch Alawiten in Syrien und Zaiditen, beides keine Zwölferschiiten, ein.

15 Vgl. dazu Lohlker 2016 d, S. 106 ff.

16 Dazu Lohlker 2016 e.

17 Bālī 1992, S. 254.

18 http://www.theatlantic.com/international/archive/2013/08/saudi-arabias-war-on-witchcraft/278701/ (letzter Zugriff 15.10.2016).

19 Lohlker 2016 d, S. 46 ff.

20 al-Quṣaiyyir 2003.

21 Ebd., S. 67 ff.

22 Ebd., S. 71 ff.

23 Ebd., S. 74 ff.

24 Eine beispielhafte Analyse für die Sicht des Westens in zeitgenössischen islamischen Diskussionen bietet Shavit 2014.

25 Gugler 2008.

26 Es handelt sich strukturell um eine salafistische Variante von Wundertherapien.

27 http://beard-style.com/articles/abu-aardvark-long-beards-vs-short-beards, gepostet 21. Mai 2008 (letzter Zugriff 16.10.2016).

28 Ein Ort in Saudi-Arabien.

29 http://ahmadjibril.com/articles/loosebeard.html   (letzter   Zugriff 02.10.2016).

9. Vom Wahhabismus zum Dschihadismus

1 Trofimov 2008, Pos. 60–62 (e-book).

2 Für eine lesenswerte Darstellung der Ereignisse s. Trofimov 2008.

3 Der *mahdī* ist eine Erlösergestalt in der islamischen Apokalyptik, die am Ende der Tage auftritt; in mancher Hinsicht ähnelt er dem christlichen Messias (s. im Detail Cook 2002).

4 Schulze 2016, S. 352.

5 Ebd., S. 353.

6 Ebd., S. 351.

7 Trofimov 2007, S. 246.

8 Ebd., S. 248 ff.

9 Wagemakers.

10 al-Maqdisī o. J., S. 4 Fn. 5.

11 Gemeint ist das wahhabitische Establishment. Es zeigt sich hier aber

auch wieder die Bedeutung der schwarzen Pädagogik der Teufels-
und Höllenfurcht für ein extremes Glaubensverständnis.

12 Al-ʿUtaibī o. J., S. 5.

13 https://justpaste.it/mocn, gepostet 27.6.2015 (letzter Zugriff 11.06.
2016).

14 https://www.youtube.com/watch?v=28utgDQS1uk, gepostet 18.05.
2013 (letzter Zugriff 11.06.2016).

15 https://www.youtube.com/watch?v=F-wjPZTwMMc, gepostet am
01.12.2013 (letzter Zugriff 11.06.2016).

16 https://www.youtube.com/watch?v=m51uO536GF4, gepostet am
17.02.2016 (letzter Zugriff 11.06.2016).

17 Hegghammer 2010.

18 Für die qatarische Variante des Wahhabismus vgl. Dorsey 2013. In
der Hauptstadt Doha wurde vor wenigen Jahren eine «Imam Muhammad Ibn Abdul Wahhab»-Moschee eröffnet, um die Ideen des
Gründers des Wahhabitentums zu fördern (http://www.middle-east-
online.com/english/?id=49555) (letzter Zugriff 10.07.2016).

19 Meijer 2010, S. 83.

20 Vgl. zu ihm Hegghammer 2005.

21 Wagemakers 2012.

22 Lohlker 2009.

23 2016, S. 491 f.

24 Vgl. dazu Devji 2008.

25 http://www.spiegel.de/politik/deutschland/sven-lau-vor-gericht-
prozess-gegen-einen-verfuehrer-a-1110828.html (letzter Zugriff
06.09.2016).

26 Lohlker 2016 d, S. 105.

27 Vgl. Weinberg 2014 und 2017.

28 Ich folge hier Hegghammer 2010.

29 Hegghammer 2010, S. 47.

30 Auch in diesem Fall wird der antisemitische Aspekt des hier behandelten Denkens sichtbar.

31 Lohlker 2016 d, S. 105.

32 Ebd., S. 102 f.

33 Vgl. dazu näher Steinberg 2005.

34 Vgl. Rougier 2010.

35 Vgl. Lohlker 2006.

36 Für Musliminnen heißt dies: Unterstützung der Kämpfer in jeglicher
Form.

37 Für einen Einblick siehe McCants 2006.

38 Es gibt auch andere Bezeichnungen.

39 Auch wahhabitisch-salafistisch ist das Konzept geläufig (s. beispielsweise al-ʿAuda 1993, S. 50ff.).

40 Vgl. Lohlker 2016g.

41 Ein Aufsatz zu diesem Thema des Verfassers ist gerade im Entstehen.

42 Khosrokhavar 2016, S. 158ff.; dieses Konzept ist das Ergebnis von
Beobachtungen in Frankreich.

43 Vgl. Lia 2005.

44 as-Sūrī 2005.

45 Eine Randbemerkung: In dieser Schrift findet sich S. 38ff. und *pas-
sim* einiges zur besonderen Bedeutung der Glaubenslehre (ʿaqīda)
für den militärischen Dschihad. So blamiert sich die Auffassung, Religion spiele keine Rolle im dschihadistischen Terrorismus, wieder
einmal vor den Aussagen eines autoritativen dschihadistischen Spre-
chers. Religion, sprich hier: Islam, ist nicht der Treiber an sich, terroristische Handlungen werden aber islamisch formuliert.

46 as-Sūrī 2005 S. 1363ff.

47 Ebd., S. 1364.

48 Ebd. S. 1365.

49 Zu diesem Fall s. detailliert Abu Rumman 2015, S. 142ff.

50 Abu Rumman 2015, S. 152.

51 Ebd., S. 154.

52 Abu Rumman 2015, S. 156.

10. Perspektiven des Salafismus

1 «Beards, Banter, and Brazilian Coffee: Salafis gather at Costa Coffee»
(http://www.albawaba.com/blog_roundup/salafi-costa-coffee-
451858) (letzter Zugriff: 02.07.2016).

2 «Salafyo Costa aims to put a new face on fundamentalism»(http://
www.egyptindependent.com/news/salafyo-costa-aims-put-new-
face-fundamentalism) (letzter Zugriff: 02.07.2016). Vgl. auch http://
www.zeit.de/2013/22/salafisten-salafiyo-costa   (letzter   Zugriff:
20.07.2016).

3 So Al-Rasheed 2015; der Begriff wird von einigen Vertretern dieser
Strömung selbst benutzt, aber auch ihre Gegner benennen sie so.
Zuweilen wird auf diese Strömung bzw. Teile davon die Bezeich-
nung «Islamo-Liberale» angewendet (so Lacroix 2004).

4 Ich knüpfe hier an Al-Rasheed 2015, S. 158f. an.

5 Knight 2015.

6 Ebd., S. 333.

7 Denn niemand weiß mit Sicherheit, was denn die ersten Generationen von Muslimen getan oder gesagt haben. Zitat: Knight 2015, S. 334.

8 Barak 2016; auch wenn etlichen Teilnehmern der Konferenz zu große Nähe zu undemokratischen Regimen vorgeworfen werden kann, ist die Konferenz ein Symptom für die innerislamische Unzufriedenheit mit dem Salafismus und Wahhabitentum.

9 Vgl. Ahmed 2016 für eine weiterführende erkenntnistheoretische Perspektive für das Verständnis des Islams.

10 Vgl. Fealy/Barton 1996, Bush 2012.

11 Für eine deutsche Übersetzung dieser Fatwa siehe die Internetseite vortex.univie.ac.at, Teil eines österreichisch-indonesischen Projektes.

12 Englische Übersetzung Wahid 2011.

13 Gegen Missverständnisse gewollter oder ungewollter Art: Was hier kurz beschrieben wird, heißt nicht, dass es keine extremistischen islamischen Kräfte in Indonesien gibt. *Islam Nusantara* bezeichnet einen in millionenfacher Praxis wirksamen und existierenden alternativen Islam.

14 Bisri/Taylor 2012.

15 http://www.libforall.org/media/news-stories/2016/NU-Declaration-and-ISOMIL-Sample-Media-Coverage.pdf (letzter Zugriff 25.10.2016).

16 http://www.deutschlandradiokultur.de/terrorbekaempfung-marokko-lehrt-einen-toleranten-islam.979.de.html?dram:article_id=362854 (letzter Zugriff 16.10.2016).

17 Eigene Beobachtungen des Verfassers September 2016.

18 http://www.huffingtonpost.com/joseph-braude/moroccan-islamic-broadcas_b_12430208.html (letzter Zugriff 16.10.2016).

Wege durch das Labyrinth

1 Vgl. dazu im großen Überblick Schulze 2016.

2 Zur Kritik an dieser Terminologie der Beurteilung und Verurteilung wäre eine eigene Untersuchung notwendig.

3 Für eine Fallstudie anhand zweier niederländischer Salafistinnen s. De Koning 2009.

Quellen und Literatur

Abou Bakr, Omaima: Satellite Piety. Contemporary TV Islamic Programs in Egypt, in: Walid El Hamamsy/Soliman Mounira (Hg.): *Popular Culture in the Middle East and North Africa: A Postcolonial Outlook*, New York/London: Routledge 2013, S. 113–129

Abou Taam, Marwan u. a.: *Kontinuierlicher Wandel: Organisation und Anwerbungspraxis der salafistischen Bewegung*, Frankfurt a. M.: Leibniz-Institut Hessische Stiftung Friedens- und Konfliktforschung (HSFK) 2016

Abū Rummān, Muḥammad: *as-Salafīyūn wa'r-rabīʿ al-ʿarabī*, Beirut: Markaz Dirāsāt al-waḥda al-ʿarabīya 2013

–: *Ich bin Salafist. Selbstbild und Identität radikaler Muslime im Nahen Osten*, Bonn: J. H. W. Dietz 2015

Adraoui, Mohamed-Ali: *Du Golfe aux banlieues. Le salafisme mondialisé*, Paris: PUF 2013

–: Salafism in France: Ideologies, Practices and Contradictions, in: Roel Meijer (Hg.): *globalsalafism. Islam's New Religious Movement*, London: Hurst 2009, S. 364–383

Aḥmad, Al-Amīn al-Ḥāǧǧ Muḥammad: *al-Salafīya wa's-salafīyūn fi's-Sūdān*, Kairo: o. V. 2011

Ahmed, Chanfi: *West African ʿulamāʾ and Salafism in Mecca and Medina: Jawāb al-Ifrīqī – the Response of the African*, Leiden/Boston: Brill 2015

Ahmed, Shahab: *What is Islam? The Importance of Being Islamic*, Princeton, NJ/Oxford: Princeton University Press 2016

Akkach, Samer: *Letters of a Sufi Scholar: The Correspondence of ʿAbd al-Ġanī al-Nābulusī (1641–1731)*, Leiden/Boston: Brill 2010

–: *'Abd al-Ghani al-Nabulusi: Islam and the Enlightenment*, Oxford: Oneworld Publications 2007

Al-Atawneh, Muhammad: *Wahhābī Islam and the Challenges of Modernity. Dār al-Iftā in the Modern Saudi State*, Leiden/Boston: Brill 2010

Alawi, Seema: Siddiq Hasan Khan (1832–90) and the Creation of a Muslim Cosmopolitanism in the 19th century, in: *Journal of the Economic and Social History of the Orient* 54 (2011), S. 1–38

Algar, Hamid: *Wahhabism: A Critical Essay*, Oneonta, NY: IPI 2002

Al-Rasheed, Madawi: *Muted Modernists: The Struggle over Divine Politics in Saudi Arabia*, London: Hurst 2015

–: *Contesting the Saudi State: Voices from a New Generation*, Cambridge u. a.: Cambridge University Press 2007

–: Saudi Religious Transnationalism in London, in: Madawi Al-Rasheed (Hg.): *Transnational Connections and the Arab Gulf*, London/New York: Routledge 2005, S. 149–167

Amghar, Samir: Quietisten, Politiker und Revolutionäre: Die Entstehung des salafistischen Universums in Europa, in: Behnam T. Said/ Hazim Fouad (Hg.): *Salafismus. Auf der Suche nach dem wahren Islam*, Freiburg u. a.: Herder 2014, S. 381–410

–: La Ligue Islamique Mondiale en Europe, un instrument de défense des interêts stratégiques saoudiens, in: *Critique Internationale* 51 (2011), S. 113–127

–: *Le Salafisme d'aujourd'hui. Mouvements sectaires en Occident*, Paris: Michalon 2011 a

–: Le Salafisme en France: de la révolution islamique à la révolution conservatrice, in: *Critique Internationale* 40 (2008), S. 95–113

–: Le Salafisme en Europe: La mouvance polymorphe d'une radicalisation, in: *Politique étrangère* 1 (2006), S. 65–78

Amin, Kamaruddin: Nasiruddin Al-Albani on Muslim's Sahih: A Critical Study of His Method, in: *Islamic Law and Society* 11 (2004), S. 149–176

Anonym: *al-Walā' li'l-islām lā li'l-waṭan!* o. O.: Maktabat al-himma 1436 h

Anonym: *Hijra to the Islamic State*, o. O.: o. Verl. 2015

Arvide, Luisa: *Las Cuestiones Sicilianas de Ibn Sabin*, Granada: GEU 2009

Assmann, Jan: *Totale Religion*, Wien: Picus 2016

al-ʿAuda, Salmān b. Fahd: *al-ʿUzla wa'l-ḫulṭa. Aḥkām wa-aḥwāl*, Mekka: o. V. 1993

Azra, Azyumardi: *The Origins of Islamic Reformism in Southeast Asia: Networks of Malay-Indonesian and Middle Eastern ʿUlamā' in the Seventeenth and Eighteenth Centuries*, Crows Nest/Honolulu: Allen & Unwin/University of Hawai'i Press 2004

Baer, Marc David: *The Dönme: Jewish Converts, Muslim Revolutionaries, and Secular Turks*, Stanford, Cal.: Stanford University Press 2010

al-Baʿlī al- Ḥanbalī, Muḥammad b. ʿAlī: *al-Minhaǧ al-qawīm fi'ḫtiṣār Iqtiḍā' ṣirāṭ al-mustaqīm*, Ed. ʿAlī Muḥammad al-ʿUmrān, Mekka: Dār ʿālam al-fawā'id 1422 h

Barak, Michael: *The Grozny Conference in Chechnya: Is the Salafi Movement a Rotten Fruit of Sunni Islam* (https://www.ict.org.il/User-Files/JWMG-Ins-Grozny-Conf-Nov-16.pdf) (letzter Zugriff 20.1.2017)

Biene, Janusz u. a. (Hg.): *Salafismus und Dschihadismus in Deutschland: Ursachen, Dynamiken, Handlungsempfehlungen*, Frankfurt a. M.: Campus 2016

Bin Ramli, Harith: The Predecessors of Ashʿarism: Ibn Kullāb, al-Muḥāsibī and al-Qalānisī, in: Sabine Schmidtke (Hg.): *The Oxford Handbook of Islamic Theology*, Oxford: Oxford University Press 2016 (elektronische Version)

Birt, Jonathan: Wahhabism in the United Kingdom: Manifestations and Reactions, in: Madawi Al-Rasheed (Hg.): *Transnational Connections and the Arab Gulf*, London/New York: Routledge 2005, S. 168–184

Bisri, A. Mostafa/Taylor, C. Holland: Indonesia's ‹Big Idea›: Resolving the Bitter Global Debate on Islam, in: *Strategic Review* 2 (Juli–September 2012), S. 34–43

Bonacina, Giovanni: *The Wahhabis Seen through European Eyes (1772–1830): Deists and Puritans of Islam*, Leiden/Boston: Brill 2015

Bonnefoy, Laurent: *Salafism in Yemen. Transnationalism and Religious Identity*, London: Hurst 2011

Bruckmayr, Philipp: *The Contentious Pull of the Malay Logosphere: Jawization and Factionalism among Cambodian Muslims (late 19th to early 21st centuries)*, Diss. phil. Wien 2014

Bukhari, Yusra u. a.: A Good Day to Buy a Bad Charity: The Rise and Fall of the Al-Haramain Islamic Foundation, in: Robert Lacey/Jonathan Benthall (Hg.): *Gulf Charities and Islamic Philanthropy in the «Age of Terror» and beyond*, Berlin: Gerlach Press 2014, S. 199–229

Bulos, Nabih: Meet the Saudi Cleric who's rallying Syrian rebels, in: *Los Angeles Times* (via latimes.com) (letzter Zugriff 22.12.2016)

Bush, Robin: *Nahdlatul Ulama and the Struggle for Power within Islam and Politics in Indonesia*, Singapore: National University of Singapore 2009

Ceylan, Rauf/Jokisch, Benjamin (Hg.): *Salafismus in Deutschland: Entstehung, Radikalisierung und Prävention*, Frankfurt a. M. u. a.: Peter Lang 2014

Chittick, William C.: *Ibn 'Arabi: Heir to the Prophets*, London: Oneworld 2005

Clapper, Lincoln: Anschläge in Belgien: Bezüge zu Saudi-Arabien? In: *inamo* 87 (Herbst 2016), S. 16–18

Commins, David: From Wahhabi to Salafi, in Bernard Haykel u. a.:

Saudi Arabia in Transition: Insights on Social, Political, Economic and Religious Change, New York: Cambridge University Press 2015, S. 151–166

–: *Islamic Reform. Politics and Social Change in Late Ottoman Syria*, New York/Oxford: Oxford University Press 1990

Conesa, Pierre: *Dr. Saoud et Mr. Jihad. La diplomatie religieuse de l'Arabie Saoudite*, Paris: Éditions Pierre Laffont 2016

Cook, David: *Studies in Muslim Apocalyptic*, Princeton, NJ: The Darwin Press 2002

de Koning, Martijn: The ‹Other› Political Islam: Understanding Salafi Politics, in: Boubekeur, Amel/Roy, Olivier (Hg.): *Whatever Happened to the Islamists? Salafis, Heavy Metal Muslims and the Lure of Consumerist Islam*, New York: Columbia University Press 2012, S. 153–175

–: Changing Worldviews and Friendship: An Exploration of the Life Stories of Two Female Salafis in the Netherlands, in: Roel Meijer (Hg.): *globalsalafism. Islam's New Religious Movement*, London: Hurst 2009, S. 404–423

Deleuze, Gilles: *Die Falte. Leibniz und der Barock*, Frankfurt a. M.: Suhrkamp 2000

Delong-Bas, Natana J.: *Wahhabi Islam: From Revival and Reform to Global Jihad*, Oxford u. a.: Oxford University Press 2004

Determann, Jörg Matthias: *Historiography in Saudi Arabia. Globalization and the State in Middle East*, London: I. B. Tauris 2014

Devji, Feisal: *The Terrorist in search of Humanity: Militant Islam and Global Politics*, London: Hurst 2009

Devlin, William J. / Bokulich, Alisa (Hg.): *Kuhn's Structure of Scientific Revolutions – 50 Years On*, Cham u. a.: Springer 2015

Dobbin, Christine: *Islamic Revivalism in a Changing Peasant Economy: Central Sumatra, 1784–1847*, London: Routledge 2004

Dorsey, James M.: *Wahhabism vs. Wahhabism: Qatar challenges Saudi Arabia*, Singapur: Nanyang Technical University 2013

Duderija, Adis: Constructing the Religious Self and the Other: Neo-Traditional Salafi Manhaj, in: *Islam and Christian-Muslim Relations* 21 (2010), S. 75–93

El Hadad, Amr: Was lesen Salafisten? In: Janusz Biene/Julian Junk (Hg.): *Salafismus und Dschihadismus in Deutschland. Herausforderungen für Politik und Gesellschaft*, Frankfurt a. M.: sicherheitspolitik-blog 2016, S. 31–35

El-Rouayheb, Khaled: From Ibn Ḥajar al-Haytamī (d. 1566) to Khayr al-Dīn al-Ālūsī (d. 1899): Changing Views of Ibn Taymiyya among non-Ḥanbalī Scholars, in: Yossef Rapoport/Shahab Ahmed (Hg.): *Ibn Taymiyya and his Times*, Karachi: Oxford University Press 2010, S. 269–318

Fattah, Hala: ‹Wahhabi› Influences, Salafi Responses: Shaikh Mahmud Shukri and the Iraqi Salafi Movement, 1745–1930, in: *Journal of Islamic Studies* 14 (2003), S. 127–148

al-Fauzān, Ṣāliḥ b. Fauzān: *Tanbīhāt ʿalā mā taḥtaṣṣ bi'l-muʾmināt* (http://alfawzan.af.org.sa/sites/default/files/tnbihat.pdf) (24.8.2016)

Fealy, Gregory/Barton, Greg (Hg.): *Nahdlatul Ulama, traditional Islam and modernity in Indonesia*, Sydney: Monash Asia Institute 1996

Field, Nathan/Hamam, Ahmed: Salafi Satellite TV in Egypt, in: *Arab Media & Society* Spring 2009 (http://www.arabmediasociety.com/articles/downloads/20090506151157_AMS8_Field_and_Hamam.pdf) (letzter Zugriff 15.1.2016)

Fouad, Hazim: Postrevolutionärer Pluralismus: Das salafistische Spektrum in Ägypten, in: Behnam T. Said/Hazim Fouad (Hg.): *Salafismus. Auf der Suche nach dem wahren Islam*, Freiburg u. a.: Herder 2014, S. 229–264

Frindte, Wolfgang u. a.: *Wege in die Gewalt: Motivationen und Karrieren salafistischer Jihadisten*, Frankfurt a. M.: Leibniz-Institut Hessische Stiftung Friedens- und Konfliktforschung (HSFK) 2016

Gauvain, Richard: *Salafi Ritual Purity in the Presence of God*, London: Routledge 2012

Gerlach, Julia: *Der verpasste Frühling. Woran die Arabellion gescheitert ist*, Berlin: Christoph Links Verlag 2016

Gharaibeh, Mohammad: Zum Verhältnis von Wahhabiten und Salafismus, in: Thorsten G. Schneiders (Hg.): *Salafismus in Deutschland. Ursprünge und Gefahren einer islamisch-fundamentalistischen Bewegung*, Bielefeld: transcript 2014, S. 117–124

Gugler, Thomas K.: *Marketing Muhammad: Competing Sunnah-brands on post-modern Islamic identity markets* (https://www.academia.edu/2987421/Marketing_Muhammad_Competing_Sunnah-brands_on_post-modern_Islamic_identity_markets) (letzter Zugriff 16.10.2016)

Haj, Samira: *Reconfiguring Islamic Tradition: Reform, Rationality, and Modernity*, Stanford, Cal.: Stanford University Press 2009

Hamming, Tore: The increasing Extremism within the Islamic State, in: *Jihadica* (gepostet 19.11.2016) (http://www.jihadica.com/the-increasing-extremism-within-the-islamic-state/) (letzter Zugriff 26.12.2016)

Hammond, Andrew: *Salafism Infiltrates Turkish Religious Discourse*, gepostet 22.07.2015 (http://www.mei.edu/content/map/salafism-infiltrates-turkish-religious-discourse) (letzter Zugriff 16.10.2016)

Halm, Heinz: *Die Kalifen von Kairo. Die Fatimiden in Ägypten (973–1074)*, München: Beck 2003

–: *Das Reich des Mahdi. Der Aufstieg der Fatimiden (875–973)*, München: Beck 1991

Haq, Shams Ul: *Die Brutstätte des Terrors*, Waiblingen: swd media publishing 2016

Hasan, Noorhaidi: Ambivalent Doctrines and Conflicts in the Salafi Movement in Indonesia, in: Roel Meijer (Hg.): *globalsalafism. Islam's New Religious Movement*, London: Hurst 2009, S. 169–188

Haykel, Bernard: *Revival and Reform in Islam: The Legacy of Muhammad al-Shawkānī*, Cambridge u. a.: Cambridge University Press 2003

Heck, Paul L.: An Early Response to Wahhabism from Morocco: The Politics of Intercession, in: *Studia Islamica* 107 (2012), S. 235–254

Hegghammer, Thomas: *Jihad in Saudi Arabia. Violence and Pan-Islamism since 1979*, Cambridge u. a.: Cambridge University Press 2012

–: Abdallah Azzam, der Imam des Dschihads, in: Kepel, Gilles/Milelli, Jean-Pierre (Hg.): *Al-Qaida: Texte des Terrors*, München/Zürich: Piper 2005, S. 145–267

Heitmüller, Ulrike: Töten mit Superkräften. Pop-Salafismus: lächerlich oder gefährlich, in *Telepolis* (http://www.heise.de/tp/artikel/38/38802/1.html) (letzter Zugriff 18.1.2016)

al-Hilali, Salim: *Auszug aus ‹Eine Einführung in die Salafi Dawa›* (http://www.al-islaam.de/manhadsch/PDF/Methode%20der%20Sunnah/man0012_Eine%20Einfuehrung%20in%20die%20Salafi%20Dawa.pdf) (letzter Zugriff 21.1.2017)

Hummel, Klaus u. a.: *Herausforderungen der empirischen Forschung zu Salafismus: Bestandsaufnahme und kritische Kommentierung der Datenlage*, Frankfurt a. M.: Leibniz-Institut Hessische Stiftung Friedens- und Konfliktforschung (HSFK) 2016

Ibn Sabʿīn: *Die Sizilianischen Fragen: Arabisch-Deutsch*, Freiburg i. Br.: Herder 2005

Iqbal, Asep Muhamad: Internet, Identity and Islamic Movements: The Case of Salafism in Indonesia, in: *Islamika Indonesiana* 1 (2014), S. 81–105

Ivanyi, Katharina Anna: *Virtue, Piety, and the Law: A Study of Birgivi Mehmed Efendi's al-Tariqa al-Muhammadiyya*, Diss. Princeton University 2012

Jokisch, Benjamin: *Islamisches Recht in Theorie und Praxis. Analyse einiger kaufrechtlicher Fatwas von Taqī'd-Dīn Aḥmad b. Taymiyya*, Berlin: Klaus Schwarz 1996

Keddie, Nikki R.: *Sayyid Jamal al-Din «al-Afghani»: A Political Biography*, Berkeley: University of California Press 1972

Kemper, Michael: *Sufis und Gelehrte in Tatarien und Baschkirien, 1789–1889: Der islamische Diskurs unter russischer Herrschaft*, Berlin: Klaus Schwarz 1998

Kerr, Malcolm: *Islamic Reform: The Political and Legal Theories of Muhammad Abduh and Rashid Rida*, Berkeley: University of California Press 1966

Khosrokhavar, Farhad: *Radikalisierung*, Hamburg: VEP Europäische Verlagsanstalt 2016

Knight, Michael Muhammad: *Why I am a Salafi*, Berkeley, CA: Soft Skull Press 2015

Koenigsfeld, Richard A.: *The Psychoanalysis of Racism, Revolution and Nationalism*, New York: The Library of Social Science 1977

Köpfer, Benno: *Ghuraba'* – das Konzept der Fremden in salafistischen Strömungen. Vom Namen eines Terrorcamps zum subkulturellen Lifestyle, in: Behnam T. Said/Hazim Fouad (Hg.): *Salafismus. Auf der Suche nach dem wahren Islam*, Freiburg u. a.: Herder 2014, S. 442–473

Kozok, Uli: *Die bataksche Klage. Toten-, Hochzeits- und Liebesklagen in oraler und schriftlicher Tradition.* Band 1, Diss. Phil. Hamburg 2000

Kraetzer, Ulrich: *Salafisten – Bedrohung für Deutschland?* Gütersloh: Gütersloher Verlagshaus 2014

Krawietz, Birgit: Ibn Taymiyya, Vater des islamischen Fundamentalismus? Zur westlichen Rezeption eines mittelalterlichen Schariatsgelehrten, in: Thorsten G. Schneiders (Hg.): *Salafismus in Deutschland. Ursprünge und Gefahren einer islamisch-fundamentalistischen Bewegung*, Bielefeld: transcript 2014, S. 67–88

–: Open Source Salafiyya: Zugriff auf die islamische Frühzeit durch Ibn Qayyim al-Dschauziyya, in: Thorsten G. Schneiders (Hg.): *Salafismus in Deutschland. Ursprünge und Gefahren einer islamisch-fundamentalistischen Bewegung*, Bielefeld: transcript 2014a, S. 89–102

Krawietz, Birgit u. a. (Hg.): *Islamic Theology, Philosophy, and Law: Debating Ibn Taymiyya and Ibn Qayyim al-Jawziyya*, Berlin/Boston: De Gruyter 2013

Kuhn, Thomas S.: *The Structure of Scientific Revolutions*, Chicago/London: The Chicago University Press ⁴2012

Lacey, Robert/Benthall, Jonathan (Hg.): *Gulf Charities and Islamic Philanthropy in the «Age of Terror» and beyond*, Berlin: Gerlach Press 2014

Lacroix, Stéphane: *Les islamistes saoudiens: une insurrection manquée*, Paris: PUF 2010

–: Between Revolution and Apoliticism: Nasir al-Din al-Albani and his Impact on the Shaping of Contemporary Salafism, in: Roel Meijer (Hg.): *globalsalafism. Islam's New Religious Movement*, London: Hurst 2009, S. 58–80

–: Between Islamists and Liberals: Saudi Arabia's new «Islamo-liberal» Reformists, in: *The Middle East Journal* 58 (2004), S. 345–365

Lahoud, Carine: Koweït: salafismes et rapports au pouvoir, in: Bernard Rougier (Hg.): *Qu'est-ce que le Salafisme?* Paris: PUF 2008, S. 123–135

Lauzière, Henri: *The Making of Salafism: Islamic Reform in the Twentieth Century*, New York: Columbia University Press 2016

–: What We Mean Versus What They Meant by «Salafi»: A Reply to Frank Griffel, in: *Die Welt des Islams* 56 (2016b), S. 86–96

–: The Construction of Salafiyya: Reconsidering Salafism from the Perspective of Conceptual History, in: *International Journal of Middle East Studies* 42 (2010), S. 369–389

Levtzion, Nehemia/Voll, John O. (Hg.): *Eighteenth Century Renewal and Reform Movements in Islam*, Syracuse, NY: Syracuse University Press 1987

Lia, Brynjar: *Architect of Global Jihad: The Life of al-Qaida Strategist Abu Mus'ab al-Suri*, London: Hurst 2007

Linge, Marius: *The Islamic Network: A Case Study of how Salafi da'wa emerges, mobilizes and transforms in a Norwegian context*, Diss. Saint-Joseph 2013

Lohlker, Rüdiger: Salafismus religiös: Elemente einer Vorstellungswelt, in: Janusz Biene/Julian Junk (Hg.): *Salafismus und Dschihadismus in Deutschland. Herausforderungen für Politik und Gesellschaft*, Frankfurt a. M.: sicherheitspolitik-blog 2016a, S. 19–23

–: Fundamentalism and the Internet, in: *Interdisciplinary Journal for Religion and Transformation in Contemporary Society (J-RaT)* 3 (2016b), S. 56–74

– (Hg.): *Der Buchstabe bā' – Texte zur Einsheit des Seins in der Tradition Ibn 'Arabīs*, Hamburg: Dr. Kovac 2016c

–: *Theologie der Gewalt: Das Beispiel IS*, Wien: facultas 2016d

–: A Roadmap to Terror in Saudi-Arabia, in: *Occasional Papers Arab Studies/Arabistik* 8 (2016e)

–: Erfahrungen mit «Deradikalisierungsprogrammen» in muslimischen Ländern, in: Jasmina Rupp/Walter Feichtinger (Hg.): *Der Ruf des Dschihad. Theorie, Fallstudien und Wege aus der Radikalität*, Wien: Landesverteidigungsakademie 2016f, S. 345–257

–: Daesh, Jabhat al-Nusra, die Ahrar al-Sham und das Internet, in: Fritz Edlinger (Hg.): *Der Nahe Osten brennt: Zwischen syrischem Bürgerkrieg und Weltkrieg*, Wien: Promedia 2016 g, S. 71–89

–: Jihād in Ottoman Damascus: An Investigation into the Relation of Spiritual and Military Struggle, in: *Wiener Zeitschrift für die Kunde des Morgenlandes* 105 (2015 a), S. 221–237

–: Die Festung des Glaubens: Ğihād gestern und heute, in: Andreas Feldtkeller/Notger Slenczka (Hg.): *Deutung des Wortes – Deutung der Welt im Gespräch zwischen Islam und Christentum. XXII. Reihlen-Vorlesung/XVI. Bonhoeffer-Vorlesung*, Leipzig: Evangelische Verlagsanstalt 2015 b, S. 110–127

–: Salafismus zwischen Realität und Fantasie, in: Rauf Ceylan/Benjamin Jokisch (Hg.): *Salafismus in Deutschland: Entstehung, Radikalisierung und Prävention*, Frankfurt a. M. u. a.: Peter Lang 2014 a, S. 173–190

–: Salafismus als Teil der Globalgeschichte: Zur systematischen Betrachtung einer neuen religiösen Bewegung, in: Thorsten G. Schneiders (Hg.): *Salafismus in Deutschland. Ursprünge und Gefahren einer islamisch-fundamentalistischen Bewegung*, Bielefeld: transcript 2014 b, S. 137–147

–: Eine «Bibliothek des Dschihad»: Minbar at-tauḥīd wa'l-ğihād, in: Johanna Pink/Mathias Brückner (Hg.): *Von Chatforen bis Cyberjihad. Muslimische Internetnutzung in lokaler und globaler Perspektive*, Würzburg: Ergon 2009, S. 155–167

–: *Islam. Eine Ideengeschichte*, Wien: faculas/wuv 2008

–: Die neue *ğihād*-Theologie, in: *Wiener Zeitschrift für die Kunde des Morgenlandes* 96 (2006), S. 211–240

–: Cyberjihad – das Internet als Feld der Agitation, in: *Orient* 43 iv (2002), S. 507–536

–: *Bid'a* in der malikitischen Rechtsschule. Weitere Überlegungen zu Strukturen des Feldes des islamischen Rechts, in: *Zeitschrift der Deutschen Morgenländischen Gesellschaft* 152 (2002 a), S. 95–112

Madigan, Daniel A.: Preserved Tablet, in: Jane Dammen McAuliffe (Hg.): *Encyclopaedia of the Qur'ān* Bd. 4, Leiden/Boston 2004, S. 261–263

Mahmood, Saba: *Politics of Piety. The Islamic Revival and the Feminist Subject*, Princeton, NJ: Princeton University Press 2005

al-Maqdisī, Abū Muḥammad 'Āsim: *Millat Ibrāhīm (The Religion of Ibrāhīm)*, o. O.: at-Tibyân Pubications o. J.

Maréchal, Brigitte: *Les frères musulmans en Europe: Racines et discours*, Paris: PUF 2009

Masbah, Mohammad: In Richtung politischer Partizipation: Die Mäßigung der marokkanischen Salafisten seit Beginn des ‹Arabischen Frühling›, in: Behnam T. Said/Hazim Fouad (Hg.): *Salafismus. Auf der Suche nach dem wahren Islam*, Freiburg u.a.: Herder 2014, S. 297–319

Masud, Muhammad Khalil (Hg.): *Travellers in Faith: Studies of the Tablīghi Jamāʿat as a Transnational Movement for Faith Renewal*, Leiden: Brill 2000

McCants, William (Hg.): *Militant Ideology Atlas*, West Point, NY: Combating Terrorism Center 2006

Meijer, Roel: Reform in Saudi-Arabia: The Gender-Segregation Debate, in: *Middle East Policy* 17iv (2010), S. 80–100

Michot, Yahya: *Muslims under Non-Muslim Rule: Ibn Taymiyya*, Oxford/London: Interface Publications 2006

al-Misbār: *as-Salafīya al-Ǧāmīya. ʿAqīda aṭ-ṭāʿa wa-tabdīʿ al-muḫtalif*, Dubai: al-Misbār 2012

Mousalli, Ahmad: *Wahhabism, Salafism and Islamism: Who is the Enemy?* Beirut u.a.: Conflicts Forum 2009

Muʾallafāt al-Šaiḫ al-Imām Muḥammad b. ʿAbdalwahhāb Bd. 1, hrsg. v. ʿAbdalʿazīz b. Zain ar-Rūmī, Kairo: Markaz al-islāmī li'ṭ-ṭibāʿa wa'n-našr o. J.

an-Nābulusī, ʿAbdalġanī: *Risāla fī ibāḥat ad-duḫān*, Ed. A. M. Dahmān, Damaskus: Maṭbaʿat al-Iṣlāḥ 1343 h

Nedza, Justyna: ‹Salafismus› – Überlegungen zur Schärfung einer Analysekategorie, in: Behnam T. Said/Hazim Fouad (Hg.): *Salafismus. Auf der Suche nach dem wahren Islam*, Freiburg u.a.: Herder 2014, S. 80–105

Nigst, Lorenz M.: *Legitime Nähe: Ibn Taymīyas theoretisches Konstrukt von den «awliyāʾ Allāh»*, Diss. Univ. Wien 2011

Noor, Farish A.: *Islam on the Move: The Tablighi Jamaʾat in Southeast Asia*, Amsterdam: Amsterdam University Press 2012

Öktem, Kerem: *New Islamic Actors after the Wahhabi Intermezzo: Turkey's Return to the Muslim Balkan*, Oxford: European Studies Center 2010

Pall, Zoltan: *Lebanese Salafis between the Gulf and Europe: Development, Fractionalization and Transnational Networks of Salafism in Lebanon*, Amsterdam: Amsterdam University Press 2013

Pany, Thomas: Zweiter großer Schlag gegen deutsche Salafisten-Szene, in: *Telepolis* (gepostet 15.11.2016) (https://www.heise.de/tp/features/Zweiter-grosser-Schlag-gegen-deutsche-Salafisten-Szene-3466515.html) (letzter Zugriff 26.12.2016)

Peskes, Esther: *Muhammad b. ʿAbdalwahhāb (1703–1792) im Wider-streit. Untersuchungen zur Rekonstruktion der Frühgeschichte der Wahhābīya*, Baden/Beirut: Franz Steiner i. Komm. 1993

Pieri, Zacharias P.: *Tablighi Jamaat and the Quest for the London Mega Mosque: Continuity and Change*, New York: PalgraveMacMillan 2015

Preckel, Claudia: *Islamische Bildungsnetzwerke und Gelehrtenkultur im Indien des 19. Jahrhunderts: Muḥammad Ṣiddīq Ḥasan Ḫān (st. 1890) und die Entstehung der Ahl-e ḥadīth-Bewegung in Bhopal*, Diss. Phil. Univ. Bochum 2005

al-Qahtani, Muhammad ibn Said: *Al Wala wal Bara. Loyalität und Lossagung im Islam nach der Aqida der Salaf* (https://de.scribd.com/document/50477726/Al-Wala-wal-Bara) (letzter Zugriff 10.9.2016)

al-Qahtani, Muhammad Saeed: *Al-Walaʾ waʾl-Baraʾ According to the ʾAqeedah of the Salaf, Part 2* (http://tawheednyc.com/aqeedah/al%20walaa%20wal%20obaraa/alwalawalbara2.pdf) (letzter Zugriff 10.09.2016)

Quneis, Juman: Al-Nas Satellite Channel: Overview, Content Analysis, Preachers, in: Khaled Hroub (Hg.): *Religious Broadcasting in the Middle East*, London: Hurst 2012, S. 81–101

al-Quṣaiyyir, Aḥmad b. ʿAbdalʿazīz: *ʿAqīdat al-ṣūfīya: waḥdat al-wuǧūd al-ḥafīya*, Riyad: Maktabat al-Rušd 2003

Radtke, Bernd u. a.: *The Exoteric Aḥmad Ibn Idrīs: A Sufi's Critique of the Madhāhib & the Wahhābīs*, Leiden u. a.: Brill 2000

Rapoport, Yossef/Ahmed, Shahab (Hg.): *Ibn Taymiyya and His Times*, Karachi: Oxford University Press 2010

Redissi, Hamid: Le visage mutant du wahhabisme, in: *Oasis* 21 (Juni 2015, E-Book)

Reiter, Michael: Moralische Subjektkonstitution im deutschen Pietismus, in: Projekt Ideologie-Theorie», *Der innere Staat des Bürgertums*, Berlin: Argument 1986, S. 62–100

Ricklefs, M. C.: *A History of Modern Indonesia since c.1200*, London: Palgrave ³2001

Riexinger, Martin: *Sanāʾullāh Amritsarī (1868–1948) und die Ahl-i-Hadīs im Punjab unter britischer Herrschaft*, Würzburg: Ergon 2004

Rougier, Bernard: Le jihad en Afghanistan et l'émergence du salafisme-jihadisme, in: ders. (Hg.): *Qu'est-ce que le Salafisme?* Paris: PUF 2008, S. 65–86

Roy, Olivier: *L'échec de l'islam politique*, Paris: Le Seuil 1992

Said, Behnam T.: *Hymnen des Jihads. Naschids im Kontext jihadistischer Mobilisierung*, Würzburg: Ergon 2016

Salafi Manhaj: *A Critique of Dr Adis Duderija's Paper:* ‹*Constructing the Religious Self and the Other: Neo-Traditional Salafi Manhaj*›!, gepostet 2015 (http://download.salafimanhaj.com/pdf/SalafiManhaj_Duderija.pdf) (letzter Zugriff 10.10.2016)

Salem, Zekeria Ould Ahmed: *Prêcher dans le désert: Islam politique et changement social en Mauritanie*, Paris: Karthala 2013

Salomon, Noah: The Salafi Critique of Islamism: Doctrine, Difference and the Problem of Islamic Political Action in Contemporary Sudan, in: Roel Meijer (Hg.): *globalsalafism. Islam's New Religious Movement*, London: Hurst 2009, S. 143–168

Schanzer, Jonathan/Miller, Steven: *Facebook Fatwa: Saudi clerics, Wahhabi Islam and Social Media*, Washington, DC: FDD Press 2012

Schmidtke, Sabine (Hg.): *The Oxford Handbook of Islamic Theology*, Oxford: Oxford University Press 2016

Schmitz, Dominic Musa: *Ich war ein Salafist. Meine Zeit in der islamistischen Parallelwelt*, Berlin: Econ 2016

Schneiders, Thorsten G. (Hg.): *Salafismus in Deutschland. Ursprünge und Gefahren einer islamisch-fundamentalistischen Bewegung*, Bielefeld: transcript 2014

Schulze, Reinhard: *Geschichte der islamischen Welt von 1900 bis zur Gegenwart*, München: Beck 2016

–: *Islamischer Internationalismus im 20. Jahrhundert: Untersuchungen zur Geschichte der islamischen Weltliga*, Leiden: Brill 1990

Serres, Michel: Vorwort, in: ders. (Hg.): *Elemente einer Geschichte der Wissenschaften*, Frankfurt a.M.: Suhrkamp 1998, S. 11–37

Shavit, Uriya: *Islamism and the West: From «Cultural Attack» to «Missionary Migrant»*, London/New York: Routledge 2014

Sivan, Emmanuel: Ibn Taimijja – Vater der islamischen Revolution. Mittelalterliche Theologie und moderne Politik, in: *Der Monat* N.F. 285 (1982), S. 63–88

Spener, P.J.: *Pia Desideria oder herzliches Verlangen nach gottgefälliger Besserung der wahren evangelischen Kirche,* Leipzig: Köhler 1841

Steinberg, Guido: *Saudi-Arabien: Politik, Geschichte, Religion*, München: Beck 2014

–: Jihadi-Salafis and the Shi'is: Remarks about the Intellectual Roots of anti-Shi'ism, in: Roel Meijer (Hg.): *globalsalafism: Islam's New Religious Movement*, London: Hurst 2009, S. 107–125

–: *Der nahe und der ferne Feind. Die Netzwerke des islamistischen Terrors*, München: Beck 2005

–: *Religion und Staat in Saudi-Arabien. Die wahhabitischen Gelehrten 1902–1953*, Würzburg: Ergon 2002

Sulaimān b. ʿAbdallāh b. Muḥammad b. ʿAbdalwahhāb: *Auṭaq ʿurā al-īmān*, Riyadh: Dār al-Qāsim 2002

–: *ad-Dalāʾil fī ḥukm al-muwālāt ahl al-išrāk wa-yalīhī ʿauṭaq ʿurā al-īmān*, o. O.: Maktabat al-himma 1436 h

as-Sūrī, Abū Muṣʿab: *Daʿwa al-muqāwama al-islāmīya al-ʿālamīya*, o. O.: o. V. 2005

Tawāsul: *Muʾtamar ʾal-Mafhūm al-sahīh li-ahl al-sunna waʾl-jamāʾaʾ yastaʾrid subul al-wiqāya min al-ghulūw waʾl-tatarruf*, gepostet am 13. November 2016 (via twasul.info) (letzter Zugriff 22.12.2016)

Thiele, Jan: Between Cordoba and Nīsābūr: The Emergence and Consolidation of Ashʿarism (Fourth-Fifth/Tenth-Eleventh Century), in: Sabine Schmidtke (Hg.): *The Oxford Handbook of Islamic Theology*, Oxford: Oxford University Press 2016 (elektronische Version)

Thomson, David: *Les revenants. Ils étaient partis faire le jihad, ils sont de retour en France*, Paris: Éditions du Seuil 2016 (e-book)

Trofimov, Yaroslav: *The Siege of Mecca. The Forgotten Uprising in Islam's Holiest Shrine*, New York: Anchor Books 2008 (elektronische Version)

al-ʿUtaibī, Ğuhaimān: *Rafʿ al-iltibās ʿan milla man ğaʿalahū allāhū imāman liʾn-nās*, o. O. o. J. (via http://www.tawhed.ws) (letzter Zugriff 13.04.2009)

Vidino, Lorenzo: *The New Muslim Brotherhood in the West*, New York: Columbia University Press 2010

Voll, John: Muḥammad Ḥayyā al-Sindī and Muḥammad ibn ʿAbd al-Wahhāb: An Analysis of an Intellectual Group in Eighteenth-Century Madīna, in: *Bulletin of the School of Oriental and African Studies* 38 (1975), S. 32–39

Wagemakers, Joas: Salafistische Strömungen und ihre Sicht auf *al-walaʾ wa-l-baraʾ* (Loyalität und Lossagung), in: Behnam T. Said/Hazim Fouad (Hg.): *Salafismus. Auf der Suche nach dem wahren Islam*, Freiburg u. a.: Herder 2014, S. 55–79

–: *A Quietist Jihadi: The Ideology and Influence of Abu Muhammad al-Maqdisi*, Cambridge u. a.: Cambridge University Press 2012

–: The Transformation of a Radical Concept: al-walaʾ wa-l-baraʾ in the Ideology of Abu Muhammad al-Maqdisi, in: Roel Meijer (Hg.): *globalsalafism. Islam's New Religious Movement*, London: Hurst 2009, S. 81–106

Wahid, Abdurrahman u. a.: *The Illusion of an Islamic state: how an alliance of moderates launched a successful jihad against radicalization and terrorism in the world's largest Muslim-majority country*, Jakarta: Wahid Institute 2011

Weinberg, David Andrew: *Qatar and Terror Finance. Part II: Private Funders of al-Qaeda in Syria*, Washington, DC: FDD Press 2017

–: *Qatar and Terror Finance. Part I: Negligence*, Washington, DC: FDD Press 2014

Weismann, Itzchak: Die Salafiyya im 19. Jahrhundert als Vorläufer des modernen Salafismus, in: Thorsten G. Schneiders (Hg.): *Salafismus in Deutschland. Ursprünge und Gefahren einer islamisch-fundamentalistischen Bewegung*, Bielefeld: transcript 2014, S. 103–115

–: *Taste of Modernity. Sufism, Salafiyya, and Arabism in Late Ottoman Damascus*, Leiden u. a.: Brill 2001

–: Genealogies of Fundamentalism: Salafi Discourse in Nineteenth Century Baghdad, in: *British Journal of Middle Eastern Studies* 36 (2009), S. 267–280

Wiedl, Nina: Geschichte des Salafismus in Deutschland, in: Behnam T. Said/Hazim Fouad (Hg.): *Salafismus. Auf der Suche nach dem wahren Islam*, Freiburg u. a.: Herder 2014, S. 411–441

Wiktorowicz, Quintan: Anatomy of the Salafi Movement, in: *Studies in Conflict and Terrorism* 29 (2006), S. 207–239

–: *The Management of Islamic Activism: Salafis, the Muslim Brotherhood and State Power in Jordan*, Albany, NY: State University of New York Press 2001

Würtz, Thomas: *Islamische Theologie im 14. Jahrhundert. Auferstehungslehre, Handlungstheorie und Schöpfungsvorstellungen im Werk von Saʿad-dīn at-Taftāzānī*, Berlin/Boston: De Gruyter 2016

Yilmaz, Samet: Der Salafismus in der Türkei, in: Behnam T. Said/Hazim Fouad (Hg.): *Salafismus. Auf der Suche nach dem wahren Islam*, Freiburg u. a.: Herder 2014, S. 350–378

Younis, Sherif: Du caftan de ʾAbduh: les idéologies islamiques d'aujourd'hui, in *Oasis* 21 (Juni 2015, e-book)

Zilfi, Madeline C.: The Kadizadelis: Discordant Revivalism in Seventeenth-Century Istanbul, in: *Journal of Near Eastern Studies*, 45 (1986), S. 251–269

Zips, Werner: *Hail Di Riddim. Reportagen aus dem Reggaeversum JamaicAfrica*, Wien: Promedia 2015

Glossar

Zur besseren Orientierung werden hier einige Begriffe, Personen und Institutionen erläutert. Die alphabetische Anordnung richtet sich nach dem bekanntesten Namensteil.

ʿ*Abdalchāliq*, ʿ*Abdarrahman* (geb. 1939): Aus Ägypten stammender Prediger in Kuwait

ʿ*Abd al-Qādir al-Dschazāʾirī* (1808–1883): Gelehrter mystischer Orientierung und Kämpfer gegen die französische Eroberung Algeriens im 19. Jahrhundert, im Exil u. a. in Damaskus

ʿ*Afīfī*, *Abdarrazzaq* (1902–1994): Ägyptischer Salafist, der lange Zeit an saudischen Universitäten lehrte

Ahl al-hadīth: «Anhänger des Hadith»; saudische salafistische Strömung, Anhänger von al-Albānī (s. u.); auch Bezeichnung für die frühen Hadith-Sammler

Ahl-i hadīth: Südasiatische islamische Strömung, Kontakte zu wahhabitischen Gelehrten

al-Albānī, *Nāsir ad-Dīn* (1914–1999): Führender moderner Hadithkundler, der auch über salafistische Kreise hinaus Ansehen genießt

Ansār as-sunna al-muhammadiyya: Ägyptische salafistische Organisation

Aschʿariten: Eine sunnitische theologische Strömung

Asyʾari, *Hasyim* (1875–1947): Eine der Gründerfiguren der indonesischen Nahdlatul Ulama

Ausschuss der Großen Gelehrten, arab. *haiʾa kibār al-ʿulamāʾ*: Oberstes Gremium der saudischen wahhabitischen Gelehrten

ʿ*Azzām*, ʿ*Abdallāh* (1941–1989): Führender dschihadistischer Theoretiker und Propagandist, früher Anhänger der Muslimbruderschaft

baiʿa: Loyalitätseid für einen Herrscher oder einen Anführer

bidʿa: Neuerung, neue Erscheinung in der Religionspraxis oder anderen Lebensbereichen; für Salafisten grundsätzlich zu verurteilen

Bin Bāz (1910–1999): Einer der führenden saudischen wahhabitischen Gelehrten des 20. Jahrhunderts

al-Bītār, ʿ*Abd al-Razzāq* (1837–1916): Syrischer modernistischer Salafist

Charidschiten: Eine der frühesten Abspaltungen der islamischen Gemeinschaft bereits im ersten Jahrhundert der islamischen Zeitrechnung; gilt heute als die Strömung, die als erste andere Muslime für ungläubig erklärt hat.

Dahlān, Ahmad (1868–1923): Einer der Gründer der indonesischen Muhammadiya (s. u.)

Dāʿī al-Islām asch-Schahhāl (gest. 2008): Libanesischer salafistischer Prediger

Dār al-hadīth: «Haus des Hadith»; Lehranstalt in Medina, gegründet von einem Gelehrten der Ahl-i hadīth (s. o.); auch Name der von al-Wādiʿī (s. u.) gegründeten Lehranstalt im Jemen

dār al-iftāʾ: Saudisches Fatwaamt

Dirʿiyya: Ort auf der Arabischen Halbinsel, in dem das saudisch-wahhabitische Bündnis geschlossen wurde, heute Vorort von Riad

Fiqqī, Muhammad: Ägyptischer Salafist, Anführer der *Ansār as-sunna al-muhammadīya* (s. o.)

al-Dschamāʿa al-islāmīya: Ägyptische dschihadistische Gruppe, Teile schlossen sich al-Qaida (s. u.) an.

al-Dschāmī, Muhammad Amān (geb. 1930): Führender saudischer Salafist mit quietistisch-unpolitischer Ausrichtung, loyal zum saudischen Herrscher

Dschāmīya: Anhängerschaft von al-Dschami

Hamd ʿAlī ibn ʿAtīq (1812–1883/84): Wahhabitischer Gelehrter

Harrās, Muhammad Chalīl (1916–1975): Ägyptischer al-Azhar-Absolvent mit salafistischen Neigungen, lehrte lange an saudischen Universitäten.

Hidschas: Region im Westen der Arabischen Halbinsel

Hizb at-tahrīr: Politisch-islamische Organisation, die transnational aktiv ist, strebt ein Kalifat an.

Ibn Idrīs, Ahmad (1760–1837): Marokkanischer Reformgelehrter, Kritiker von Muhammad ibn ʿAbdalwahhāb (s. u.)

Ibn Qayyim al-Dschauzīya (1292–1350): Hanbalitischer Gelehrter, Schüler von Ibn Taimīya (s. u.), einer der Hauptbezugspunkte für das salafistische Denken

Ibn Taimīya (1263–1328): Hanbalitischer Gelehrter, einer der Hauptbezugspunkte für das salafistische Denken

Ibn ʿUthaimīn (1925–2001): Einer der führenden saudischen wahhabitischen Gelehrten des 20. Jahrhunderts

islam nusantara: «Südostasiatischer Islam», auch normativ als inklusiver, toleranter, pluralistischer Islam verstanden

Knight, Michael Muhammad (geb. 1977): US-Autor mit häufig unkonventionellen Ansichten

Lone wolves: «Einsame Wölfe», Bezeichnung für terroristische Einzeltäter

al-Madchalī, Rabīʿ ibn Hādī (geb. 1931): Führender saudischer Salafist mit quietistisch-unpolitischer Ausrichtung, loyal zum saudischen Herrscher

Madchalīya: Anhängerschaft von al-Madchalī

al-Maghrāwī, Muhammad ibn ʿAbdarrahman (geb. 1948): Anführer der marokkanischen Vereinigung *ad-Daʿwa ila l-kitāb was-sunna*, scharf kritisiert von eher pro-saudischen Salafisten

al-maktaba al-salafīya: «Salafistische Buchhandlung», ägyptische Buchhandlung und Verlag, später mit Filiale in Mekka

al-Maqdisī, Abū Muhammad (geb. 1959): Führender dschihadistischer Theoretiker, eher al-Qaʾida nahestehend

Maturiditen: Eine sunnitische theologische Strömung

Muhammad ibn ʿAbdalwahhāb (1702/3–1792): Begründer des Wahhabitentums

Muhammad ibn Saʿūd (1710–1765): Herrscher, der mit Muhammad ibn ʿAbdalwahhāb das saudisch-wahhabitische Bündnis schloss

al-Muhaisinī, ʿAbdallāh ibn Muhammad ibn Sulaimān (geb. 1965): Aus Saudi-Arabien stammender Prediger im al-Qaida-nahen dschihadistischen Spektrum in Syrien

Muhammadiya: Zweitgrößte indonesische islamische Organisation

Murschidāt: «Religionsberaterinnen», eine Art weiblicher Imame in Marokko

muschrikūn: Diejenigen, die *schirk* (s. u.) begehen

Muʿtaziliten: Eine theologische Strömung aus den ersten islamischen Jahrhunderten, die sich besonders auf die menschliche Vernunft bezieht; dies sollte allerdings nicht als eine Form des neuzeitlichen Rationalismus verstanden werden.

mutun: Kurzgefasste Handbücher des islamischen Rechts (sg. *matn*)

Nadschd: Region im Inneren der Arabischen Halbinsel

Nahdlatul Ulama: Weltweit größte muslimische Organisation

Naik, Zakir (geb. 1965): Prediger aus Südasien

al-Qāsimī, Dschamāladdīn (1866–1914): Syrischer früher modernistischer Salafist

Qutb, Sayyid (1906–1966): Theoretiker aus den Reihen der ägyptischen Muslimbruderschaft, trat für die Anwendung von Gewalt ein, entwickelte das Konzept der neuen «Zeit der Ungläubigkeit»

(*dschāhilīya*).

Raslān, Muhammad Saʿīd (geb. 1955): Unpolitisch-quietistischer salafistischer Prediger

Ridā, Raschīd (1865–1935): Führender Exponent des frühen, modernistischen Salafismus, später mit Neigungen zum Wahhabitentum

Saʿd ibn ʿAtīq (1862/63–1930/31): Wahhabitischer Gelehrter, Sohn von Hamd ʿAlī ibn ʿAtīq (s. o.)

as-sādisa: «Das Sechste»; marokkanisches Fernseh- und Radionetzwerk mit anti-salafistischer Zielrichtung

as-Sahwa al-islāmīya: Saudische islamische Oppositionsbewegung, mit gewissem Einfluss durch Muslimbrüder

as-salaf as-sālih: Die «frommen Altvorderen», die ersten drei Generationen von Muslimen

Salafyo Costa: Kleinere salafistische Gruppe in Ägypten

asch-Schaukānī, Muhammad ibn ʿAlī (1759–1834): Jemenitischer Reformgelehrter

schirk: Gott etwas als Objekt der Anbetung beigesellen

Ständige Kommission für wissenschaftliche Forschung und Fatwawesen, arab. *al-ladschna al-dāʾima li'l-buhūth al-ʿilmīya wa'l-iftāʾ*: Saudisch-wahhabitische Institution für theologische Fragen

Sulaimān ibn ʿAbdallāh Āl asch-Schaich (1785–1818): Enkel des Begründers des Wahhabitentums, formulierte das Konzept des *al-walāʾ wa'l-barāʾ* (s. u.)

Sulaimān ibn ʿAbdalwahhāb (gest. 1793/94): Scharfer Kritiker seines Bruders Muhammad ibn ʿAbdalwahhāb (s. o.)

as-Sūrī, Abū Musʿab (geb. 1958): Führender dschihadistischer Theoretiker

Surūr ibn Nāyif Zain al-ʿĀbidīn, Muhammad (1938–2016): Führender Vertreter eines aktionistisch-politischen Salafismus

Surūrīya: Anhängerschaft Surūr ibn Nāyifs

at-tāʾifa al-mansūra: «Die sieghafte Gruppe», zentrales Konzept des dschihadistischen, aber auch salafistischen Denkens

takfīr: Einen Muslim für ungläubig erklären

tauhīd: Einheit Gottes

Turkī Binʿalī (geb. 1984): In Bahrain geborener, lange Zeit führender Ideologe des IS, erhielt seine Ausbildung bei wahhabitischen Gelehrten

al-Wādiʿī, Muqbil ibn al-Hādī (1933–2001): Jemenitischer salafistischer Gelehrter

al-walāʾ wa'l-barāʾ: Zentrales Prinzip der salafistisch-wahhabitisch-dschihadistischen Theologie

Personenregister

Islam in C.H.Beck Wissen

Hartmut Bobzin
Der Koran
Eine Einführung
9. Auflage. 2015. 143 Seiten mit 3 Abbildungen. Paperback
C.H.Beck Wissen Band 2109

Hartmut Bobzin
Mohammed
5. Auflage. 2016. 128 Seiten mit 1 Karte und 1 Stammbaum. Paperback
C.H.Beck Wissen Band 2144

Heinz Halm
Die Assassinen
Geschichte eines islamischen Geheimbundes
2017. 128 Seiten mit 7 Abbildungen und 2 Karten. Paperback
C.H.Beck Wissen Band 2868

Heinz Halm
Der Islam
Geschichte und Gegenwart
10. Auflage. 2015. 112 Seiten mit 3 Karten und 2 Graphiken. Paperback
C.H.Beck Wissen Band 2145

Ulrich Rudolph
Islamische Philosophie
Von den Anfängen bis zur Gegenwart
3., durchgesehene und erweiterte Auflage. 2013. 128 Seiten. Paperback
C.H.Beck Wissen Band 2352

Tilman Seidensticker
Islamismus
Geschichte, Vordenker, Organisationen
4., durchgesehene und aktualisierte Auflage. 2016. 127 Seiten. Paperback
C.H.Beck Wissen Band 2827

C.H.Beck München

Islam bei C.H.Beck

Lutz Berger
Die Entstehung des Islam
Die ersten hundert Jahre
Von Mohammed bis zum Weltreich der Kalifen
2. Auflage. 2016. 334 Seiten mit 16 Abbildungen und 2 Karten. Gebunden

Hartmut Bobzin
Der Koran
Unter Mitarbeit von Katharina Bobzin
Mit Kalligraphien von Shahid Alam
2. Auflage. 2015. 640 Seiten mit 119 Kalligraphien. Broschiert
C.H.Beck Paperback Band 6057

Reinhard Schulze
Geschichte der Islamischen Welt
Von 1900 bis zur Gegenwart
2016. 767 Seiten mit 7 Karten. Leinen

Katajun Amirpur
Den Islam neu denken
Der Dschihad für Demokratie, Freiheit und Frauenrechte
2013. 256 Seiten mit 5 Abbildungen. Klappenbroschur
Beck'sche Reihe Band 6075

Abdel Bari Atwan
Das digitale Kalifat
Die geheime Macht des Islamischen Staates
Aus dem Englischen von Laura Su Bischoff
2016. 299 Seiten. Klappenbroschur
C.H.Beck Paperback Band 6242

Gudrun Krämer
Demokratie im Islam
Der Kampf für Toleranz und Freiheit in der arabischen Welt
2011. 219 Seiten. Paperback
Beck'sche Reihe Band 6006

C.H.Beck München